빈민법의 겉과 속

근대 영국의 빈민 정책과 빈민의 삶

빈민법의 겉과 속

근대 영국의 빈민 정책과 빈민의 삶

김종일 지음

울력

ⓒ 김종일 2016

빈민법의 겉과 속: 근대 영국의 빈민 정책과 빈민의 삶

지은이 | 김종일
펴낸이 | 강동호
펴낸곳 | 도서출판 울력
1판 1쇄 | 2016년 4월 20일
등록번호 | 제10-1949호(2000. 4. 10)
주소 | 서울시 구로구 고척로4길 15-67 (오류동)
전화 | 02-2614-4054
팩스 | 02-2614-4055
E-mail | ulyuck@hanmail.net
가격 | 14,000원

ISBN | 979-11-85136-25-7 03330

이 도서의 국립중앙도서관 출판예정도서목록(CIP)은 서지정보유통지원시스템 홈페이지
(http://seoji.nl.go.kr)와 국가자료공동목록시스템(http://www.nl.go.kr/kolisnet)에서
이용하실 수 있습니다. (CIP제어번호: CIP2016008642)

차례

제3부 빈민의 삶과 목소리

머리말

영국 빈민법에 대한 평가는 실로 다양하다. 연구자들은 각기 다른 시각과 인식론 그리고 자기 입맛에 맞게 선별된 자료를 바탕으로 매우 넓은 스펙트럼의 평가를 내놓았다. 빈민법을 현대 복지국가의 시조이자 당대의 '미니 복지국가'로 상찬하는 평가가 있는가 하면, 빈민을 착취하고 지배 세력의 기득권을 지키기 위한 사회통제 수단 정도로 폄하하는 연구자들도 있다. 물론 양극단 사이에서 새로운 해석이 끊임없이 이루어지고 있는 것 또한 사실이다. 따라서 이 책은 빈민법이나 빈민 정책 전체를 평가하려는 시도는 이들 전문 연구자들에게 맡기는 대신 당시를 살았던 빈민들의 목소리를 통해 빈민법 하에서 그들의 삶이 실제로 어떠했는지를 전달하는 데 주력하려고 한다.

빈민법에 관한 연구는 대부분 정책과 제도에 초점을 맞추어 왔다. 물론 이것은 중요하다. 이 책도 정책과 제도에 대한 논의와 언급에 상당한 시간을 들였다. 그러나 '사람'은 어디에 있

는가? 사람은 정책과 제도의 그늘에 가려진 수동적이고 무력
한 존재인가? 이러한 물음과 반성이 이 책에서 사람에 대한 관
심을 고조시키는 견인차가 되었다. 사람은, 그들이 비록 무력해
보이는 빈민일지라도, 자신에게 내려진 구조의 틀에 도전하고
그것을 바꾸려고 애를 쓴다. 이 책이 여타 빈민법 관련 책들과
다른 점이 있다면 바로 이들, 사람의 목소리를 들으려고 노력
했다는 점이다. 이 책에서 다루는 시기는 형식적으로 치면 근대
초기인 16세기부터 19세기에 이르는 긴 세월이지만, 연구의 초
점은 1834년 신빈민법의 시행 전후에 맞추어져 있다. 특히 빈
민들의 삶에 관한 내용은 더욱 그러하다. 따라서 신빈민법 이전
시기에 관한 내용은 이 초점을 더 뚜렷하게 부각하기 위한 배경
자료의 역할을 하고 있다고 해도 과언이 아니다.

 이 책을 쓰면서 내가 관심을 기울이고 염두에 두었던 것 중
에 하나는 용어의 적절한 번역 문제였다. 우리가 다루는 주제가
대략 17세기에서 19세기에 걸친 시대를 포괄하고 있어서 당시
에 쓰이던 용어를 현대 상황에 맞게 번역하는 것은 어렵고 까다
로운 과제였다. 이 과제를 나는 대충 얼버무린 채 넘어가지 않
으려고 나름대로 애를 썼다. 현실적으로 가장 알맞은 번역어를
찾기 위해서는 당시 사용된 용어에 대한 맥락적 이해가 선결 과
제라고 생각했다. 이런 면에서 영한사전에 한국어로 풀이된 단

어를 사용하는 것은 적절하지 않다고 보았다. 실제로 영한사전식 용어 중에는 명백한 오류가 적지 않다. 이 책에서는 이런 오류를 그대로 따르지 않고 새로운 용어를 제시하였다. 그렇다고 내가 제시한 용어들이 아무런 문제가 없다는 것은 물론 아니다. 다만 그 어떤 용어도 허투루 사용하지는 않았다는 점만은 강조하고 싶다.

이 책은 크게 3부로 나누어져 있다. 1부는 빈민이 사회적으로 등장하게 된 배경과 이에 대한 국가의 개입 역사를 간단히 정리해 놓았다. 2부는 구빈의 정치경제적 성격을 분석하는 데 초점을 맞추었다. 세부적으로는 빈민법의 이데올로기적 토대와 빈민법의 정치학, 빈민법의 경제학을 분석하는 순서로 이어진다. 마지막 3부를 나는 빈민의 삶을 미시적으로 들여다보겠다는 구상을 가지고 썼다. 이것은 크게 둘로 나누어 앞부분은 빈민들이 살았던 삶의 구체적 내용을 조명하고 있고 뒷부분은 노역소의 속살을 드러내는 데 할애했다. 필자는 3부를 이 책의 마지막이 아니라 클라이맥스라고 생각하고 싶다. 1, 2부는 결국 3부를 제대로 이해하기 위한 준비 과정일 뿐이다. 부연하자면, 1, 2부는 18-19세기 영국의 빈민이 어떻게 살았는지를 이해하는 데 필요한 제반 정책과 제도를 설명하고 그것의 정치경제학적 성격을 고찰한 것이다. 성서적 표현을 빌린다면, 1부와 2부에는 구세주의 출현을 예비하는 세례자 요한과 같은 역할이 주어진 셈이다. 이렇게 거창한 의미를 3부에 부여했으나, 그것이 소기의 목적을 얼마나 달성했는지에 대해서는 솔직히 부끄러운 마음부터 앞선다. 독자 제현의 질정을 겸허히 받아들일 뿐이다.

끝으로 이 책의 출판을 기꺼이 맡아 준 울력의 강동호 사장에게 감사의 말씀을 드린다.

2016년 봄
김종일

제1부
빈민의 등장과 구빈 정책의 흐름

1. 빈민의 사회적 등장: 역사적 배경

　빈민은 절대적이자 상대적인 개념이다. 절대적인 개념의 빈민은 초근목피로 연명하는 삶의 이미지와 직결된다. 이런 빈민은 인간이 지구상에 존재할 때부터 시작된 것일 수 있다. 원시 인간은 이런 의미에서 모두 빈민이었다고 해도 과언이 아니리라. 반면에 상대적인 빈민은 아마도 재산의 축적이 시작되면서 나타난 개념일 터이다. 아무튼 빈민은, 절대적이든 상대적이든, 매우 오래된 인간 사회의 본질적 현상이다. 그리고 빈민은 인류의 종말까지 함께 할 것이 틀림없다. 예수는 일찍이 말했다. "가난한 사람은 너희와 항상 같이 있을 것이다"(마태오 복음 26장 11절).

　이렇듯 빈민은 인간의 역사와 오랫동안 함께 해 왔기에 사람들은 빈민을 하나의 '자연적인 상태'로 보아 왔다. 아니 대다수가 빈민인 시대에는 빈민이 그저 '사람들(people)'이었을 뿐 별개의 범주로 구분해야 할 필요가 없었을 터였다. 실제로 중세의 빈민은 특별한 사회적 범주로 구분되지 않고 노동하는 사람 전반(the laborers)을 가리키는 용어였다. 당시 귀족들은 일하는 사람이 곧 빈민이라고 생각했다. 왜냐? 부자는 일을 할 필요가 없었으니까.

이러한 인식이 바뀌어 빈민이 사회적 관심의 대상이 된 것은 인류 역사에서 그리 오래된 일이 아니다. 여기서 사회적 관심의 대상이 되었다는 것은 빈곤 자체보다는 빈민을 어떻게 다루어야 하는가 하는 문제를 사회가, 엄밀히 말하면 지배 세력이, 본격적으로 고민하기 시작했다는 뜻이다. 이것은 또한 빈민이 기존의 사회질서를 교란 또는 붕괴시킬 수 있는 잠재력을 가진 집단이라는 현실 인식이기도 했다. 따라서 빈민에 대한 사회적 개입은 처음부터 빈민에 대한 통제를 내포한 것일 수밖에 없었다. 그렇다고 해서 빈민 정책이 빈민 통제에 불과한 것이었다는 식의 주장은 일면적이라는 비판을 받아 마땅할 것이다.

이 책의 연구 대상인 영국의 경우에 한정해 보면, 빈민에 대한 사회적 관심은 대략 중세의 봉건제가 붕괴하면서 나타나기 시작했다. 서양의 중세라면 대다수 독자들은 '암흑시대(Dark Ages)'라는 말을 떠올릴 터이다. 종교의 지배 아래 인간의 이성이 질식당하고 모든 게 정체되어 있던 시대라는 의미로 이 용어가 만들어지고 또 그렇게 쓰여 왔다. 그러나 적어도 가난한 사람들에게 중세가 꼭 암흑시대는 아니었다. 아니 어느 정도의 과장을 무릅쓴다면, 중세의 빈민은 현대의 빈민보다 사회적으로 더 나은 처지에 놓여 있었다고 말할 수 있다. 무엇보다도 중세

의 빈민은 현대사회의 빈민처럼 사회적 낙인의 대상은 아니었
다. 당시의 빈민은 대부분이 고아, 과부, 병자, 장애인, 노인 등
으로 규정되었고, 이들은 성서의 가르침을 따라 긍휼을 베풀어
야 할 대상으로 여겨졌다. 그리고 이들에 대한 자선 활동은 교
회와 수도원을 중심으로 폭넓게 전개되었다. 아울러 일반 농민
이 빈곤 상태에 빠지게 될 경우에는 영주들이 기초적인 안전망
을 제공하였다. 따라서 농민처럼 노동 능력을 지닌 사람들이 빈
민으로 대거 역사의 전면에 등장하게 된 것은 봉건제의 붕괴와
함께 시작된 현상이라고 할 수 있다.

봉건제가 무너지고 장원 경제가 해체되면서 발생한 사회경제
적 공백을 농업 자본주의(agrarian capitalism)가 채워 나갔다. 농
업 자본주의는 농민 다수를 임금을 받는 농업 노동자로 전환시
켰다. 임금노동자가 된 농민은 '시장'의 변덕과 주기적인 경기
순환 속에서 대량 실업의 위험에 노출되었다. 영주의 보호라는
최후의 안전망이 사라지고 국가의 공공 구빈제도가 아직 도입
되지 않은 상황은 이들이 항상적으로 잠재적인 빈민이 되었음
을 명백히 드러냈다. 이런 처지에서 농민은 이제 흉년이나 질병
과 같은 그리 특별하지 않은 비상사태만 발생해도 바로 빈곤의
나락으로 떨어지게 되었다. 여기에 중세 이후 근대 초기의 인구
증가, 지속적 인플레이션, 수도원 해체 등의 요인들도 빈민 증
가에 상당한 영향을 미쳤다.

봉건제 붕괴와 농업 자본주의의 대두

중세 봉건제는 대략 12세기부터 약화되기 시작하여 15세기에는 사실상 종말을 고한 것으로 여겨진다. 여기서 봉건제의 붕괴 원인을 길게 서술할 필요는 없겠다. 다만 몇 가지 원인을 언급하면, 국제 무역의 증대, 화폐 경제의 등장, 왕권 강화와 영주 권력의 약화, 농민반란, 도시화로 인한 농촌인구 감소 등을 들 수 있다. 흑사병도 봉건제를 붕괴시키는 데 작지 않은 요인으로 작용했다. 흑사병은 농민의 이동을 촉발시키는 한편 대규모의 노동력 부족 사태를 야기하여 봉건제의 토대인 장원 경제의 몰락에 결정타를 날렸다.

역사가들은 봉건제가 붕괴하고 새로운 사회경제 체제가 들어서는 시기를 흔히 초기 근대(early modern period)라고 부르는데, 영국에서 이 시기는 대략 튜더 왕조 시대(1485-1603)와 일치한다. 이 시기에 일어난 변화 중에서 가장 중요한 것은 농업 자본주의가 뿌리를 내리기 시작했다는 사실이다. 전통적으로 영국은 유럽의 어느 나라보다도 토지 집중도가 높아 농업의 상업화 여건이 좋았다. 봉건제 붕괴 이후 대규모 농지를 소유한 지주들은 농지의 효율적인 활용을 끊임없이 시도했고, 이 시도는 농업의 상업화를 촉진시켰다. 한편 영국의 지주들은 유럽 대륙의 지주보다 정치사회적 권력이 약해서 소작농에 대한 직접적이고 강압적인 잉여 추출이 상대적으로 어려웠다. 사정이 이렇다 보니 지주들은 토지 생산성 제고와 이윤 증대를 위한 다양한 방법을 더 적극적으로 모색할 수밖에 없었다. 이에 따라 목양업과 과수 등의 환금성 작물 재배가 크게 늘어나 16세기에 이르면 양모 생산과 같은 직물 산업이 농업에 이어 두 번째로 큰 고용주가 되었다. 이와 같은 새로운 산업의 발전은 경기변동에 따라 정기적인 사회경제적 불안정을 야기하면서 불황기에는 대규모의 실업자를 양산했다.

농업의 자본주의화 과정에서 필히 언급해야 할 주제가 이른바 인클로저(enclosure) 움직임이다. 중세 유럽에는 장원에 소속된 토지이면서도 농민들이 아무런 제약 없이 공동으로 이용할 수 있는 공유지(common lands)나 개활지(open fields)가 있었다. 농민들은 이곳을 가축 방목, 땔감과 산림 열매 채취, 물고기 잡기 등에 사용해 왔다. 말하자면 이곳은 농민들에게 농사만큼이나 중요한 생계유지의 터전이었던 것이다. 농민들의 공유지 사용은 오랜 관습과 영주의 묵인에 따라 하나의 권리로 여겨져 왔다.

그런데 봉건제가 무너지고 농민과 영주 사이의 신분적 예속관계가 해소되자 지주들은 이곳에 울타리를 치고 토지를 사유화하는 작업에 착수하기 시작했다. 주된 목적은 이곳을 상업적으로 활용하여 이윤을 극대화하겠다는 것이었다. 인클로저는 토지를 단순한 농토가 아니라 수익 창출의 대상으로 여기기 시작한 최초의 상업적 기획이었다. 대표적인 상업적 활용은 목양업이었다. 사유화된 공유지의 거의 대부분이 양을 기르는 목적으로 사용되었다. 목양업은 당시 급증하던 양모 무역의 흐름을 타고 지주들에게 높은 이윤을 가져다주었다.

인클로저는 농민과 촌락에 심대한 타격을 안겨 주었다. 당시는 이미 적지 않은 농지가 목양용으로 전환되어 농사를 지을 땅이 크게 부족한 상태였다. 그러자 줄어드는 농지를 놓고 소작농끼리의 경쟁이 가열되면서 소작료가 올라가는 결과가 나타났다. 이와 같은 상황에서 인클로저는 농민의 생계에 상당한 보탬을 주던 공유지와 개활지를 박탈함으로써 이들의 생존을 위협하게 되었다. 그렇다고 목양업이 새로운 고용을 창출하는 것도 아니었다. 목양에는 많은 인력이 필요하지 않았다. 결국 농지를 얻지 못하거나 비싼 소작료를 감당할 수 없는 농민들은 농촌을 떠날 수밖에 없었다. 다수의 농민이 떠나 마을 자체가 사라지는 경우도 생겨났다. 인클로저로 야기된 당시의 참상을 『유토피아』의 저자였던 토머스 모어(Thomas More)는 "양이 사람을 먹어 버린다(Sheep devouring men)"고 비판하였다.[1] 이 시기 영국의 빈민은 대략 전체 인구의 1/4에서 많게는 절반 정도에 이르렀을 것으로 추정된다.[2] 어마어마한 숫자가 아닐 수 없다.

---

1. 이렇게 비판했던 토머스 모어 자신도 인클로저를 시행했던 지주의 한 사람이었다고 한다.
2. Beier, 1983: 25.

인플레이션과 인구 증가

14세기와 15세기 영국은 흑사병과 각종 전쟁 등의 영향으로 인구가 급감하면서 물가 역시 하락하는 현상을 보였다. 이렇듯 장기적인 하향세를 보이던 물가는 16세기 들어 지속적으로, 그리고 때로는 급격하게, 상승하였다. 연구에 따르면, 16세기에 물가는 약 400%가 올랐다.[3] 이 시기가 자본주의가 본격적으로 뿌리를 내리기 전이라는 점을 고려하면 인플레이션의 정도가 꽤 심했음을 알 수 있다. 물가 상승의 가장 큰 원인으로는 잦았던 흉년이 손꼽힌다. 아울러 인구 증가로 인한 식량 수요의 증가도 한몫을 했다. 영국의 인구는 16세기 초에 230만 명이던 것이 세기말에는 400만 명으로 늘어났다. 또한 농지 사용의 다변화 추세로 곡물과 식품 생산이 줄어든 것도 물가 상승을 부추겼다. 이에 더해 전쟁 등의 대외 요인에 의해 화폐 공급이 증대되면서 인플레이션이 더욱 심해졌다.

인플레이션은 일부 중산층 자영농에게는 재산을 증식할 수 있는 기회가 되었다. 하지만 다수의 소작농은 소작료와 농지 임대료 상승으로 큰 타격을 받았다. 이런 추세가 지속되자 상당수 소작농이 농촌을 떠나 도시로 갔다. 그러나 도시에서 일자리를 얻을 수 있는 농민은 극소수에 불과했다. 더구나 이 시

---

3. Heard, 1990: 25.

기 영국 최대의 제조업이라고 할 모직물 산업은 최대 수입처인
안트베르펜 시장의 붕괴로 어려움을 겪고 있었다. 이 모든 사태
는 잉여 노동력의 증대를 유발하여 임금은 16세기 중반 약 20
년 동안 60%나 떨어졌다. 그럼에도 식량 가격은 계속해서 상승
추세를 보였다.

영국판 종교개혁과 수도원 해체의 영향

교회는 오랫동안 빈민에 대한 구호와 자선 활동을 해 왔는
데, 봉건제 붕괴 이후 그 중요성은 더욱 뚜렷해졌다. 당시 교회
는 다양한 구빈 시설을 운영하고 있었다. 가령 빈민 수용 시설
인 almshouse, 빈민을 포함하여 병자, 행인, 부랑인 등에게 단
기간 음식과 보살핌을 제공하던 hospital, 수도원의 일부로 음
식이나 의복 등을 제공하던 almonry 등이 대표적인 구빈 시설
이다.[4] 수도원의 구빈 활동은 특히 활발해서 런던 소재 웨스트
민스터 대수도원(Westminster Abbey)의 경우 1500년을 전후해
서 총 지출의 10% 정도를 구빈에 썼다.[5] 각 마을의 본당(parish

---

4. 영국 구빈 역사에서 almshouse는 주로 사설 구빈원을 가리킨다. 한편 이 시
대의 hospital은 오늘날의 병원과는 거리가 있다. 원래 hospital은 호의, 선의
라는 뜻의 hospitality라는 말에서 유래된 것처럼 가난하고 병든 나그네에게
음식과 돌봄을 제공하는 곳이었다.
5. Dyer, 2012: 46; Rushton, 2001: 10.

church)도 상시적인 금품 모금을 통해 가난한 주민들을 도왔다.

그러나 영국판 종교개혁[6]은 교회의 구빈 시스템을 일거에 무너뜨렸다. 헨리 8세는 자신이 직접 영국 교회의 수장이 되는 수장령(Act of Supremacy)을 선포한 뒤 가톨릭교회의 수도원을 해산해서 국유화하는 조치를 취했다. 수도원 해산의 명분은 종교적 부패의 청산이었으나 실제로는 교회 자산을 흡수하여 왕권의 물적 토대를 강화하는 것이 목적이었다.[7] 1536년에는 소규모의 수도원과 종교 시설이 해체되었고, 3년 뒤에는 대규모 수도원의 해체가 잇달았다. 가톨릭 수도원과 종교 시설은 수세기 동안 빈민에게 구호를 제공해 온 사실상의 유일한 사회적 제도이자 기관이었다. 수도원의 해체는 빈곤한 농민과 걸인 그리고 부랑인의 급증으로 이어졌다. 이들 빈민과 일반 사회 사이의 가림막으로 기능했던 수도원과 종교 시설이 해체 또는 축소되자 이제 빈민 문제는 종교적 영역에서 사회적 영역으로 들어오게 되었다.

수도원 해체의 직접적인 결과로 나타난 현상 중 하나는 걸인과 부랑인의 급증이었다.[8] 이들은 교회와 수도원의 각종 구빈 시설에서 구호를 받고 핍진한 생활을 꾸려 왔다. 즉 종교 기관

---

6. 영국의 종교개혁은 유럽 대륙과 달리 국왕 헨리 8세의 이혼과 재혼 문제를 둘러싼 로마 교황청과의 갈등이 그 배후 요인으로 작용했다.

7. 후대의 관찰자들 중에서 프로테스탄트-휘그 세력은 수도원의 자선 행위가 빈민을 구호하기보다는 빈민을 양산했다고 비판했다. 이들 중 하나가 『영국 빈민법 역사』를 썼고 초대 빈민법위원을 지낸 조지 니콜스(George Nicholls)였다.

8. Rushton, 2001: 34

과 시설은 이들의 보호막이었던 셈이다. 그런데 이 보호막이 사라지자 이들에게 남은 선택은 극히 좁았다. 국가에 의한 공공 구호는 아직 도입되지 않은 상태였다. 이윽고 걸인과 부랑인이 도시는 물론 농촌 곳곳에 퍼져 나가 이 문제는 튜더 시기의 최대 사회문제로 떠올랐다. 이들의 숫자는 16세기 말 런던에서만 2만 명을 기록했다. 이 시기 어느 이탈리아 여행자는 영국과 유럽을 방문한 뒤 영국처럼 도둑과 강도, 그리고 걸인이 많은 나라는 이 세상에 없을 것이라는 소감을 남겼다.[9]

물론 모든 걸인과 부랑인이 수도원 해체의 산물은 아니었다. 이들 중 상당수는 전직 군인이나 선원 또는 영주의 옛 종복처럼 전통적인 빈민이 아닌 사람들도 있었다. 특히 전직 군인이나 선원들은 절도나 강도와 같은 범죄를 불사하는 경우가 많아 사회질서에 큰 위협으로 여겨졌다. 이와 같은 시대적 상황에 대해 폴라니(Karl Polanyi)는 "사회적 의미의 빈민은 영국에서 16세기에 등장했다"고 정확히 지적했다.[10]

부랑 인구의 급증

중세 말에서 초기 근대로 이어지는 시기의 유럽 사회는 공통

----

9. Kinney, 1990: 16.
10. Polanyi, 1957: 104.

적으로 부랑 인구의 급증이라는 사회현상을 겪었다. 영국도 마찬가지였다. 상업적 농업과 산업화가 일찍 시작된 영국은 유럽 대륙에 비해 문제의 심각성이 더했다. 이것은 영국에서 부랑인을 뜻하는 용어가 훨씬 다양하게 사용되었다는 사실로도 짐작할 수 있다. 부랑인을 뜻하는 용어에는 vagrants, vagabonds, tramps, rouges, rovers, idlers, beggars, travellers 등이 있었다. 이 용어들은 하나같이 부정적이고 경멸적인 의미와 뉘앙스를 풍긴다. 이러한 용어의 다양성은 지배 세력이 생각하는 부랑인의 범주가 매우 넓었음을 의미하는 동시에, 부랑인의 정의가 대단히 모호했음을 암시하기도 한다. 당시의 지배 계층이 생각하는 부랑인은 기본적으로 일을 하지 않는 사람 전반을 의미했다. 부랑인을 지칭하는 용어의 하나인 'idler'가 게으른 사람이 아니라 일을 하지 않고 있는 사람을 의미했다는 사실에서도 이러한 인식의 일단이 발견된다. 아울러 일을 하는 사람은 한곳에 머물러 살아야 한다는 고정관념도 부랑인을 규정하는 기본 틀이 되었다. 결국 일정한 지역에 살며 일을 하는 사람을 제외한 나머지는 이유 여하를 막론하고 부랑인으로 규정될 위험에 놓여 있었던 것이다.

이러한 인식을 바탕으로 1597년의 부랑인 법은 떠돌이 학생, 난파선의 선원, 점쟁이, 검객, 곡예사, 행상, 형기를 마치고 풀려난 죄수, 집시, 걸인 등을 부랑인으로 간주했다. 여기에 덧붙여 현재의 임금수준을 거부하고 일자리를 찾아다니는 노동자도 부랑인으로 취급했으니 실로 다양한 집단이 부랑인이라는 음습한 굴레를 쓰고 살았던 시대였다. 부랑인에 대한 정의는 새 부랑인 법이 만들어질 때마다 바뀌었다. 시대와 상황에 따라 지배 세력이 느끼는 '부랑 인구'의 사회적 도전과 위험의 내용이 조금씩 변했다는 뜻이다.

이런 의미에서 16세기 중반에서 17세기 초반의 영국은 부랑인의 시대였다. 곳곳에서 부랑 인구가 들끓었지만 도회지에서 특히 심했다. 부랑인 전용 교도소였던 런던의 브라이드웰 (Bridewell)의 통계를 보면 1560년에서 1601년 사이에 부랑자 수가 8배 증가한 것으로 나타났다.[11] 부랑 인구의 급증은 인구 증가, 실업, 인클로저, 사병 해체 등 여러 요인이 결합되어 발생한 현상이었다. 우선 인구 증가만 하더라도 1520년에서 1620년까지 한 세기 동안에 영국 인구는 두 배로 늘어났다. 그렇지만 인구 증가는 고용 기회의 증가를 수반하지 못했다. 인구의 급증은 식량 수요의 증대로 이어졌고, 이것은 다시 농업 생산력이 증대되어야 할 필요성을 제기했다. 이러한 상황은 지주들의 인클로저를 부추기는 요인이 되었고, 이것은 다시 농촌 인구의 도시 이주를 유발했다. 그러나 도시의 일자리는 한정되어 있어 새롭게 유입되는 인구의 상당수는 도시에 정착할 수 없었다. 이들은 결국 부랑의 삶을 살게 되었다. 부랑인들이 부랑인이 되기 위해 런던과 같은 도시로 온 것은 물론 아니었다. 그들의 절대 다수는 일자리를 찾으러 왔을 뿐이었다. 일을 얻지 못한 그들

---

11. Beier, 1990: 122.

은 자연스럽게 부랑인이 되었다.

이들 대부분은 젊은 독신 남성들이었다.[12] 도시의 젊은 남성 부랑인 중에는 하인(servants)이나 도제들이 적지 않았다.[13] 1597-1608년 기간에 런던 부랑인의 3/4이 하인과 도제 출신으로 기록되었다.[14] 하인과 도제는 저임금에다 고용의 불안정, 그리고 미천한 일의 성격상 주인과의 마찰이 잦은 직업이었다. 고용 기간은 짧고 불안정했다. 도제는 원래 계약 기간이 7년으로 되어 있었다. 그럼에도 상당수의 도제들이 이 기간을 채우지 않고 중간에 이탈했다. 17세기 초 런던 도제의 70%가 중도에 그만두었다.[15] 다른 도시에서는 이 비율이 더 높았다. 어린 나이에 도제로 와서 7년 동안 저임금에다 혹독한 조건에서 노예처럼 일을 해야 하는 생활에 더해 체벌도 불사하는 당시 주인들의 관행은 도제들의 이탈을 재촉하는 데 기여했다. 이들 중 상당수는 고향으로 돌아가지 않고 도시의 뒷골목에서 떠도는 삶을 살았다. 또한 계절노동자나 저고용자들(the underemployed)도 잠재적인 부랑인이었다. 일자리가 없는 겨울이나 경제 사정이 나빠지면 이들도 도시로 밀려들었다.

크고 작은 전쟁 역시 부랑인을 양산한 주요 원인 중 하나였

----

12. Braddick, 2000: 152. 어느 조사 결과에 따르면, 부랑인의 40-50%가 16세 이하의 남자였다. 1516-1642년 런던 통계에는 70%가 독신 남자로 밝혀졌다.
13. 런던에만 도제와 하인의 수가 17세기 초에 근 10만에 가까웠다(Beier, 1990: 132).
14. Beier, 1990: 132.
15. Fumerton, 2006: 18.

다. 전쟁이 끝난 뒤 일자리를 찾지 못한 상당수의 군인들은 부
랑인이 되었다. 이들 군 출신 부랑인들은 젊고 무기를 다룰 줄
알았기에 엄청난 사회적 위협으로 여겨졌다. 부랑인의 절대다
수가 수동적인 개인으로 단지 성가신 존재였던 것에 비해, 전
직 군인들은 일반 빈민과 달리 더 나은 생활을 경험했고 또 조
직의 가능성이 있었기 때문에 지배 세력이 느낀 위협감은 제법
컸던 것으로 보인다. 따라서 이들에게는 정부의 관심이 남다를
수밖에 없었고 이들을 회유하고 순화시키기 위한 여러 가지 금
전적 조치가 뒤따랐다. 예컨대 해외 출전 후 귀국하는 군인들
은 항구에서 얼마간의 금전을 받고 귀향길에 오를 수 있었다.
1593년에는 고향에 돌아간 군인들에게 연금을 받을 수 있도록
해 주는 법이 만들어졌다. 군 출신 부랑인에 대한 대우가 좋아
지자 일부 부랑인 중에는 전직 군인 행세를 하는 사람들도 나
타나 당국의 골치를 썩였다.[16]

　부랑 인구가 사회에 구체적으로 어떤 위협을 제기했는지에
대해서는 의견이 엇갈린다. 때론 조직적인 범죄를 저지르기도
했다는 점을 부인하기는 어렵다. 특히 전직 군인들이 이런 범죄
행위에 가담하는 경우는 대단히 위협적이었다. 이들은 대개 도
시로 들어와 거리에서 소란을 일으키고 부녀자를 희롱하며 방
화와 강도짓을 하는 경우가 적지 않았다. 그러나 대다수 부랑
인은 그저 가난하고 무력한 사람들이었다. 게다가 대부분이 홀

16. Pound, 1986: 3.

로 또는 짝을 지어 다녔다. 일자리를 얻지 못한 그들은 구걸에 나서는 경우가 많았는데, 구걸이 늘어나자 이에 대한 사회의 문제 제기 역시 늘어나게 되었다.

국가와 사회의 반응

근대 초기 빈민 급증에 대한 영국 정부의 처음 반응은 물리적 억압이었다. 부랑인에 대해서는 특히 그러했다. 따라서 부랑인에 대한 법적 제재가 강화되었다. 1494년 부랑인 법은 부랑인에게 3일간 칼을 씌워놓는 벌을 가한 뒤 도시에서 추방하도록 규정했다. 1547년에는 자신의 거주지를 떠나거나 일을 거부하는 자에게는 V(vagabond)자 낙인을 새기고 2년간 노예로 삼는 법이 만들어졌다. 1572년에는 부랑인에게 '3진 아웃 제도'가 적용되었다. 세 번 이상 잡힌 부랑인은 사형에 처한다는 법이었다. 그러나 이 법은 너무 가혹하다는 비판이 제기되어 1593년에 폐지되었다. 1597년에는 새 부랑인 법이 공포되었는데, 위험한 부랑인을 해외에 유형을 보내는 내용이 포함되어 있었다. 이법에 따라 상당수의 빈민 아동을 포함한 부랑인들이 북아메리카 식민지로 유형을 갔다.[17]

---

17. Woodbridge, 2001: 160.

그러나 법만으로 부랑인 문제를 해결할 수 없다는 것은 예나 지금이나 마찬가지다. 엘리자베스 통치기에 들어서자 부랑인 문제와 빈민 문제를 하나의 틀로 묶어서 해결하려는 움직임이 더욱 뚜렷해졌다. 이러한 움직임은 빈민에 대한 분류로부터 시작되었다. 그 목적은 빈민을 분류하고 이에 따라 상이한 조치를 취하려는 것이었다. 이 조치는 다음 세 가지 원칙에 바탕을 두고 시행되었다. 첫째, 자신의 생계를 스스로 꾸려 갈 능력이 없는 노인, 병자, 장애인 등 노동 불능자(the impotent)에 대한 자선 행위는 공식적으로 허가한다. 둘째, 건강한 신체를 가지고도 일을 하지 않고 구걸이나 유랑을 하는 자는 처벌한다. 셋째, 모든 걸인은 자신의 본래 거주지(parish)에 머물러야 한다.[18] 이 말은 허가된 구걸도 자신의 거주지에서만 행할 수 있다는 뜻이다. 이와 같은 원칙은 매우 철저하게 시행되어 헨리 8세의 통치

---

18. 한국 문헌에서 영어 parish를 대부분 교구나 소교구로 번역하고 있는데, 이것은 명백한 오역이다. 영어 parish는 두 가지 뜻을 지닌다. 첫째, 가톨릭교회(영국 성공회도 마찬가지)의 기초적인 행정단위로 본당(parish church)의 사목 지역, 즉 사목구를 가리킨다. 교구(diocese)는 주교의 감독 지역으로 본당 사목 지역인 parish보다 상위 행정단위이다. 둘째, 영국에서는 주(county)의 하위 행정단위이자 최소 행정단위로 쓰이며, 지리적으로 교회 행정단위와 일치하는 경우가 많다. 이 책에서는 교구나 소교구와 같은 잘못된 용어를 사용하지 않으려고 한다. 더구나 이런 식의 표기에서는 교회 행정의 측면만 강조되고 세속 행정의 단위라는 측면은 드러나지 않게 된다. 이런 점을 고려하여 이 책에서는 공식적인 용어가 필요하지 않은 상황에서는 마을, 지역과 같은 범용 표현으로 대체하고 공식적 용어가 요청되는 상황에서는 불가피하게 '패리시'로 표기할 것이다. 참고로 기록에 따르면, 1831년에 조사된 전국 패리시 15,000개 중에 80% 이상이 인구 800명 이하의 작은 지역이었다(Solar, 1995: 12). 이런 상황을 고려하면 패리시를 단순히 '마을'로 불러도 아무런 문제가 없으리라 본다.

기간에만 무려 72,000명의 부랑인과 도적이 처형된 것으로 알
려진다.[19] 당시 인구가 300만 정도였음을 감안하면 참으로 엄
청난 숫자다. 이것은 그만큼 걸인이나 부랑인의 수가 많았음을
시사하기도 한다.

　빈민이 대량으로 사회 전면에 등장하자 왕권과 지배 세력
은 아연 긴장했다. 일반 대중도 다양한 불편과 불안감을 드러
냈다. 그러나 빈민에 대한 사회의 문제의식은 빈곤의 해결 방
법 모색으로 이어지기보다는 빈민에 대한 사회적 반감으로 나
타났다. 튜더 시기에 제정된 걸인과 부랑인에 대한 여러 법률은
이러한 반감을 적나라하게 담고 있었다. 그리고 이것은 향후의
빈민법이 빈민의 생활 향상이 아니라 이들에 대한 사회적 통제
를 주된 목적으로 삼게 되는 결과를 가져왔다. 빈곤은 이제 더
이상 '자연 상태'로 여겨지지 않게 되었다. 빈민은 이제 사회 지
배층의 주목을 받는 사회적 문제로 등장한 것이다.

---

19. Ridley, 2002: 301. 주의할 점은 이들이 모두 구걸이나 부랑의 죄로 처형된
것은 아니라는 사실이다. 이들은 여러 차례 절도나 강도를 저지른 부랑인들이
었다.

2. 빈민 문제에 대한 국가 개입 소사(小史)

빈민의 '사회적 발견'은 결국 국가의 개입으로 이어졌다. 영국에서 빈민에 대한 국가 개입은 흔히 빈민법(poor laws)으로 요약할 수 있으나 최초의 국가 개입은 빈민법이라는 이름이 붙지 않았다. 그것은 엉뚱하게도 노동자법(Statues of Labourers)이라는 명칭으로 나타났다. 이것은 빈민 문제가 처음부터 '노동 문제(the labor question)'로 여겨졌다는 의미이기도 하다.

노동자법(1349-51)

노동자법 제정의 직접적인 동기는 흑사병 이후 치솟는 농업 노동자의 임금을 억제하는 것이었다. 그러나 이 법은 궁극적으로 노동계급 전체를 정치사회적으로 길들이고 영주를 비롯한 사회 지배층의 기득권을 안정화시키려는 목적을 지니고 있었다. 첫 번째 노동자법은 1349년에 제정되었고 1351년에 크게 확대되었다. 이 법은 임금과 물가에 관한 국가 개입으로는 영국사상 최초이며 전국적으로 시행되었다는 점에서도 그 의미와 영향이 컸다. 노동자법은 크게 두 가지 내용으로 이루어졌다. 하나는 현직 노동자에 대한 규제 조치였고, 다른 하나는 비노동 빈민(the nonworking poor)을 규제하는 내용이었다. 이와 함께 식품에 대한 약간의 가격 통제도 실시해서 노동자의 불만을 달랬다.

먼저 노동자법은 절대다수가 농민인 기존 노동자의 최고 임금수준을 흑사병 이전인 1346년의 임금수준에 묶어 놓았다.[1] 이 법을 어긴 노동자에게는 더 받은 만큼의 임금을 몰수하였다.[2] 또한 이 법은 고임금을 요구하는 노동자에겐 고용주가 임금을 주지 말도록 규정하였다. 그리고 노동자들이 일자리를 마음대로 그만둘 수 없는 규정도 만들었다. 계약을 어기고 중도에 이직을 하는 노동자는 감옥으로 보내졌다. 아울러 하루 단위의 근로 계약을 금지하고 일 년 단위나 통상적인 근로 기간으로만 계약을 할 수 있도록 규정하여 영주들이 대부분인 고용주의 위치를 강화시켰다.

하지만 숙련공의 부족에 시달리던 일부 고용주들은 이 법을

---

1. 이 기준은 1351년에 직업에 따라 별도의 최고 임금을 지정하는 방식으로 바뀌었다.
2. Levine(2001: 380)에 따르면, 1352년 한 해에만 이렇게 몰수한 임금이 정부 수입의 10% 정도를 차지했다고 한다.

무시하고 높은 임금을 지급했다. 이런 현상은 농촌보다 도시에서 주로 일어났으므로 석공이나 목수와 같은 기술자들은 농촌을 떠나 도시로 몰려들었다. 농민들은 도시로 간 노동자들이 높은 임금을 받는다는 소식에 당연히 분노했다. 농민들 중에서도 도시로 떠나는 사람들이 늘어났다. 이들은 대개 특별한 기술이 없었기에 도시 빈민으로 전락하게 되었다.

둘째, 노동자법은 일을 하지 않는 노동자들에게 전방위적인 압박을 가해 이들을 일터로 돌려보내려는 의도를 가지고 있었다. 법은 60세 이하의 근로 능력을 지닌 모든 남녀에게 근로 의무를 부과하였다. 이것은 누군가 자신을 고용하기 원하는 경우에는 반드시 이에 응해야 한다는 의미로 사실상의 강제 노동을 규정한 셈이었다. 이에 따라 노동 능력이 있는 사람의 구걸 행위가 금지되었다. 이러한 금지 조치는 사실상 교회의 자선 활동에 일정한 제한을 가하는 것이었다. 왜냐하면 교회의 자선과 구빈은 상대방의 노동 능력을 따지지 않고 이루어졌기 때문이다. 노동자법이 제정되면서 교회의 구빈 제공도 노동 능력이 없는 사람에게만 국한되게 되었다. 노동 능력 여부를 기준으로 구빈 제공 대상자를 판단하는 이 조치는 빈민 규제와 관련된 입법으로는 처음이었고, 이것은 향후의 모든 빈민 관련 입법에서 하나의 기준으로 확고하게 뿌리를 내렸다.

그러나 노동자법의 실효성은 별로 크지 않았다. 우선 노동력이 절대적으로 부족한 분야에서는 고용주들이 높은 임금을 감수하려고 했다. 고용주에 대한 처벌이 상대적으로 가벼웠기 때문에 더욱 그러했다. 게다가 새로운 산업의 등장과 지리적 차이 등으로 임금 규제가 제대로 작동하기 어려웠다. 이 법은 1863년까지 존속했으나 제정 이후 몇 년을 제외하면 사실상 사문화된 것이나 마찬가지였다.

걸인과 부랑인에 대한 제재 강화

빈민이 급증하던 튜더 시대에 이 문제에 대한 국가의 대응은 공적 구빈의 제공이 아니라 걸인과 부랑인에 대한 제재를 강화하는 것이었다. 사실 부랑인 법은 1495년에 이미 제정된 바 있었다. 다만 16세기 중반에 이르면 걸인과 부랑인의 수가 엄청나게 불어나서 이들에 대한 제재를 새롭게 천명할 필요가 제기되었던 것이다. 1530년에는 유명무실하던 부랑인 법을 부활시키는 한편 새 조항을 첨가했다. 이 조항은 "빈둥거리면서 자신의 생계를 어떻게 이어 가는지 설명하지 못하는 자"도 부랑인 범주에 집어넣었다. 늙고 병들어 일을 하지 못하는 사람에겐 구걸 면허를 주는 반면, 이른바 신체 건강한(sturdy) 부랑인에게는 매질과 투옥 등 가혹한 벌이 내려졌다. 이후에도 부랑인 법이 1535년, 1547년, 1550년, 1552년, 1555년, 1572년, 1598년 등 한 해가 멀다하고 만들어졌다. 각 법은 과거에 만든 법을 강화하거나 부분적으로 폐지하는 등 시대 상황에 맞추어 필요한 내용을 빼고 넣었다.

특히 노동 능력이 있는 부랑인에 대한 제재의 강도는 훨씬 세지고 그 내용도 세분화되었다. 초범의 경우에는 이틀 동안 매를 맞았다. 매질은 시장과 같은 공개 장소에 끌려가 맨몸으로 피투성이가 될 때까지 채찍으로 때리는 형벌이었다. 재범에게는 매질을 한 뒤 칼을 씌어 놓았고 아울러 한쪽 귀를 잘랐다. 세 번째로 잡혔을 때에는 나머지 귀마저 잘라내는 형벌을 받았다. 계속해서 '범죄'를 저지른 경우에는 사형을 당하기도 했다.

이와 같은 형벌은 가혹하기 짝이 없는 것이었다. 왜냐하면 당시의 걸인과 부랑인은 생계 수단을 찾지 못해 구걸과 부랑의 길로 나섰을 뿐이었기 때문이다. 그들은 현대 대공황기의 실업자들과 같은 처지에 놓였던 사람들로 구걸이나 떠도는 삶이 체화된 것도 아니었다. 그럼에도 이들은 실로 잔혹한 형벌에 처해졌다. 이러한 제재는 봉건제 붕괴로 인한 사회경제 질서의 혼란을 가라앉히고 기존 체재를 재정비·강화하겠다는 의도를 노골적으로 드러낸 것이었다.

물론 정부는 구빈에 대한 새 원칙을 천명하는 것도 잊지 않았다. 시장, 치안판사 등의 지역 관리들에게는 지역의 구빈 자원을 동원해서 가난한 사람들에게 구호를 제공하는 일에 관심을 갖도록 촉구했다. 아울러 지역 자원을 활용하여 빈민에게 일자리를 제공하라는 권고도 시달되었다. 이런 식으로 지역의 기초 공동체가 구호를 책임지는 행정단위가 되도록 명시한 것은 이 시기의 성과라 할 수 있다. 하지만 구빈 재원의 조달은 교회를 통한 자발적 기부에 국한되었다.

1601년의 빈민법

16세기 중반을 지나면서 정부는 가혹한 처벌과 제재만으로는 빈민 문제를 '해결'할 수 없다는 현실을 인정하기 시작했다. 이에 따라 구호를 위한 일련의 법들이 도입되었다. 1552년에는 마을마다 빈민 등록제가 시작되었고, 1572년에는 사상 처음으로 구빈을 위해 세금을 거둘 수 있도록 하는 법이 만들어졌다. 이것은 교회에서 모금한 구빈 재원이 부족한 경우에는 부족분을 지역의 세금으로 충당할 수 있도록 하는 법이었다. 또한 지역에서 구빈 문제를 담당할 관리, 즉 구빈위원(overseer of the poor) 제도가 1597년에 도입되었다. 1601년에는 이 모든 법률을 하나의 제도로 통합하여 본격적인 공공 구호를 실시하기 위한 법이 만들어졌다. 이른바 엘리자베스 빈민법 또는 구빈민법의 시대가 열린 것이다.[3] 이것은 영국 최초의 빈민법이자 향후 350년 이상 지속될 전국적이고 단일한 공식적인 구빈제도의 시작이었다.

그렇다면 엘리자베스 빈민법이 만들어지게 된 직접적인 배경은 무엇이었나? 가장 먼저 언급되는 것은 1580년대와 1590년대의 연속적인 흉작이다.[4] 연이은 흉작으로 밀과 빵의 가격이

---

3. 이 법의 정식 명칭은 '1601년 빈민구호법(The 1601 Act for the Relief of the Poor)'이다. 우리는 흔히 이것을 엘리자베스 빈민법이라고 부르는데, 엄밀히 말해서 엘리자베스 빈민법(Elizabethan Poor Laws)은 특정 법을 지칭한다기보다는 16세기 후반 엘리자베스 치세에 제정된 일련의 구호 담당 관련법을 통칭하는 것이다.

평시보다 두 배나 급증했다. 인구도 크게 증가해서 16세기 후반 50년 동안 무려 100만 명이 더 늘었다. 설상가상으로 이 시기에는 흑사병이 여러 차례 돌아 10만에 가까운 사망자를 냈고, 가족과 마을은 초토화되었다. 그 결과, 강력한 법적 제재로 주춤하던 부랑인과 걸인이 다시 증가했고 각종 범죄가 들끓었다. 일부 지역에서는 농민반란까지 일어났다.

결국 종래의 억압적인 방법만 가지고는 사태 해결이 어렵다는 것을 정부는 인정하지 않을 수 없었다. 사실 이미 오래 전부터 빈민법의 핵심 내용이 될 구빈 관련 입법이 개별적으로 이루어져 왔다. 1601년의 빈민법은 이 과정의 연장선상에서 이해해야 한다. 즉 갑자기 만들어진 법이 아니라 16세기 중반부터 점진적인 입법화 과정을 거쳐 1601년에 완성된 것이라는 말이다. 다만 16세기 말의 여러 사태가 입법화 과정을 가속화시켰을 뿐이다. 빈민법 제정에 영향을 미친 변수 중에는 빈곤과 빈민에 대한 이데올로기적 변화도 빼놓을 수 없다. 먼저 종교개혁은 빈곤에 대한 종교적 인식을 새롭게 정립할 필요를 제기했다. 또한 이 시기에 정치 사회의 엘리트층에 적지 않은 영향을 끼친 인문주의의 영향도 무시할 수 없다. 특히 에라스뮈스와 스페인 출신의 후안 루이스 비베스(Juan Luis Vives)의 그리스도교 인문주의의 영향이 컸다. 이들의 구빈 철학은 대략 세 가지로 요약할 수

---

4. 1590년대 흉작의 가장 큰 원인은 홍수였다. 특히 1594년과 1596년의 폭우는 기록적인 홍수로 이어져 이 시기에 쓰인 셰익스피어의 희곡 『한여름 밤의 꿈』에 언급될 정도였다.

있다.[5] 첫째는 전통적인 그리스도교 자선으로 가난한 사람에 대한 부자의 의무를 강조했다. 둘째, 자선의 궁극적 목적은 인간의 도덕적 개혁이라는 것이었고, 마지막으로 이 과업은 공공 당국에 의해 철저히 이루어져야 한다는 원칙이었다. 1601년에 완성된 엘리자베스 빈민법은 이러한 원칙을 내포하고 있었다. 이 빈민법의 내용은 크게 두 가지로 나눌 수 있다. 하나는 구빈의 지역 책임 원칙이고, 다른 하나는 재가구호(outdoor relief)와 시설구호(indoor relief)를 구분해서 제공한다는 것이다.[6]

구빈의 지역 책임 원칙

구빈은 마을(parish) 단위로 이루어져야 한다는 원칙은 구빈의 주체를 국가가 아닌 빈민의 거주 지역으로 정한다는 것이었다. 이것은 당시의 중앙정부가 빈민 구호를 총괄할 수 있을 만큼의 행정 능력이나 관료 체제를 제대로 갖추지 못한 상황에서 나온 원칙이다. 또한 절대다수의 인구는 자신이 나고 자란 고향 마을에서 삶을 영위하다가 그곳에서 삶을 마치는 것이 일반적인 시대였으므로 이러한 원칙은 구빈의 효과성이나 효율성 측면에서도 이해할 수 있는 것이었다. 마을 단위의 구빈 원칙은

---

5. Slack, 1990: 6.
6. 한국 문헌에서 outdoor relief를 흔히 옥외(원외)구호로, indoor relief를 옥내(원내)구호로 번역하는 경향이 있는데, 이 책에서는 수급자를 기준으로 자신의 집에 거주하며 구호를 받으면 재가구호, 노역소(workhouse)와 같은 시설에 들어가서 구호를 받으면 시설구호로 번역했다.

구빈의 재정 부담을 마을 주민이 부담한다는 원칙에서 다시 확인된다. 즉 마을의 구빈은 마을 주민 전체가 책임을 지며 그 방법으로는 주민들에게서 거둔 빈민세(poor rate)를 재원으로 삼아 충당한다는 것이다. 이 원칙은 사실 16세기 후반에 이미 확립된 것이지만, 동시대 어느 나라에서도 찾아볼 수 없는 획기적인 방식이었다.

한편, 마을 주민들은 구빈위원을 두 명 이상 선출해서 그들에게 구빈에 대한 관리와 감독을 맡겼다.[7] 지역 교회(parish church, 본당)의 사목위원(churchwarden)은 당연직 구빈위원이 되었다.[8] 이들은 귀족이나 무슨 특별 계층이 아니라 마을의 농민, 장인, 상인 등 평범함 사람들이었다.[9] 이것 역시 획기적이었다. 평범한 사람들에게 국가 사무의 일부를 위임한다는 것은 확실히 시대를 앞서간 측면이 있다. 구빈위원의 주된 임무는 빈민의 구빈 필요 조사, 빈민세 징수, 구호 급여의 배분 등이었다. 이들은 매월 1회 이상 일요 예배 후에 모여 구빈 문제를 논의하고 필요한 결정을 내렸다. 그리고 매해 연말에는 2인의 치안판

---

7. 선출된 구빈위원은 치안판사 2인 이상의 공인을 받고 부활절부터 일 년 동안의 임기를 시작했다.

8. Churchwarden은 14세기에 처음 나타난 평신도 직책으로 알려져 있는데, 원래의 임무는 신자들을 대리해서 본당의 재산을 관리하는 것이었다. 후에는 본당의 예배를 준비하고 질서를 지키는 일도 임무에 추가되었다. 현재 한국의 가톨릭교회에서는 사목위원, 개신교에서는 집사나 장로가 이런 일을 수행하고 있다. 영한사전이 이것을 교구위원으로 번역하고 있는 것은 명백한 오역이다.

9. 물론 법 규정에는 구빈위원을 '재산이 있는 가구(substantial households)' 중에서 선출하라고 되어 있었으니 마을에서 제법 여유 있는 사람들이 구빈위원으로 뽑혔을 것이다.

사에게 자신들의 구빈 회계 장부 일체를 제출했고 문제가 발견
되면 20실링의 벌금을 물었다.[10]

재가구호와 시설구호의 구분

빈민법은 구호의 종류를 노동 능력의 여부를 기준으로 재가
구호와 시설구호로 나누었다. 앞의 것은 노동 능력이 있는 사
람에게 자신의 거주지에서 제공되는 것이었다. 노동 능력이 있
는 사람에게 국가가 공식적인 구빈권을 인정한 것도 획기적인
것으로 볼 수 있다. 물론 중세 봉건 시대에도 노동 능력이 있는
사람에게 여러 가지 자선을 베푼 경우가 있으나 그것은 어디까
지 비공식적이고 자의적인 것이었다. 노동 능력이 있는 사람에
게 법으로 구빈권을 인정한 것은 특기할 만하다.

빈민법은 또한 노동 능력이 없는 노인, 장애인, 고아 등 홀로
살아가기 어려운 처지에 놓인 사람들을 위해서 각 마을이 별도
의 주거 시설을 짓거나 정해서 이들을 수용할 수 있도록 규정했
다. 이때 지어진 시설은 노역소(workhouse)라기보다는 빈민원
(poorhouse)으로 불렸다.[11] 물론 얼마 지나지 않아 노역소가 나
타나기 시작했다. 그러나 17세기의 노역소는, 특히 농촌 지역에

---

10. Nicholls, 1898: 190.
11. 여기서 빈민원(poorhouse)은 훗날의 노역소(workhouse)와 구분할 필요가
있다. 전자는 후자처럼 징벌적 성격을 띠지 않았다. 한국 문헌에서는 양자를
모두 구빈원 또는 빈민원으로 번역하는데, 이것은 양자의 질적 차이를 구분하
지 않는 매우 안이한 태도이다.

서는 대부분 작업장이었지 빈민 수용 시설은 아니었다.

1662년 정주법(The Settlement Act)

1601년 빈민법이 구빈의 지역 책임을 선언하자 빈민의 거주지를 법적으로 확정하는 문제가 주요 과제로 등장했다. 특정 빈민에 대한 구빈 책임의 소재를 확정하는 기준이 명확하지 않았기 때문이었다. 빈민법이 만들어지고 지역에서 이것이 실제로 시행되기까지에는 상당한 시간이 걸렸다. 따라서 빈민법 시행 초기에는 빈민의 거주지에 대한 시비가 비교적 적었다. 그러나 빈민법의 시행이 가속화되면서 17세기 중반에 이르면 거주지 문제가 지역 간 갈등의 주요 소재로 떠오르게 되었다. 특히 일찍부터 빈민법을 시행했던 대도시에는 농촌에서 몰려온 빈민들로 골머리를 앓고 있었다. 결국 1662년의 정주법은 거주지 문제를 이렇게 정리했다.

- 모든 빈민은 자신의 법적 거주지(settlement)를 갖고 있어야 한다. 자신의 출생지나 부친의 출생지는 자연적인 거주지로 인정된다.
- 빈민은 자신의 법적 거주지에서만 구호를 받을 수 있다.
- 자신의 법적 거주지가 아닌 마을에 체류하는 빈민은 해당 지

역의 치안판사에 의해 강제 퇴거를 당할 수 있다.

• 자신의 법적 거주지가 아닌 마을에 와서 살려고 하는 사람은 마을에 부담을 지우지 않을 정도의 경제력이 있음을 증명해야 한다. 이런 방법 중 하나는 연 10파운드 이상의 집세를 내는 건물을 빌리는 것이다.

• 다른 지역에 일자리를 얻어 자신의 거주지를 떠나는 사람은 치안판사로부터 증명서를 받아 떠날 수 있고, 이 고용관계가 해소되면 즉시 자신의 법적 거주지로 돌아와야 한다.

정주법의 원래 이름은 '빈민 구호의 개선을 위한 법(Act for the Better Relief of the Poor)'이었다. 즉 1601년 이후 빈민법을 시행하면서 생긴 여러 가지 문제를 개선하기 위한 목적으로 만들어진 것이다. 그런데 이 법에서 가장 강력한 영향력을 행사하게 된 조항은 빈민의 법적 거주지를 확정하는 문제였다. Settlement란 결국 비상시에 구호를 얻을 수 있는 권리의 지리적 근거인 셈이었다. 어디에다 구호를 신청하고 어디에서 구호를 받아야 하는지에 관한 내용이 들어 있었던 것이다. 이런 연유로 이 법은 정주법이라고 불리게 되었다.

정주법은 지역의 구빈을 지역민에게만 제공하게 함으로써 지역의 구빈 부담을 최소화하려는 의도로 도입되었다. 그러나 이법은 주민의 이동을 극도로 제한하여 노동시장의 형성을 저해하는 결과를 가져왔다는 비판을 받았다. 또한 빈민이 아닌 사람들의 이동이 자유롭게 이루어진 것과 달리 빈민이나 잠재 빈민의 이동을 금지하는 불공평한 법이기도 했다. 게다가 거주지 확정을 둘러싸고 지역 간 법적 분쟁이 끊이질 않았다. 이 법의 영향은 매우 커서 해마다 수만 명이 다른 지역에서 추방당하는 일이 벌어졌다.

노역소 테스트법(Workhouse Test Act, 1723)

빈민법 시행 이후 마을에 따라 비용 절감 등의 이유로 노역소를 만들어 빈민을 수용하는 현상이 나타났다. 어떤 경우에는 이웃 마을끼리 공동으로 노역소를 짓고 운영하기도 했다. 일부 큰 도시에서는 법적 효과가 한정된 지역 법(local acts)을 의회에 청원해 지역 특수적인 노역소를 지어 운영하기도 했다. 노역소 설립에 관한 첫 번째 지역 법은 1696년에 브리스톨(Bristol)에서 시행되었다. 그러나 이 법은 지역 특수적인 것이라 전국적인 효력은 갖지 못했다. 이러한 문제점은 1723년 내치불(Edward Knatchbull)이 발기한 법이 의회를 통과하면서 해결되었다. 이 법은 '빈민의 정주, 고용, 구호에 관한 법을 개정하려는' 목적으로 만들어졌지만, 그 초점은 노역소 설립과 그에 따른 노역소 테스트에 맞추어져 있었으므로 흔히 노역소 테스트법(Workhouse Test Act)이라고 불린다. 이 법은 노역소 입소를 구호의 전제 조건으로 삼고 이것을 거부하는 빈민에게는 구호

를 제공하지 않는, 이른바 노역소 테스트를 규정함으로써 1834
년의 신빈민법을 예고하고 있었다. 노역소 테스트는 노역소 입
소 여부에 따라 구빈 필요의 진정성을 판단하는 것으로 생활
조건이 열악한 노역소 입소를 감수할 정도의 사람이라면 진정
한 빈민이라고 여겨졌다.[12]

1601년 빈민법은 구빈 대상자 중에서 노동 능력이 있는 사
람에게는 일을 부과하도록 이미 규정한 바 있었다. 이 법에 따
라 각 마을은 빈민에게 일을 시키기 위해 아마, 삼, 양모, 철 등
의 재료를 이들에게 제공하고 그 비용은 빈민세로 충당했다.
그렇지만 일을 할 장소가 마땅치 않아 빈민들은 자신의 집에
이 재료를 가져가 일을 하는 형편이었다. 이런 방식의 빈민 구
호에 대해서는 비판이 잇달아 제기되었다. 빈민들이 너무 편하
게 지낸다, 비용이 많이 든다는 등 비판의 내용은 다양했다. 이
런 비판을 고려해서 빈민들을 한곳에 모아 일을 시키는 공동
작업장을 만드는 마을도 있었다. 이런 공동 작업장에도 노역소
(wokhouse)라는 명칭이 붙었다.[13] 그러나 이런 노역소는 빈민
수용 시설은 아니었다. 1723년의 노역소 테스트법은 공동 작업
장을 아예 빈민 수용 시설로 전환할 수 있는 법적 근거를 제공
해 주었다. 나아가 재가구호의 법적 근거를 폐지하고 시설구호

---

12. 이 노역소 테스트는 1834년에 도입된 신빈민법에 가장 핵심적인 내용으로
편입되었다.
13. 이와 같은 성격의 workhouse는 '노역소'라기보다는 '공동 작업장'이라고
해야 정확한 표현이다.

만 제공하도록 규정했다.

노역소 테스트법이 의도한 바는 노역소에서만 구호를 제공하게 함으로써 구빈 비용을 줄이겠다는 것이었다. 부연하면, 노역소를 단순한 빈민 수용 시설이 아니라 일종의 '공장'처럼 운영해서 이윤을 내는 시설로 만들겠다는 의도였다.[14] 요컨대 1723년의 노역소 테스트법은 구호 비용 절감과 구호 신청 억제라는 두 마리의 토끼를 하나의 법으로 잡겠다는 의도를 표방했다.

길버트 법(Gilbert's Act, 1782)

1723년의 노역소 테스트법의 시행 이후 노역소 설치 붐이 일면서 노역소는 18세기 후반에 이르러 약 2,000개 정도로 늘어났고 한 곳당 평균 20-50명의 빈민이 수용되어 있었다. 그러나 노역소 시설과 환경은 엉망이었고 비용 절감 효과도 없었다. 또한 빈민원과 노역소의 구분이 모호해지면서 병자, 노인, 아이 등도 수용되어 인도적인 비판이 거세졌다. 이들 중에는 수용 중 사망하는 경우가 적지 않았다. 시설구호에 대한 비판이 가열되자 재가구호도 슬금슬금 되살아나기 시작했다. 길버트 법은 이

---

14. Marshall, 1937: 43.

런 상황을 해소하기 위한 입법 조치였다. 하원의원이자 빈민법 개혁운동가인 길버트는 우여곡절 끝에 노역소 개혁안을 의회에서 통과시켰다. 이에 따라 노역소는 과거의 빈민원처럼 노동 능력이 없는 사람들이 들어가서 사는 시설로 그 성격이 바뀌었다. 노동 능력이 있는 사람들은 노역소에 입소할 필요 없이 노역소 테스트법 이전처럼 자신의 집에 살면서 구호를 받을 수 있게 되었다. 덧붙여 길버트 법은 노역소 시설과 환경을 개선하고 관리 능력을 높이기 위해 여러 마을이 힘을 합쳐 규모가 큰 노역소를 지을 수 있도록 허용하는 내용도 담았다. 길버트 법은 빈민 문제에 대해 마을 단위를 넘어서 대처하는 길을 처음으로 제시했다는 점에서도 의의를 갖는다. 그러나 길버트 법은 의무적으로 이행해야 하는 법이 아니었다. 최종 선택은 각 지역에 주어졌다. 이로 인해 그 효과와 영향은 제한적이었다.

길버트는 이 법에 구빈 행정을 개혁하겠다는 자신의 평소 생각을 담았다.[15] 그의 눈에는 구빈위원의 전횡이 빈민법의 취지를 훼손하고 있는 것으로 보였다. 특히 구빈위원들의 사적인 감정과 판단이 객관적인 상황을 밀어내고 있다고 생각했다. 이에 따라 길버트는 법안에 구빈위원의 영향력을 크게 줄이는 내용을 집어넣었다. 즉 길버트 법에 따라 만들어진 '길버트 조합(Gilbert union)' 노역소는 각 패리시에 한 명의 방문 감독관(the visitor and guardian)을 임명해서 구빈 행정을 맡게 했다. 방문

---

15. Shave, 2008.

감독관들은 한 달에 한 번 만나 구빈 행정 전반을 검토하고 주요 결정을 내렸다. 아울러 치안판사의 역할도 크게 증대되어 구빈위원의 영향력을 빈민세 징수원 정도로 격하시켰다.

스핀햄랜드 체제(Speenhamland system, 1795)

1795년 5월 6일 버크셔 주(Berkshire county) 스핀햄랜드에 있는 한 여관에 지역의 치안판사들이 모여 그 파장이 매우 크고 긴 역사적 결정을 내렸다. 이들은 "빈민들이 처한 현재 상태로 보아 구빈 수준을 높일 필요가 있다"는 데 의견을 모으고 그 해결책으로 최저생계비에 미달하는 임금을 받는 사람들에게 보충 급여를 제공하겠노라고 선언했다. 이것은 기존 빈민법의 원칙과 관행을 뛰어넘는 실로 파격적인 결정이었다. 그리고 두고두고 숱한 비판과 문제를 야기할 결정이었다.

스핀햄랜드 시스템은 한마디로 최저생계비를 보장하기 위한 임금 보조금 제도로 요약할 수 있다.[16] 임금 보조금 액수는 빵 값과 식구 수에 따라 다르게 정해졌다(〈표1.2.1〉 참조). 예컨대

---

16. 이것은 의회의 승인을 얻긴 했으나 결코 법적 지위를 획득하지는 못했다. 상당수 한국 문헌이 이것을 스핀햄랜드 법이라고 표현하는 것은 잘못이다. 이것은 지역의 구빈을 책임지고 있는 지역 치안판사들의 정책적 결정이었다. 이 결정이 곳곳으로 퍼져 나가 널리 시행되면서 이러한 정책적 관행을 스핀햄랜드 체제라고 부르게 되었다.

가구 구성	1갤런의 빵 값						
	1/–	1/1	1/2	1/3	1/4	1/5	1/6
노동자 1인	3/0	3/3	3/6	3/9	4/–	4/–	4/3
부부 2인	4/6	5/–	5/2	5/6	5/10	5/11	6/3
부부와 자녀 1인	6/–	6/5	6/10	7/3	7/8	7/10	8/3
부부와 자녀 2인	7/6	8/0	8/6	9/–	9/6	9/9	10/3

〈표 1.2.1〉 스핀햄랜드 시스템에 따른 임금 보조금 액수(단위: 실링/펜스)

출처: www.victorianweb.org/history/poorlaw/speen.html

빵 1갤런의 값이 1실링이고 노동자 혼자 사는 가구라면 3실링의 보조금을 받았다. 빵 값이 올라 1실링 6펜스인 경우에는 이 가구의 보조금 액수는 4실링 3펜스로 올랐다.

스핀햄랜드 시스템의 임금 보조금은 전액을 마을의 빈민세로 충당하였다. 이를 부연하자면 임금 보조금이 재가구호의 일환으로 지급되었다는 말이다. 이 제도가 파격적이라는 평가를 받게 된 것은 실업 빈민에게만 구호를 제공하던 기존의 빈민법과 달리 일자리를 가진 빈민, 즉 근로 빈민(the working poor)에게도 구호가 제공되었다는 사실이다. 이것은 오늘날로 치면 '부의 소득세(negative income tax)'의 일종으로 볼 수 있다. 근로 빈민에게 임금 보조금을 지급하는 정책은 빈민법의 원리에 대한 정면 도전이었다.

그런데 대체 무엇 때문에 이토록 '파격적'인 결정이 내려졌던 것일까?[17] 스핀햄랜드 시스템의 배경을 이해하려면 당시 영국의 상황을 일별할 필요가 있다. 18세기 후반 영국은 산업혁명의 시작, 인구 증가, 대규모 인클로저 등의 요인으로 근본적인 사회경제적 변화를 겪고 있었다. 특히 인클로저 문제가 심각했다. 18세기 말에는 산업용 토지를 확보하기 위한 인클로저 움직임이 확대되는 시기였다. 이것이 농업 노동자의 실업 확대로 이어졌음은 물론이다. 특히 버크셔 지역은 인클로저 움직임으로 타격을 많이 받은 지역이었다. 실제로 스핀햄랜드 시스템은 인클로저가 심했던 지역에서 주로 채택되었다. 게다가 프랑스 혁명정부와의 전쟁으로 대륙으로부터의 곡물 수입이 중단되면서 밀 가격이 폭등했다. 설상가상으로 흉작이 겹쳐 농민의 삶은 극도의 어려움에 빠져들었다. 역사학자들이 지적하는 것처럼 18세기 말 영국은 이른바 초비상 위기(hypercrisis)를 맞고 있었다. 이런 상황에서는 늘 그러했듯 농민반란이 줄을 이었다. 그리고 늘 그랬듯이 중앙정부 차원의 대책은 느렸다. 중앙정부의 대책이 요원한 상태에서 지역의 지배 세력이 먼저 움직였다. 아니 움직일 수밖에 없었다.

그러나 여기에서 꼭 지적해야 할 점은 스핀햄랜드의 결정이 본질적으로 빈민의 삶을 개선하는 데 초점을 맞추었던 것은 아

---

17. 먼저 지적해야 할 것은 통설과 달리 스핀햄랜드 시스템이 최초의 임금 보조금 제도는 아니었다는 점이다. 당시 버크셔 주를 비롯한 일부 지방에서는 이와 같은 임금 보조금 제도를 이미 시행하고 있었다. 다만 스핀햄랜드 이전에는 특수 상황에서 매우 한시적으로 시행되었다는 점이 다를 뿐이다.

니라는 사실이다. 치안판사들이 가장 염두에 두었던 것은 지역
의 지배층인 지주와 신흥 공장주의 기득권을 보장하는 일이었
다. 노동 빈민에게 지급된 임금 보조금은 결과적으로 지주나
공장주와 같은 고용주에게 지급된 것이나 마찬가지였다. 왜냐
하면 고용주들은 이 보조금 덕택에 저임금 정책을 유지할 수 있
었기 때문이다. 그리고 이 보조금의 재원은 지역의 빈민세였으
니 결국 고용주들의 이익 유지를 위해 빈민세가 사용되었다고
해도 과언이 아니다. 홉스봄(E. J. Hobsbawm)의 말처럼, 스핀햄
랜드 체제는 경제적이라기보다는 사회적 의미를 지닌 것이었
다.[18] 그것은 팽창하는 시장경제에 직면한 농촌의 지배층이 전
통적인 사회경제적 질서를 지키려는 시도였다. 물론 이 시도는
성공하지 못했다.

아무튼 지주들은 스핀햄랜드 시스템을 지지했다. 그리하여
제도는 영국 남부와 동부로 퍼져 나갔다. 그리고 일정한 성공
을 거두었다. 즉 빈곤 완화와 소요 방지라는 소기의 목적을 나
름대로 달성한 것이다. 이러한 성공에 힘입어 당시 수상 피트
(William Pitt, the Younger)는 이 정책을 법으로 만들어 전국적으
로 시행하려는 의지를 보이기도 했다.

스핀햄랜드 시스템은 여러 가지 문제를 야기했다. 먼저 지역
의 빈민세 부담이 크게 늘어났다. 고용주들이 고의적으로 저임
금을 유지하는 관행이 만들어지기도 했다. 노동자들은 자신의

---

18. Hobsbawm, 1968: 105.

최저 생계가 보장되자 열심히 일할 물질적 동기를 잃어버려 노동 생산성이 떨어지는 결과를 가져왔다. 가장 체계적인 비판은 경제사학자 폴라니에 의해 이루어졌다.[19] 폴라니에 따르면, 당시 영국은 산업혁명이 진행되면서 도시 노동자의 실질임금이 상승 추세를 보이고 있었다. 그런데 스핀햄랜드 시스템이 농민과 빈민 대중의 공업 부문 진출과 근대적 임금노동자로의 길을 막아 이들이 빈곤한 삶에 고착되도록 만들었다는 것이다. 폴라니가 보기에 스핀햄랜드 시스템은 농촌 대지주들의 기득권을 지키는 도구였을 뿐이다.

반면에 현대의 연구자들 중에는 스핀햄랜드 시스템에 대한 비판이 과도한 것일 뿐만 아니라 사실판단의 오류까지 범하고 있다고 지적한다.[20] 스핀햄랜드 시스템은 당시의 농촌 경제 상황에 맞는 제도였다는 것이다. 특히 빈민세 부담은 제도 도입 이전부터 증가 추세에 있었기에 스핀햄랜드 탓으로 돌릴 수만은 없으며, 임금 보조금 덕분에 농촌 지역에 필요한 노동력을 충분히 확보할 수 있었다는 점이 강조된다. 아울러 당시의 농촌은 도시와 달리 시장경제 체제가 작동하고 있지 못한 상태라

---

19. Polanyi, 1957: 7장.

20. Boyer, 1990; Blaug, 1963. Baugh(1975)는 남동부 지역의 구빈 비용에 관한 연구에서 스핀햄랜드 방식을 채택한 지역과 그렇지 않은 지역 간에 일인당 구빈 지출의 차이가 없었다는 것을 밝히고 있다. 그에 따르면, 임금 보조금이 구빈 지출 수준에 영향을 미친 것은 사실이나 스핀햄랜드 비판자들이 주장하는 것처럼 가장 중요한 요인은 아니었다는 것이었다. 오히려 구호 기준과 경제 상황이 수시로 변하면서 이에 따라 구빈 지출 수준이 달라졌다는 것이 그의 주장이다.

최저생계비 이하의 저임금을 해결할 방법이 달리 없었다는 점도 지적된다.

스터지스-본 법(Sturges-Bourne's Act, 1818-19)

이 법은 1834년의 빈민법 개혁에 앞서 길잡이 노릇을 한 것으로 여겨진다. 스터지스-본 법의 핵심 내용은 마을 공동체의 의사 결정 구조를 개편하여 납세자의 영향력을 확대하는 데 있었다. 먼저 1818년에는 주민 회의(vestry)에서의 투표권을 재산 규모에 따라 일인당 최고 6표까지 늘려 주는 법이 만들어졌다. 이것은 마을의 주요 납세자들에게 빈민세 지출에 대한 통제력을 더 많이 주기 위한 조치였다. 이듬해 입법에서는 특별 주민 회의(select vestry)의 구성을 허용하고 구빈위원보(assistant overseers) 제도를 신설하였다.[21] 이 법에 따라 특별 주민 회의에는 2주에 한 번씩 모여 구빈에 관한 제반 문제를 다루고 결정할

---

21. 일반적으로 vestry는 교회의 제의실을 뜻한다. 전통적으로 교회 간부이자 마을의 유지들은 이곳에서 교회와 마을의 주요 문제를 논의해 왔다. 따라서 vestry는 주민 회의라는 의미로 자주 사용된다. 마을의 전체 주민이 참여하는 회의를 open vestry라고 하며, 소수의 유력 인사가 모여 마을의 주요 사안을 논의 · 결정하는 기구가 특별 주민 회의(select vestry or close vestry)이다. 특별 주민 회의의 멤버는 마을 전체 회의에서 투표로 뽑는 것이 원칙이었다. 그러나 일부 지역에서는 유력자들이 연줄망을 이용해 자신들의 이익을 대변할 인물을 중심으로 특별 주민 회의를 구성하는 관행도 성행했다.

수 있는 권한이 주어졌다. 특별 주민 회의는 구빈 비용에 더욱 민감할 수밖에 없는 주요 납세자들에게 권한을 집중시켜 느슨해진 구빈제도를 개혁하겠다는 의도를 담고 있었다. 또한 이 법은 구빈 행정에 대한 치안판사의 독단을 막기 위해, 특별 주민 회의의 구빈 관련 결정을 번복하려면 두 명의 치안판사가 연서를 하도록 규정하였다. 한편 구빈위원보는 유급직으로 무급인 구빈위원의 업무를 덜어주어 구빈 행정의 효과성을 높이기 위해 도입된 것이다.

스터지스-본 법은 마을로 하여금 구빈 행정에 더욱 엄격한 조치를 취할 수 있는 길을 터 주었다. 그러나 과거의 개혁 조치들과 마찬가지로 이 법 역시 강제적인 것이 아니라 수용 여부를 개별 마을의 재량에 따르도록 하여 개혁 효과를 반감시켰다.

빈민법 개혁: 신빈민법의 도입(1834)

1601년에 완성된 엘리자베스 빈민법, 즉 구빈민법은 구빈에 의존하는 실업자를 양산하고 구빈 비용을 증대시킨다는 비판을 끊임없이 받아 왔다. 구빈제도의 남용도 단골 문제였다. 비판자들은 빈민세 부담의 경감과 무자격 빈민(the undeserving poor)에 대한 규제를 골자로 하는 개혁을 요구하였다. 특히 18세기 말에 도입된 스핀햄랜드 시스템이 빈민법 개혁 요구에 불을 붙였다. 결국 1832년에 '빈민법 운영에 관한 왕립 조사위원회(Royal Commission of Inquiry into the operation of the Poor Laws)'가 설립되어 빈민법 개혁에 착수하였다. 2년 뒤 이 위원회가 권고한 내용을 토대로 새로운 빈민법이 만들어졌다. 우리가 흔히 신빈민법이라고 부르는 것이다.

빈민법 개혁의 배경

빈민법에 대한 비판은 제도의 도입과 동시에 시작되었다고 해도 과언이 아니다. 예컨대 1660년에서 1800년 사이에 무려 328개의 빈민 구호 관련 입법안이 의회를 거쳐 갔다.[22] 그런 의미에서 1834년의 빈민법 개혁 시기에 제기된 비판은 사실 새로운 것이 아니었다. 그러나 이러한 비판이 정치사회적 무게를 가지게 된 것은 18세기 후반에 이르러서였다. 이 시기에 빈민법에 대한 의회의 조사가 급증했고 관련 서적과 팸플릿이 우후죽순처럼 쏟아져 나왔다. 이렇게 된 배경에는 농업 경제에서 공업 경제로의 전환이라는 흐름이 자리를 잡고 있었다. 이러한 흐름은 전통적인 사회경제적 관계에 대한 근본적인 의문을 내포하였다. 빈민법은 바로 그 관계의 핵심 요소 중 하나로 여겨져 왔

---

22. Connors, 2002; 211. 물론 이 많은 법안 중에 의회를 통과하고 국왕이 서명하여 법으로 확정된 것은 극소수였다. 또한 이렇게 법으로 확정이 되었다고 해도 모법을 건드리기보다는 부연, 보완하는 법들이어서 구빈민법의 근간에는 아무런 변화가 없었다.

다. 이에 덧붙여 18세기 말에는 나폴레옹 전쟁의 개시와 흉작이 겹치면서 곡물 가격이 폭등했고, 생존의 위기에 처한 빈민들의 반응은 식량 폭동으로 나타났다. 스핀햄랜드 시스템은 이와 같은 상황에 대한 임기응변 중 하나였다. 그 결과로 구호 수급 빈민의 폭이 크게 넓어졌고 지출이 급증하였다. 빈민법에 대한 비판의 분위기도 아울러 고조되었다.

구체적으로 살펴보면, 18세기 후반에서 19세기 초반에 걸쳐 구호를 받는 빈민의 수와 구빈 비용은 기하급수적으로 늘어났다. 1790년에서 1820년 사이에 빈민세는 네 배나 뛰었다.[23] 1830년에 이르면 빈민세 지출이 국가 지출의 1/5을 차지할 정도가 되었다. 1800년대 초에 구호 수급 빈민의 수는 영국 인구 전체의 10-12%에 달했고 이 가운데 2/3는 근로 능력이 있는 사람들로서 재가구호를 받고 있었다.[24] 게다가 1830-31년에는 저임금과 높은 식료품 가격에 항의하는 농업 노동자들의 폭동이 영국 남부를 휩쓸었다.[25] 남부는 구빈 지출이 가장 높은 지

---

23. Englander, 1998: 3.
24. Green, 2010: 28.
25. 이른바 스윙 폭동(Swing Riots)을 가리킨다. 농업 노동자들이 실업과 빈곤에 항의해서 일으킨 폭동으로 자신들의 삶을 위협하는 모든 것에 분노를 표출했다. 이들은 탈곡기와 같은 농업 기계의 파괴를 비롯해 노역소 방화, 치안 판사나 구빈위원에 대한 공격, 전단 살포, 임금 인상 요구 집회 등 다양한 항의 활동을 전개했다. 1830년에만 400대 이상의 기계 파괴, 350건 이상의 방화, 350회 이상의 폭동이 일어났고, 이것으로 인한 경제적 손실이 12만 파운드(현재 가치로 환산하면 1억 4천만 파운드)에 달했다(Hobsbawm and Rudé, 1973: 188-90). 스윙 폭동이라는 명칭은 이들이 농장주나 기계 소유자에게 보낸 협박 편지가 항상 캡틴 스윙(Captain Swing)이라는 명의로 되어 있었기 때문에 붙은 것

역이었다. 폭동은 빈민법의 질서유지 기능에 의문을 던졌고 그것의 무용성을 주장하는 데 좋은 구실이 되었다.

이데올로기의 영향

빈민법 개혁에 영향을 미친 주요 변수 중 우리가 특별히 언급할 필요가 있는 것은 빈민에 대한 사회적 인식과 태도의 변화이다. 농업 사회가 산업 사회로 바뀌어 가면서 빈민에 대한 온정주의적 태도는 산업화의 걸림돌로 여겨지기 시작했다. 새롭게 강조되는 것은 자유 시장과 노동 윤리였다. 이러한 이념적 흐름을 대표하는 인물이 맬서스(Thomas Malthus)였다. 그는 1798년에 발표한 『인구론』에서 빈민법을 인구문제와 연결시켰다. 맬서스는 빈곤의 원인을 자연 생산력을 넘는 인구 증가에서 찾았다. 그에게 빈곤은 인구 증가를 막는 '자연적' 장치였다. 그런데 빈민법이 빈민의 생존을 보장함으로써 이러한 장치가 제대로 작동할 수 없게 되었다고 강변했다. 그는 빈민법과 같은 인위적인 구빈은 빈민들의 출산율을 높이고 근로 유인을 떨어뜨려 빈곤 해결책이 아니라 오히려 빈곤의 원인이 되었다고 맹공을 퍼부었다. 문제의 해결책으로 제시된 빈민법이 오히려 문제의 원

이다. 스윙 폭동에 대해 지역의 젠트리층은 오히려 동정적인 태도를 보였으나 중앙정부의 대응은 매우 강경해서 약 2000건의 재판이 진행되었고 이 가운데 252명이 사형선고(19명 집행)를 받았고 644명이 투옥되었으며 505명이 호주 등으로 유형을 갔다(앞의 책, 224).

인이 된다는 이 주장은 많은 추종자들을 만들어 냈다. 맬서스의 결론은 한마디로 빈민법을 폐지하라는 것이었다.

맬서스와 함께 빈민법 비판에 앞장선 인물은 벤담(Jeremy Bentham)이었다. 사실 벤담은 빈민법 개혁 과정에서 맬서스보다 지속적이고 더 효과적인 영향을 미쳤다. 왜냐하면 그에게 영향을 받은 사람들이 개혁 과정에서 중추적인 역할을 했기 때문이다. 예컨대 신빈민법 도입의 실질적인 책임자였던 채드윅(Edwin Chadwick)은 그의 직계 제자로 골수 벤담주의자였다. 벤담은 맬서스와 달리 빈민법의 완전 폐지를 주장하지는 않았다. 그러나 그가 제시한 개혁안은 구체적이었을 뿐만 아니라, 어떤 의미에서는 전면 폐지보다 훨씬 가혹한 내용을 담고 있었다.[26] 벤담은 전국에 250개의 대형 노역소를 설치해 50만 명의 빈민을 수용하고 그 운영비를 빈민의 노동으로 조달하자는 제안을 하였다. 제안에 따르면, 각 노역소는 일종의 원형 감옥(panopticon)과 같은 구조로 지어 최소의 인력으로 운영할 수 있도록 하고, '전국 자선 회사(National Charity Company)'라는 이름의 민관 합작회사를 통해 운영한다는 것이었다. 아울러 그의 개혁안에는 노역소의 생활수준을 최하로 만들어 빈민들의 구빈 신청을 원천적으로 억제하겠다는 발상도 들어가 있었는데, 이것은 신빈민법에서 '열등 처우'의 원칙으로 실현되었다.

역사학자 톰슨(E. P. Thompson)은 신빈민법을 현실의 여러 증

---

26. 벤담의 개혁안은 1796년에 발표한 'Tracts on Poor Laws and Pauper Management'라는 논문에 정리되어 있다.

거를 무시하고 이데올로기적인 도그마를 확립하려고 했던 영국 역사상 최악의 사건으로 규정했다.[27] 신빈민법의 통과 이후 빈민의 생활수준을 논하는 것은 아무런 의미가 없게 되었다. 모든 것은 오로지 맬서스-벤담의 이념적 틀에 비추어 판단될 뿐이었다. 그 핵심은 구빈 요청에 대한 심리적 억지(psychological deterrence)를 구축하고 빈민의 삶을 시장의 회초리(the whip of the market)에 맡기는 것이었다. 요컨대 신빈민법은 도덕경제(moral economy)의 유물을 완전히 씻어내기 위한 자유방임주의자들의 최후의 이데올로기직 일격이었다.[28]

프랑스 혁명과 중산층의 역할

빈민법 개혁과 관련하여 우리가 주목해야 할 주요 변수 중 하나는 당시 중산층의 역할이다. 사실 대부분의 연구 성과에서 이들의 역할은 별다른 주목을 받지 못해 왔다. 그러나 빈민법 개혁안을 통과시켰던 의회는 이들이 중심이 된 것이었다. 영국에서는 오래 전부터 토리(Tories)와 휘그(Whigs) 두 당이 번갈아 의회 권력을 장악해 왔다. 19세기 초반 토리당의 지지 기반은

---

27. Thompson, 1966: 267.
28. 도덕경제는 영국의 역사학자 E. P. Thompson(1971)이 발전시킨 개념으로 생존을 최우선적 가치로 삼던 농경 사회의 생활 방식 전반을 아우르는 개념이다. 이러한 생활 방식의 핵심 가치는 '생존 윤리(subsistence ethic)'로 지역 공동체의 사회적 제도는 농촌 빈민의 생존 필요를 존중하는 방식으로 짜여야 한다는 것이다. 반면에 시장경제는 도덕과 사적인 정서가 배제된 시장 메커니즘을 전면에 내세우는 경제 시스템이다.

농촌의 지주 젠트리(gentry) 계급이었고, 휘그당에서는 상인과 신흥 상공업자 등이 점차 세력을 얻고 있었다. 휘그당의 신진 세력을 이루는 이들이 바로 영국 역사에 새롭게 등장한 중산층이었다. 이들은 토리당의 지역주의 전통을 약화시켜서 중앙정부의 역할을 증대하려는 움직임을 보였다. 이들 중산층은 중앙 정부의 역할이 커지고 농촌 지역의 기득권이 축소되어야 자신들의 이익을 극대화할 수 있다고 여겼다. 빈민법 개혁도 이러한 노력의 일환이었다. 이 시기에 이르면 빈민법이 농촌 지주들의 이익을 담보하는 반면에 도시 상공업자들의 이익 증대에는 걸림돌 노릇을 한다는 인식이 팽배했다.[29]

중산층의 이익을 확대할 수 있는 정치적 힘은 의회 진출을 통해 얻어야 했다. 문제는 신흥 중산층의 투표권이 제한되었다는 사실이었다. 18세기 말부터 투표권 확대 운동이 벌어지고 있었으나 지배 세력은 미온적이었다. 변화는 프랑스에서 왔다. 혁명이 일어나 지배 세력이 타도되는 상황을 목도한 영국의 지배층은 중산층에게 일정한 정치적 양보를 하지 않을 수 없었다. 이들에게 투표권을 준 것이다. 이들이 주축이 된 휘그당은 1831년 선거에서 토리당을 누르고 정권을 잡았다.

---

29. 빈민법은 기본적으로 농업 노동자의 정주를 가정하고 만들어진 구호 제도이기에 이들의 자유로운 이동을 원하는 도시 상공업자들의 관점에서는 농업 자본에 유리한 것으로 보였다. 게다가 빈민법이 농업 노동자의 생계유지를 어느 정도 보장해 주는 상황에서는 이들을 '완전한' 프롤레타리아로 전환시키기가 어려웠다. 요컨대 도시 상공업자들은 빈민법이 농업 노동자로 하여금 자유롭고 완전한 임금노동자가 되는 것을 방해하고 있다고 보았다.

휘그당의 집권 다음 해에 대개혁법(Great Reform Act)이 통과되었다. 새 휘그당 정부가 추진한 개혁법의 핵심은 선거구 개편과 선거권의 확대였는데, 이 조치로 하원의 유권자 수가 두 배 가까이 늘어났다. 따라서 과거에 선거권이 없었던 소지주, 차지농(tenant farmer), 상인 등이 새롭게 선거권을 가지게 되었다. 또한 선거구 개편으로 산업화 지역의 대표성이 강화되었는데, 이것은 중소 부르주아 계급의 이익을 반영하는 통로가 넓어졌다는 의미를 갖는다. 반면에 토리당의 주요 지지 기반인 지주 젠트리 계급의 대표성은 상대적으로 약해졌다. 그리고 2년 뒤 휘그당이 지배하는 새 의회는 빈민법 개혁안을 통과시켰다.

신빈민법의 주요 내용

신빈민법은 구빈민법에서 규정한 빈민 구호의 지역 책임 원칙을 적어도 겉으로는 그대로 유지했다. 마을 주민들에게 빈민세를 부과하여 구빈 재정을 충당하는 방식에도 변함이 없었다. 그러나 새 법에서 재가구호는 폐지되었고, 빈민에게 허용된 것은 노역소 입소를 통한 시설구호뿐이었다. 그리고 널리 알려진 바와 같이 시설구호의 기준은 열등 처우(less eligibility)의 원칙에 따랐다. 이것은 노역소 입소자에게 제공하는 구빈의 내용과 수준이 밑바닥 일반 노동자들의 생활수준보다는 낮게 책정되어야 한다는 원칙이었다. 이렇게 해야 '불필요한' 구빈 수요를 억제할 수 있고 또 구호를 꼭 필요로 하는 사람들만 노역소에 들어올 것이기 때문이었다. 그러나 노역소를 통한 구호 제공, 즉 시설구호와 이것을 설치·운영하는 연합 조직의 결성(빈민법 조합), 그리고 빈민 구호 제도를 총괄하는 중앙 행정 기구의 설치 등은 구빈민법의 지역 책임 원칙을 사실상 폐기한 것이나 다름없었다.

시설구호와 관련하여 도입된 개념이 이른바 유자격 빈민(the deserving poor)과 무자격 빈민(the undeserving poor)이라는 분류 방식이다. 전자는 노인, 장애인, 병자, 실직자처럼 자신의 과오와 무관하게 빈민이 된 사람으로, 이들은 노역소에 입소해서 시설구호를 받을 자격이 주어졌다. 반면에 후자는 게으름, 알코올 문제 등 자신의 과오로 말미암아 빈민이 된 사람으로, 이들에게는 구호를 받을 자격이 주어지지 않았다.

신빈민법이 노역소 입소를 통한 시설구호를 유일한 구빈 방법으로 규정하긴 했어도 재가구호가 완전히 사라진 것은 아니었다. 특히 북부의 공업 지역에서는 개혁 이후에도 재가구호가 폭넓게 시행되었다. 사실 이 지역에서는 개혁 후에도 재가구호의 비중이 시설구호보다 훨씬 높았다.[30] 구빈 비용의 절감에 우선순위를 둔 북부의 구빈위원들은 비용이 덜 드는 재가구호를 묵인해 주기도 하였다. 이렇게 된 데는 빈민의 발생 원인에 대한 인식 차이도 한몫을 했다. 산업화 수준이 높은 지역에서는 빈민 발생의 원인을 개인 차원이 아닌 경기변동의 문제로 인식

---

30. Besley, & Guinnane, 2004: 19

하는 경향이 강했기 때문에, 신빈민법의 진단과 처방에 동의하기가 어려웠다.

　신빈민법에서 가장 확실하게 달라진 점은 구빈의 조직과 운영 체계였다. 공식적으로 재가구호가 폐지됨에 따라 각 마을은 노역소를 세워야 했다. 노역소는 건축과 유지 관리에 비용이 많이 들어가므로 새 법은 여러 마을이 합쳐서 '빈민법조합(poor law unions)'을 결성하도록 규정하였다. 개혁자들은 이렇게 구빈 행정의 단위를 키우면 구호 제공 여부의 결정 과정에서 사적인 영향을 줄이는 효과도 부수적으로 얻을 수 있을 것으로 기대하였다. 사실 구빈민법은 구빈 문제에 대해 치안판사에게 과도한 결정권을 부여해서 빈민들이 치안판사에게 사적인 호소를 하는 경우가 많았다. 그리고 이러한 호소는 대개 빈민에게 유리한 쪽으로 결정을 이끄는 경우가 허다해서 치안판사의 영향력을 제한하는 움직임이 심심치 않게 있어 왔다. 조직 및 운영 체계 개혁의 핵심은 빈민법위원회(Poor Law Commission, 1848년 이후로는 Poor Law Board)의 수립이었다. 이 위원회는 빈민법 집행을 총괄하는 중앙 기구가 되었다. 개혁 작업을 지휘했던 나소 시니어(Nassau Senior)는 이것을 신빈민법의 핵심이자 가장 혁신적인 조치라고 여겼다.

　신빈민법의 주요 내용을 구빈민법과 비교해 보면〈표 1.2.2〉와 같다.

비교 기준	구빈민법	신빈민법
구빈 대상의 자격	빈민 (노동 능력자도 가능)	유자격 빈민 (the deserving poor)
구빈 재원	지역 주민의 빈민세	지역 주민의 빈민세
급여 수준의 결정 주체	치안판사 (Justice of Peace)	빈민법 감독위원회 (Board of Guardians)
구빈 행정의 단위	마을 공동체 (parish)	빈민법조합 (poor law union)
구빈 방식	재가구호, 시설구호 등	노역소 테스트를 거친 시설구호
열등 처우의 법칙 적용	언급 없음	명문화

〈표 1.2.2〉 신빈민법과 구빈민법의 비교

신빈민법 반대 운동

신빈민법의 시행은 개혁자들의 생각처럼 간단한 문제는 아니었다. 개혁안이 의회에서 별다른 반대를 겪지 않고 통과된 것과 달리 사회적 차원에서의 반대는 제법 거셌다. 당시에 유행하던 반대 담론은 크게 두 가지로 요약할 수 있다. 하나는 신빈민법이 인도주의에 어긋난다는 것이고 다른 하나는 전통적 지역 자치를 훼손하다는 지적이었다. 인도주의적 반대는 주로 노역소 입소에 집중되었다. 노역소 입소가 개인의 자유를 억압하는 조치라는 비판이었다. 어느 나이 든 방직공은 1834년 빈민법 조

시위원회에서 빈민법 개혁안에 대해 이렇게 말했다.[31]

"나는 이 빈민법 개정안을 빈민에 대한 압제 장치라고 봅니다. 머지않아 내 자신이 그 무시무시한 장치 밑으로 들어가겠지요. 내가 왜 그런 일을 겪어야 하는지 모르겠습니다. 나는 이 나라를 사랑하고 모든 제도를 존중해 온 충성스런 국민입니다."

신빈민법이 지역 자치를 위축·훼손할 것이라는 우려는 매우 현실적인 것이었다. 신빈민법의 입법 자체가 지방의 입지를 축소하고 중앙정부의 권한을 강화하기 위한 포석의 하나였기 때문이었다. 빅토리아 시대에 두 차례나 수상을 역임한 디즈레일리(Benjamin Disraeli)는 신빈민법을 맹렬하게 비판한 대표적인 정치 지도자였다. 토리당 소속인 그는 신빈민법이 지방자치를 해칠 뿐만 아니라 영국 사회를 지탱해 온 제도적 토대와 그것에 기초한 사회적 평화를 파괴하고 있다고 보았다. 디즈레일리는 신빈민법의 제정은 영국이 가난을 범죄로 취급하는 나라임을 온 천하에 알리는 짓이라고 통박했다.[32]

신빈민법에 대한 반대는 지역에 따라 강도가 달랐다. 농업 지대인 남부는 반발이 비교적 단기간에 끝나 시행에 큰 어려움은

---

31. Thompson, 1966: 303.
32. Himmelfarb, 1985: 25. 사회복지에 대한 디즈레일리의 인식과 그의 정치적 후예들인 오늘날의 보수당이 보여 주는 인식 차이에는 적지 않은 괴리가 있으니 역설이 아닐 수 없다.

없었으나, 북부 공업 지대의 경우는 남부와 달리 저항이 만만치 않았다. 사실 북부는 남부처럼 구빈민법이 야기한 문제를 별로 겪지 않았다. 농촌 지역에서 일어나는 잉여 노동력, 생계비 이하의 저임금, 계절적 실업 등의 문제가 북부에는 그리 심하지 않았다. 빈민세도 훨씬 낮았다. 따라서 북부에서는 빈민법 개혁에 대해 큰 관심을 기울이지 않고 있었다. 그러나 새 빈민법이 재가구호를 금지하자 무관심은 조직적 저항으로 바뀌었다. 북부의 당면 과제는 경기변동에 따라 노동력 부족과 대량 실업이 반복되는 고질적 문제를 해결하는 것으로, 구호 요청 빈민을 노역소에 입소시키는 것은 이 문제의 해결과 무관한 것이었다. 고용주들은 경기가 좋아지면 노역소는 텅텅 빌 것이고 경기가 나빠지면 대량 실업자를 수용할 만큼 충분히 큰 노역소를 찾기 어려울 것이므로 노역소가 해결책이 아니라는 주장을 펼쳤다. 그들은 재가구호 제공이 숙련공의 다른 지역 이동을 막고 잠정적인 실업에 대처하는 가장 효과적인 방법이라고 보았다.

북부에는 이미 여러 가지 노동자 단체가 설립·운영되고 있었다. 이들은 새로운 빈민법 시행에 반대했다. 이들이 중심이 되어 조직적인 반대 운동이 펼쳐졌다. 반대 운동은 항의 시위는 물론 노역소 점거와 같은 과격한 행동도 불사했다. 신빈민법 시행을 위해 이 지역에 파견되었던 빈민법위원회의 관리들은 재가구호의 지속 여부에 대해 내부적인 혼란을 드러내 사태를 악화시켰다. 신빈민법 반대 운동은 중심 세력인 조직 노동자들이 선거권 확대를 요구하는 차티스트 운동(the Chartist Movement)

으로 관심을 돌리면서, 또한 중앙정부의 군대 파견 등 무력 개입이 이루어지면서, 1830년대 후반부터 급속히 약해졌다. 하지만 북부의 재가구호 관행은 계속 이어졌고 노역소는 남부와 달리 별다른 역할을 하지 못했다. 요컨대 북부에서는 신빈민법이 뿌리를 내리지 못한 것이다.

신빈민법에 대한 일반 대중의 저항은 다양한 양상을 띠었다. 특히 노역소가 저항의 주요 목표였다. 노역소가 신빈민법의 핵심 요소라는 점을 감안하면 지극히 자연스러운 반응이었다. 빈민 대중 사이에는 노역소에 관한 여러 가지 '괴담'도 돌고 있었다. 노역소에서 주는 음식에 생식을 억제하는 약을 타서 빈민의 출산율을 떨어뜨리려고 한다는 따위가 그런 괴담의 하나였다. 이 밖에도 노역소에서 엄청난 가혹 행위가 이루어진다, 자식을 부모에게서 떼어내 어디론가 데리고 간다, 굶겨 죽인다, 등의 갖가지 루머가 떠돌았고, 이것은 가뜩이나 좋지 않은 노역소에 대한 인식을 더욱 악화시켰다.[33] 또한 새 법에 맞추어 지어진 최초의 노역소인 아빙돈(Abingdon)에서는 소장이 살인 기도의 목표가 되기도 했다.[34] 뿐만 아니라 빈민법조합의 감독관으로 선출된 사람들 중에는 노역소 설립을 지연시키는 '태업' 전략을 써서 빈민법위원회에서 골머리를 앓는 경우가 적지 않았다.

---

33. Edsall, 1971:32.
34. *The Times*, 1834년 4월 30일자 보도.

제2부

구빈의 정치경제학

1. 빈민법의 이데올로기적 토대

　빈민법은 빈곤과 빈민에 대한 사회 전반의 집합적 인식, 즉 이데올로기의 변화와 흐름을 함께 했다. 구빈민법에는 중상주의 시대의 빈곤관(貧困觀)/빈민관(貧民觀)이 들어 있고 신빈민법은 고전 정치경제학자들이 주장하는 자유방임주의(laissez-faire)의 영향을 받았다. 시대적으로도 구빈민법에서 신빈민법으로의 전환은 중상주의가 자유방임주의로 바뀌는 시점과 일치했다. 따라서 빈민법의 이데올로기적 토대는 구빈민법에서는 중상주의, 신빈민법의 경우에는 자유방임주의에 공리주의 요소가 가미된 것으로 보아도 무방하다.

중상주의

중상주의(mercantilism)는 중세 이후 자본주의 초기에 나타난 경제정책으로 부국강병을 내세우는 경제적 민족주의의 성격을 띠고 있었다. 유럽에서 중상주의가 지배했던 16세기에서 18세기는 근대국가 또는 국민국가(nation-state)의 건설 시기이기도 했다. 사실 근대국가의 건설과 중상주의는 매우 밀접한 관계를 가지고 있다. 근대적인 국민국가의 건설은 내부적으로 영토 통일과 각종 제도 정비를 선결 과제로 요구했고, 외부적으로는 경쟁 국가를 압도할 수 있는 군사력과 경제력을 필요로 했다. 그러나 중상주의는 근대 경제학 이론처럼 분명한 이론적 · 사상적 체계를 갖추지는 못했다. 그것은 단지 국민국가 건설 과정에 사용된 실용적인 정책이었을 뿐이었다.

중상주의자들은 국가의 부를 금은과 같은 귀금속의 보유량으로 판단하는 경향을 보였다. 금의 보유량을 늘리기 위해서는 대외 무역에서 지속적으로 흑자를 유지해야 했다. 이들이 생각하는 무역 흑자의 방법은 수입을 제한하면서 수출을 늘리는 것이었다. 무역 흑자를 내는 가장 간단한 방법은 생산원가를 낮추어 상품의 국제 경쟁력을 높이는 것이었고, 그렇게 하는 데는 모든 원료를 싸게 대량으로 확보하는 것이 관건이었다. 중상주의 정책의 특징은 강력한 국가 개입이었다. 중상주의자들은 한정된 국부(國富)를 효과적으로 사용하기 위해서는 국가의 개입이 필수적이라고 역설했다. 이들은 후대의 자유 시장주의자들과 달리 국부의 생산과 분배를 개인의 이익 추구에 맡겨서는 안 된다고 보았다. 다만 사회주의와 달리 국가의 개입은 생산수단의 직접 관리가 아니라 사회 구성원의 행태에 초점이 맞추어져 있었다. 빈민법과 관련해서 우리가 주목하는 부분은 바로 여기다.

노동관/인구관

부국강병을 국가 이데올로기로 내세우는 중상주의 정책은 국부 창출의 원천으로 노동(인구)과 생산성의 중요성을 강조했다. 노동은 국부 창출의 원천일 뿐만 아니라 사회 안정의 토대로 여겨졌다. 노동은 가장 귀하고 값싸며 기본적인 상품으로 여타의 모든 상품이 바로 이것에 의해 만들어진다는 견해가 중상주의 노동관의 핵심이었다. 아울러 중상주의자들은 건강한 인구의 유지는 부국강병의 요체인 강한 군대를 만드는 데도 필수적인 요건이라고 보았다. 이런 면에서 빈민법은 건강한 노동 인구의 유지에 도움이 되는 제도로 여겨졌다.

개인적으로 노동은 국가와 신에 대한 의무이자 자신의 삶을 개선하는 최고의 길이었다. 따라서 노동을 장려하고 게으름을 징계하는 것이 국가의 주요 과제 중 하나였다. 중상주의의 노동관은 노동력 극대화 정책으로 이어졌다. 이것은 다시 인구 증대의 중요성을 강조하는 결과를 초래했다. 훗날 맬서스가 매섭

게 비판한 정책이었다.

그러나 노동의 중요성을 강조한다고 해서 노동 자체가 즐거움으로 여겨질 순 없었다. 특히 그 노동을 담당해야 하는 계급의 사람들에게 노동은 온갖 이데올로기적 수사와 무관하게 생존을 위한 어쩔 수 없는 선택일 뿐이었다. 더구나 중세 봉건제가 제공했던 최소한의 안전망이 사라지고 경기변동에 따른 삶의 불안정이 일상화되는 시대에서 노동계급의 노동관은 상인이나 공장주처럼 낙관적일 수가 없었다. 사실상 계급 이동이 불가능했던 당시로선 더욱 그러했다. 지배계급 역시 노동은 괴로운 것이라는 생각을 버리지 않았다. 돈과 재산이 있는 사람이 무엇때문에 괴로운 노동을 할 것인가? 따라서 어쩔 수 없이 노동을하는 사람은 정의상 빈민으로 여겨졌다.[1] 당시 지배계급의 눈에는 소수의 재산가와 지주계급을 제외한 모든 평민이 그런 의미에서 빈민이었다. 왜냐? 그들은 노동을 해야 하는 사람들이었으니까.

결국 문제는 노동 유인을 어떻게 높일 것인가 하는 과제로 귀결되었다. 중상주의가 선택한 방법은 국가에 의한 강제였다. 노동 능력을 갖춘 모든 사람은 일을 해야 한다는 원칙이 천명되었다. 이러한 원칙에 반하는 사람들에게는 법적 · 사회적 징치가가해졌다. 걸인과 부랑인이 바로 이런 사람들로 분류되었다. 구빈민법 제도 하에서 그토록 집요하고 잔혹할 정도로 걸인과 부

---

1. Polanyi. 1957: 8장.

랑인에 대한 징치가 이루어졌던 데에는 여타의 요인들도 있었겠지만 중상주의적 노동관의 영향이 가장 컸던 것으로 보인다.

노동에 대한 중상주의의 강조가 노동자의 임금과 생활 조건 개선에 대한 인식으로 연결되지는 않았다. 중상주의적 세계관에서 사고의 단위는 국가였지 개인이 아니었기 때문이다. 오히려 중상주의자들은 노동자의 임금을 최저 수준으로 묶어 두어야 한다고 주장했다. 높은 임금은 여가에 대한 선호를 부추겨 노동의 총량을 감소시킬 우려가 있다는 것이었다. 또한 중상주의자들은 노동자들이 본질적으로 게으르기 때문에 낮은 임금을 주어야 부지런히 일을 할 것이라고 강변했다.

빈곤관

영국에서 중상주의는 빈곤에 대한 중세의 인식을 이어받아 대체로 빈곤에 대한 도덕적 판단에 적극적이지 않았고 빈민을 도덕적으로 구분하지도 않았다. 적어도 초기엔 그랬다. 또한 중세의 온정주의적 빈민관도 함께 물려받았다. 그러나 이러한 태도와 인식은 그리 오래 가지 않았다. 자본주의가 발전하고 있었기 때문이다. 중상주의적 자본주의는 빈곤의 효용성(the utility of poverty)에 주목하게 되었다.[2] 빈곤이 국가 경제 발전에 중요한 요소가 될 수 있다는 생각이었다. 이 개념에 따르면, 빈

---

2. 중상주의자들의 빈곤관을 '빈곤의 효용성'이라는 개념으로 표현한 최초의 인물은 경제학자 에드거 퍼니스(Edgar Furniss)였다.

곤은 노동자의 근로 유인을 높이고 임금수준을 낮게 유지해서 국가의 대외 경쟁력에 도움이 된다는 것이다. 따라서 국부의 극대화를 위해서라면 다수가 빈곤 상태에 머물러 있어도 괜찮다는 생각이 널리 퍼졌다. 아니 어떤 의미에서 중상주의자들에게 빈곤은 국부 증대에 필수 요소로 여겨졌다. 노예제가 없는 상태에서 노동자의 근로 유인을 제고하려면 기아에 가까운 저임금이 도움이 된다는 주장이었다.

빈곤의 효용성이라는 중상주의적 신조는 빈민의 '본성'에 대한 잘못된 인식에서 출발했다. 이 인식에 따르면 빈민은 태생적으로 게으르고 무능하고 방탕해서 삶에 대한 의욕이나 큰 뜻이 없고 본능의 욕구에만 급급하다는 것이었다.[3] 따라서 생존에 필요한 최저 수준 이상의 임금은 빈민의 방종을 부추기고 오히려 생산성을 파괴한다는 주장을 펼쳤다.[4] 빈곤의 효용성 도그마는 국가로 하여금 빈민의 생활에 개입해 그들의 근면성을 기르기 위한 사회경제적 정책을 펼칠 것을 주장하는 데까지 이르렀다. 이에 따라 노동 강제, 저임금, 생활필수품 가격의 인상 같은 해괴한 방법이 구체적으로 제시되었다. 이러한 관점에서 저임금은 빈민의 생활 태도를 고치게 하고 더 열심히 일하도록 강제하는 데 도움이 되는 적합한 규율 장치가 아닐 수 없었다. 또한 저임금은 빈민들로 하여금 사회질서와 지배층에 대한 두려

---

3. 빈민에 대한 이러한 인식은 오늘날에도 이른바 빈곤 문화론(culture of poverty)이라는 이름으로 고스란히 남아 있다.
4. Furniss, 1920: 118.

움과 복종심을 갖도록 담보하는 장치로도 여겨졌다. 요컨대 빈곤과 저임금은 중상주의자들에게 빈민 문제를 해결하는 만병통치약으로 간주되었던 것이다.

『로빈슨 크루소(Robinson Crusoe)』의 작가이자 저술가였던 다니엘 디포(Daniel Defoe)는 중상주의적인 시각에서 빈곤 문제에 접근한 대표적 인물이다. 그는 빈민을 동정하고 빈곤 문제에 깊은 관심을 가지고 있었다. 그러나 디포는 여느 중상주의자와 마찬가지로 문제의 원인을 여전히 도덕적인 것에서 찾았다. 그는 빈민들에게 필요한 것은 무엇보다도 노동 윤리라고 생각했다. 그가 생각한 노동 윤리는 그의 소설 『로빈슨 크루소』에 나오는 주인공에 집약적으로 표현되었다. 크루소는 외딴 무인도에 살게 되었으나 자신의 노동만으로 두 채의 집을 짓고 손수 가구를 만들고 곡물을 재배하며 야생 염소를 길들인다. 디포는 영국의 빈민들이 크루소처럼 열심히 일하면 결코 그토록 엄혹한 가난에 살 이유가 없다고 보았다. 따라서 노동 능력을 지닌 사람은 기생충처럼 살도록 내버려둘 게 아니라 무슨 일이든지 얼마를 주든지 아무 일이나 찾아서 일을 해야 한다고 역설했다. 하지만 디포는 빈민을 노역소에 수용해서 숙식을 제공하며 일을 시키는 것에 반대했다.[5] 반대 이유로 그는 세 가지를 들었다. 우선 일자리가 없어서 실업자가 된 사람은 없다는 점, 빈곤은 시설에 수용해서 고칠 수 있는 것이 아니라는 점, 마지막으

5. Defoe, 1704.

로 노역소에서 만든 제품이 일반 공상 제품과 경쟁하게 되면 일반 공장에 피해가 돌아간다는 점 등이었다.

빈민법에 미친 영향

빈민에 대한 최소한의 구호 제공은 노동 대중의 저량(貯量, stock)을 유지하기 위한 중상주의 정책의 일환이었다. 노동을 국부의 원천으로 보는 시각에서 근로 능력이 있는 빈민에게까지 구호를 제공하는 이유는 이들이 빈민이기 전에 바로 노동력의 담지자였기 때문이었다. 말하자면 빈민법은 이들 빈민의 노동력 재생산을 지속시켜 주는 기능을 담당하고 있었던 것이다. 그러나 빈민법이 아무런 조건 없이 구호를 주었던 것은 물론 아니었다. 구호 수급 빈민은 어떠한 일자리든지 반드시 수락해야 했다. 이 조건은 오늘날의 근로 연계 정책(workfare)을 연상시키지만, 그 사상적 배경은 다르다. 당시는 중상주의적 노동관이 작용했고, 오늘날에는 신자유주의적 시장 근본주의가 작용하고 있는 것이다. 다만 당시나 오늘날이나 수급 빈민에게 노동의 의무를 강조하면서도 적절한 일자리를 제공하는 데 실패했다는 점에서는 큰 차이가 없다. 당시 영국의 상황에서는 마을과 같은 경제적으로나 지리적으로 협소한 지역에서 적절한 일자리를 만든다는 것 자체가 사실상 불가능했다. 현대의 근로 연계 복지는 일자리 제공 자체보다는 복지 수급에 대한 사회적 징벌의 의미가 더 강하기 때문에 일자리의 적절성 여부에 관심을 두지 않는 것이다.

중상주의적 관점에서 빈민법의 향후 진로에 큰 영향을 미친 인물 중 하나는 존 로크(John Locke)였다. 빈곤과 빈민에 대한 로크의 인식은 전형적인 중상주의자의 그것이었다. 로크는 인간의 공동생활에서 신뢰와 상호성(reciprocity)을 강조했는데, 그의 인식 세계에서 빈민은 이 원칙을 악용하고 결국엔 저버리는 사람들이었다.[6] 게으름과 방탕한 생활로 곤궁한 삶을 이어가는 빈민이 그의 눈엔 공동체에 아무런 기여도 하지 못하면서 일방적으로 폐를 끼치는 사람들로 보였던 것이다. 로크는 "하느님의 축복이 가득한 이 시절에" 빈민이 증가하는 현상을 규율의 느슨함과 태도의 타락 탓으로 돌렸다. 그는 당시의 현실을 근면과 덕행의 부족으로 빈민이 대중의 짐이 되어 버린 상황이라고 단정하고, 이 문제를 해결하는 방법으로 다음과 같은 제안을 했다.[7]

즉 그는 빈민을 세 부류로 나누고 각 부류에 따라 상이한 조치를 제안했다. 첫 번째 부류는 자신의 생계를 꾸려 나갈 방법이 전혀 없는 사람들이다. 이 부류에 속하는 빈민은 병들었거나 늙어서 아무런 일을 할 수 없으므로 구호를 받을 가치가 있다. 이런 사람들에게는 가족이나 친지들이 최대한 도움을 주어야 하되, 그렇지 못할 경우에는 구빈 대상자로 인정해서 돌봐 주어야 한다. 둘째, 자신의 생계를 꾸려 나가려고 노력은 하고 있지

---

6. Locke, 1997(1697): 184.
7. Locke, 1997(1697): 184-186.

만 자원이 충분하지 못한 빈민들이다. 계절적 실업자나 노동 능력이 감퇴한 나이 든 노동자, 일용직 노동에 종사하는 여성 등이 이런 부류에 속한다. 로크는 이런 부류의 빈민이 가장 많다고 보았다. 하지만 이들에 대한 로크의 처방은 분명하게 제시되지 않았다. 단지 이들의 노동력을 극대화하는 것이 필요하다는 당위성만 언급했다. 마지막 부류는 자신의 노동으로 생계를 충분히 꾸려 나갈 수 있다고 여겨지는 사람들로 로크는 이들에게 혹독한 규율과 체벌이 가해져야 한다고 주장했다. 그가 생각하기로 이들은 타인의 노동에 얹혀서 살아가는 사람으로 대중을 속이고 여론을 조작하는 사악한 사람이기 때문이었다. 그는 이런 부류의 사람들이 빈민법을 악용하지 못하도록 구빈 행정을 쇄신하고 빈민 심사와 절차를 더욱 철저히 진행할 것을 촉구하는 한편, 이들을 교정원(house of correction)이나 노역소에 보내 버릇을 고쳐 놓아야 한다고 주장했다. 필요에 따라서는 매질 또는 고문과 같은 잔혹한 체벌의 동원도 괜찮다고 여길 정도였다. 또한 걸인이나 부랑인에 대해서는 교정원과 노역소로 보낼 것이 아니라 인근 항구로 데려가 강제 노동을 시킬 것과 도망자에 대한 사형 등을 골자로 하는 부랑인 대책을 내기도 했다. 이와 같은 내용의 주장은 우리가 알고 있는 자유주의자이자 계몽주의자인 로크의 면모와는 거리가 아주 먼 것이 아닐 수 없다.

한편, 17세기 말에는 종교적인 열정과 중상주의적 사상이 결합되면서 빈민법 개혁 운동이 일어났다. 이 운동을 이끈 대표적 인물로는 퍼민(Thomas Firmin), 존 케리(John Cary), 존 벨러스

(John Bellers) 등이었다. 이들의 공통점은 17세기 말 일종의 종교적 도덕 재무장 운동인 'Reformation of Manners'와 관련이 깊은 사람들로, 사회문제의 원인을 도덕과 윤리의 타락에서 찾는 경향을 보였고 빈곤의 해결책으로 구호가 아닌 노동의 강조를 내세웠다는 것이다. 이들이 여타의 중상주의자들과 가장 뚜렷하게 다른 점은 단순히 노동을 강조한 것이 아니라 빈민들에게 일자리를 제공하기 위한 구체적인 사업을 벌였다는 사실이다. 이런 움직임은 대부분 초기 노역소의 모델이 되었다.

자유방임주의(laissez-faire)와 공리주의

18세기의 등장을 전후해서 자유방임주의는 중상주의로부터 지배 이데올로기의 위치를 넘겨받았다. 자유방임주의의 대두는 농업 자본주의와 상업자본주의를 거쳐 산업자본주의로 나아가는 시대 조류의 징조였다. 자유방임주의는 프랑스어의 의미 그대로 (시장에) 모든 것을 내버려두라는 사상이다. 중상주의의 국가 개입주의와 달리 자유방임주의는 국가 개입의 최소화와 시장 자율의 극대화를 주장했다. 오늘날의 신자유주의는 사실 자유방임주의의 부활이라고 볼 수 있다. 자유방임주의는 고전 경제학의 사상적 모태가 되었고, 이윽고 신빈민법의 이론적 토대로 작용했다. 이것을 신봉하는 사람들이 빈민 문제에 대

해 펼친 주장은 간단히 이렇게 요약된다. "시장에 맡겨라. 그리
하면 나머지 모든 것은 시장이 알아서 처리한다." 그런데 이 주
장과 관련하여 흥미로운 것은 1834년의 빈민법 개혁이 빈민 문
제를 시장에 맡기기보다는 국가의 개입을 오히려 강화하는 방
향으로 이루어졌다는 사실이다. 이러한 배경에는 공리주의의
영향이 크게 작용했다. 물론 신빈민법의 내용과 지배 원리에 시
장주의가 일정하게 반영되었다는 점은 부인할 수 없다. 주요 고
전 경제학자들은 빈곤, 빈민, 빈민법 등에 대해 어떻게 인식하
고 평가했는지 살펴보자.

애덤 스미스

애덤 스미스(Adam Smith)는 흔히 근대 경제학의 아버지이자
고전 경제학의 창시자로 불린다. 그는 개인의 이익을 극대화하
는 것이 사회 전체의 이익을 극대화하는 것이라고 보았고, 시장
의 '보이지 않는 손(the invisible hand)'에 맡기면 자원의 효율적
배분이 이루어질 것으로 강조했다. 그는 분업과 경쟁이 자본주
의의 요체이자 경제 발전의 동력이라고 주장했다. 이렇게 보면
애덤 스미스는 자본가계급의 대변인처럼 보일지도 모른다. 사
실 애덤 스미스는 오늘날 신자유주의와 신보수주의를 신봉하
는 사람들에게는 하나의 신이라고 할 수 있다.

그러나 이런 모습의 애덤 스미스는 매우 일면적이다. 어떻게
보면 애덤 스미스처럼 많은 오해와 몰이해의 대상이 되었던 사

상가도 없다. 그를 신봉하는 대다수 사람들은 그의 『국부론』
을, 그것도 일부만 읽고 그를 자신들의 신념 틀에 짜 넣어 왔다.
이렇다 보니 애덤 스미스는 본인의 뜻과 무관하게 냉혹하기 그
지없는 시장 근본주의자들의 조상이 되어 버린 감이 있다. 우
리가 애덤 스미스를 제대로 이해하려면 『국부론』에 치우친 독
서의 폭을 넓혀야 한다. 특히 그의 또 다른 저서 『도덕 감정론
(Theory of Moral Sentiments)』은 스미스의 다른 면을 여실히 보
여 준다.

스미스는 빈곤을 인간 생활의 불가피한 일부로 보는 전통적
견해를 버렸고, 맬서스나 리카도와 달리 비관주의적 견해도 갖
지 않았다. 그는 빈민이 장기적으로 자유 시장 제도의 최대 수
혜자가 될 것이라고 낙관했다. 이런 낙관의 근거는 경제의 진보
에 대한 신념에서 나온 것이었다.[8] 스미스는 빈곤의 주된 원인
을 경제 상태에서 찾았다는 점에서 여타 사상가들과 차별성을
보였다. 즉 경제가 정체 상태에 놓여 있는 나라일수록 빈곤이
심하다는 사실을 지적하면서 국부보다는 경제 상태의 중요성
을 강조했다.[9] 따라서 그는 장기적으로 빈곤을 해결하려면 경
제가 성장해야 한다고 보았다. 이런 생각은 주류 경제학의 전형
이라고 하겠다. 그는 또한 고임금이 노동자의 근로 유인을 높
여 사회에 유익을 가져다줄 것이라면서 적극 지지했다.[10] 중상

---

8. Himmelfarb, 1983: 51-53.
9. Smith, 1976(1776): 79-82.
10. 앞의 책, 88.

주의자들이 내세운 빈곤의 효용성 도그마를 인정하지 않은 것이다.

스미스는 빈곤 문제에 정부가 개입하는 것에 매우 조심스런 태도를 보였으나 그것의 필요성을 완전히 배제하지는 않았다.[11] 그는 정부가 공적 빈민 구호를 통해 굶주림을 완화할 책임을 져야 하나 빈곤에 대해서는 가능한 한 직접 개입을 자제할 것을 촉구했다. 정부의 개입이 도리어 빈곤을 일으키는 원인으로 작용한다는 것이었다. 그래도 스미스는 맬서스와 달리 빈민법의 필요성을 인정하고 그것의 유지를 지지했다. 그는 또 사회는 빈민들에게 일정한 수준의 의식주를 보장할 의무가 있다고 주장했다. 다만 구빈민법의 요체인 정주법이 빈민의 이동을 막아 그들의 삶을 개선할 수 있는 기회를 차단한 것에 대해서는 날카로운 비판을 던졌다.

토머스 맬서스

맬서스는 1798년에 발표한 『인구론』에서 빈민법을 인구문제와 연결시켰다. 그는 빈곤의 원인을 자연 생산력을 넘는 인구 증가에서 찾았다. 저 유명한 "인구는 기하급수적으로 증가하는데, 식량 생산은 산술급수적으로 증가한다"는 명제가 바로 그가 생각하는 빈곤 원인의 배후였다. 자연의 법칙을 보건대 자원

---

11. Smith, 1976(1759): 81.

의 희소는 인간 삶의 불가피한 조건이라는 비관주의적 사회 인식이었다. 이와 같은 자연 본래의 희소성이 인구 증가와 만나면 빈곤이나 기근 등의 재앙을 유발할 수밖에 없다는 것이었다.

맬서스는 이런 상황에서 빈민법과 같은 인위적인 구호는 빈민의 출산율을 높이고 근로 유인을 떨어뜨려 빈곤 해결책이 아니라 오히려 빈곤의 원인이 되었다고 맹공을 퍼부었다. 예컨대 공적 구빈제도가 없는 상황이라면 빈민이 일찍 결혼을 해서 가정을 꾸리고 아이를 많이 낳는다는 것은 꿈도 꿀 수 없다는 것이다. 그런데 이것을 가능하게 만든 것이 빈민법이고, 이것은 다시 빈민의 대량 재생산으로 이어져 악순환이 계속된다는 것이 그의 주장이었다.

그는 빈민법이 폐지되고 외부 도움을 구할 수 없는 상황이 되면 빈민의 행태는 결국 바뀔 수밖에 없다고 보았으니, 오늘날의 신자유주의자들이 주장하는 복지국가의 폐지 근거는 맬서스에서 찾을 수 있겠다. 문제의 해결책으로 제시된 빈민법이 오히려 문제의 원인이 된다는 이 주장은 많은 추종자들을 만들어 냈다. 맬서스의 결론은 한마디로 빈민법을 폐지하라는 것이었다.

맬서스가 인정한 유일한 공적 빈민 구호는 비상 상황에서 단기적으로 제공하는 경우에 한정된 것이었다. 이런 경우에도 그는 돈보다는 물품 지원이, 물품 지원보다는 일자리 제공이 더 나은 방법이라고 주장했다. 오늘날의 신자유주의자들도 복지 수급자들에게 이와 같은 방식의 '지원'을 제공하라고 주장하고 있으니 역사의 경로 의존성은 역시 무시할 수 없는 법칙인가 보다.

결론적으로, 맬서스는 중상주의적 노동관에 정면으로 도전했다. 인구 증가는 중상주의자들이 주장하는 것처럼 국부의 원천이 아니라 빈곤의 원천이라는 것이 그의 견해였다. 따라서 노동력을 유지하기 위한 그 어떠한 공공 구호도 문제 해결책이 아니라 문제를 악화시키는 요인이라고 그는 보았다. 그는 빈민법이 인구와 노동을 국부의 원천으로 여기는 중상주의의 오류를 제도적으로 뒷받침한 주범이라고 비판했다.

제러미 벤담

벤담은 부유한 집안에서 태어나 별도의 직업을 가지지 않은 채 저술가, 사상가로 일생을 보냈다. 그는 지적 생애를 애덤 스미스의 열렬한 추종자로 시작했지만, 자유방임주의에서 벗어나 공리주의의 주창자가 되었다. 공리주의적 사회관에 따르면, 사회는 공공의 이익을 극대화하는 동시에 사적 이익의 사악성을 최소화하는 방향으로 재편되어야 한다. 벤담은 과학적 사회정책을 강조하면서 그 목적은 다중의 행복을 증진하는 행위를 장려하고 그렇지 않은 행위를 억제하는 데 있다고 설파했다.

이와 같은 생각을 바탕으로 벤담은 맬서스와 함께 빈민법 비판에 앞장섰다. 실제로 그는 빈민법 개혁 과정에서 맬서스보다 지속적이고 더 효과적인 영향을 미쳤다. 왜냐하면 그에게 영향을 받은 사람들이 개혁 과정에서 중추적인 역할을 했기 때문이다. 예컨대 신빈민법 도입의 실질적인 책임자였던 채드윅(Edwin

Chadwick)은 그의 직계 제자로 골수 벤담주의자였다(Egnlander, 1998: 15). 벤담은 맬서스와 달리 빈민법의 완전 폐지를 주장하지는 않았다.

빈민 구호 제도에 대한 벤담의 개혁안은 다음과 같이 요약할 수 있다. 첫째, 관리 주체는 동인도회사와 같은 모델의 주식회사로 정하여 이사회가 최고 의사 결정 기구가 되고 그 밑에 감독과 부감독을 임명하여 운영을 맡긴다. 둘째, 구호 비용은 현재의 빈민세와 구호 빈민의 노동, 자발적 기부, 기존의 기금 재산 등으로 충당한다. 셋째, 타인의 구호에 의존해서 사는 사람의 관행을 근절하기 위한 강제력은 이사회가 보유한다. 넷째, '구빈 회사'의 운영에서 발생하는 수익은 회사가 40%, 패리시가 60%로 나누어 갖는다. 벤담의 개혁안은 이렇듯 철저하게 민간 기업의 수익 모델에 기반을 두고 있었다. 이런 모델의 개혁안과 파놉티콘의 건축 구상을 담은 입법안이 피트(Pitt the Younger) 수상 시절인 1791년에 하원을 통과했지만, 당시 국왕 조지 3세가 서명을 거부함으로써 그의 구상의 현실화는 무산되었다. 벤담은 말년에 조지 3세만 아니었다면 빈민 구호 체계가 혁명적으로 바뀌었을 것이라고 아쉬워했다.[12]

---

12. Mackay, 1904: 44. 조지 3세에 의해 입법이 중지된 그의 구상은 오랫동안 논란의 대상이 되었다가 1811년에 완전히 폐지되었다. 이 과정에서도 알 수 있듯이 당시의 빈민법 개혁자들은 지역의 젠트리는 물론 귀족과 심지어 국왕까지 개혁의 걸림돌이라고 공박을 하기 일쑤였다.

시니어와 채드윅

빈민법 개혁은 맬서스와 벤담 등의 사상적 토대 위에서 시니어 및 채드윅과 같은 실무자들에 의해 이루어졌다. 평론가들은 이 두 사람과 맬서스 그리고 벤담을 빈민법 개혁의 4인방으로 여긴다. 시니어와 채드윅은 모두 법률가 출신이었다. 시니어는 휘그당의 유력자들과 친분을 쌓고 경제와 사회적 이슈에 대해 조언을 해 주다가 1825년에 옥스퍼드 대학 정치경제학과의 초대 학과장이 되었다. 시니어는 원래 빈민의 참상에 대해 매우 동정적인 태도를 보였고 맬서스의 인구론을 받아들이지 않았다. 그러나 1820년대에 발생한 노동자들의 파업, 태업, 폭동, 방화 등의 사회적 혼란을 겪으며 생각이 바뀌었다. 이제 그는 실업자들이 빈곤의 주된 원인이자 결과라고 보기 시작했고 이들을 내버려두면 영국 자본주의의 존재 자체가 큰 위험에 빠질 것이라고 생각했다. 시니어는 실업자의 증가 원인을 과잉 인구에서 찾았다. 그리고 그것의 가장 쉽고 일차적인 해법으로 식민지 이민을 생각해 냈다.[13] 빈민법을 개혁하기 전에 필요한 조치가 이것이라고 보았다. 우리는 그의 이런 시각에서 맬서스의 그림자를 보게 된다. 빈민법을 끔찍한 악이라고 표현하는 것도 맬서스와 같았다. 시니어는 빈민법을 폐지해야 한다는 결론에 이르렀지만, 그것이 쉽지 않으리라 보고 행정 관리 측면에서의 개

---

13. 앞의 책, 32.

혁을 강조하기 시작했다. 특히 치안판사의 권한을 축소하고 그 것을 유급 구빈 직원에게 이양하는 방안을 제안했다.[14]

한편, 시니어는 노동생산성을 올리지 않는 한 빈곤은 해소되지 않으리라고 보았다. 노동생산성 제고 방법으로 그는 두 가지를 제시했다.[15] 상업과 자본 축적의 자유를 제한하는 모든 규제의 철폐와 빈민법 폐지가 그것이었다. 시니어는 빈민법이 임금을 고용주와 노동자 사이의 계약이 아닌 하나의 권리로 보도록 부추긴다고 주장했다. 그는 이제 빈곤을 걱정하는 것이 아니라 '건방진' 노동자들을 걱정하게 되었다. 그는 또한 빈민법이 노동자의 근로 유인을 저해하고 노동자로 하여금 생존권을 주장하게 만드는 법적 근거가 되었다고 개탄했다. 시니어는 결국 빈민법 조사위원회의 위원이 되었고, 자신의 이념적 견해를 새 빈민법에 적극적으로 반영했다. 이렇듯 빈민법 개혁에 열을 올린 시니어였지만, 공장 노동자들의 열악한 근로 환경을 개선하려는 움직임에는 앞장서서 반대를 했다. 1832년 하원에서 공장 개혁에 관한 입법안이 제기되자 시니어는 공장 개혁이 고용주의 비용을 증가시켜 산업화에 걸림돌이 될 수 있다고 주장했다.[16] 물론 이 주장은 사실이 아니었다. 근로 환경 개선은 노동자의 생산성 증대로 이어져 오히려 성공적인 산업화에 기여했다.

---

14. 앞의 책, 35.
15. Senior, 1830: Preface.
16. 시니어를 비롯한 빈민법 개혁 세력은 빈민법을 제외한 나머지 사회 입법에 대해서는 매우 완고하고 보수적인 입장을 견지했다. 공장법과 방적 노동자의 최저임금제를 반대한 것도 이들이었다.

에드윈 채드윅은 변호사로 훈련을 받았으며 사회 비평 활동을 하는 중에 벤담과 만나 그의 열렬한 추종자가 되었다. 채드윅은 벤담의 말년에 그의 집에 들어가 살며 저작 활동을 측근에서 돕기도 했다. 채드윅은 한때 벤담 가문의 한 여성과 결혼을 생각할 정도로 벤담을 추종했고, 벤담 역시 그를 자신의 수제자로 여겨 유산 일부를 넘겨줄 의사를 표시하기도 했다.[17] 벤담의 또 다른 추종자였던 존 스튜어트 밀(John Stuart Mill)이 채드윅을 시니어에게 소개해 둘은 빈민법 개정 작업에서 '환상의 듀오'를 이루었다. 1832년에 빈민법 조사위원회가 출범할 때 채드윅은 조사위원보가 되어 조사 활동을 현장에서 수행했다. 그는 조사 방법과 설문, 그리고 결과의 해석 등 조사 전반을 총괄했고 보고서의 대부분을 쓰기도 했다. 이 과정에서 그는 벤담의 사상을 대대적으로 반영하려고 노력했다. 빈민법의 중앙 관리와 노역소 도입 등은 이러한 노력의 결과물이다. 채드윅은 노역소를 가능한 한 감옥과 같이 만들겠다는 의사를 피력한 바 있다.[18] 그리고 노역소 내부의 사회적 훈육을 엄격히 실시해서 빈민들이 다시는 그곳에 들어오겠다는 생각 자체를 막겠다고 결심했다. 벤담의 수제자다운 생각이었다.

---

17. Mackay, 1904: 37.
18. Thompson, E. P., 1966: 267.

2. 빈민법의 정치학

　빈민법은 다양한 층위에서 다양한 정치적 관계를 만들어 냈다. 숱한 정치적 행위자들과 주체들이 빈민법을 둘러싸고 격돌했다. 빈민법은 그저 위에서 내린 지시의 결과에 따라 시행되는 것이 아니었다. 그것은 중앙정부, 지역의 엘리트, 구빈 행정의 담당자, 빈민들이 권력의 지점을 놓고 때로는 경쟁하고 때로는 협상을 하는 정치사회적 관계였다.[1] 이러한 정치적 동학을 살펴보기 위해서 미시적 측면과 거시적 측면으로 나누어 생각하기로 하자.

1. Hindle, 2004: 361-449.

미시적 측면

빈민법의 최종 시행 공간은 공식적으로 패리시(parish)였으므로, 우리는 먼저 패리시 내부의 구조와 운영 방식부터 살펴보기로 한다.[2] 아울러 치안판사는 패리시의 안과 밖에서 행정 전반을 감독하는 입장에 있었기 때문에 치안판사의 위상과 사회정치적 입장을 분석할 필요가 있다. 이 밖에 빈민법의 재원을 실제로 담당한 납세 주민들과 빈민들의 입장은 어떠했는지 조사해 보기로 한다. 마지막으로 빈민법 개혁 이후 도입된 빈민법조합의 성격에 대해서도 알아보자.

패리시의 성격과 종류

역사적으로 패리시는 두 가지 의미로 쓰였다. 하나는 가톨릭 교회의 최소 행정단위로 하나의 성당(parish church)과 그것을 중심으로 한 신자들의 공동체를 의미했다. 종교개혁 후에도 이러한 행정 체제는 그대로 이어졌다. 패리시는 또한 세속 행정의 최소 단위를 가리키기도 한다. 영국의 경우, 중세 이후 근대에 이르기까지 양자는 기능적으로 분리되지 않고 상당 부분 통합된 상태로 운영되었다. 도시에는 패리시 대신 자치구(borough)

---

2. 이 책 앞부분에서 지은이는 공식적인 용어를 써야 할 필요가 있을 때에 한해 parish를 패리시로 표기하겠다고 밝힌 바 있다.

가 설치되었다.

패리시는 기본적으로 시골 지방의 행정단위이므로 크기나 인구나 제각각이어서 빈민법이 개정될 당시 전국에 약 15,000개가 있었는데, 그중에는 주민이 거의 없는 곳이 있는가 하면 거주 인구가 무려 5만에 육박하는 경우도 있었다.[3] 이것은 패리시가 중세 농촌사회의 생활 공동체와 이에 따른 지리적 경계를 중심으로 형성되었기 때문에 발생한 자연적인 현상이라고 하겠다. 구빈민법이 패리시를 구빈 행정의 기초 단위로 지정하면서, 패리시는 교회의 기초 구역이라는 역할과 함께 세속 행정의 기초 단위로서의 역할을 병행하게 되었다. 말하자면 구빈민법의 시행과 더불어 영국의 지역정부가 시작되었다고 볼 수 있다. 빈민법 시행 이후 패리시의 '공식적' 인사로는 본당의 사제와 사목위원(church wardens), 구빈위원을 들 수 있다. 비공식적 유력 인사에는 지주 젠트리, 부유한 상인이나 장인, 그리고 부농 등이 포함되었다. 이들이 마을의 엘리트층이요 여론을 주도하는 세력이었다.

빈민법 도입과 이에 관한 역대 후속 입법 조치는 패리시의 위상을 자연적이고 종교적인 주민 공동체에서 법적·행정적 단위이자 조직으로 전환시켰다. 특히 빈민에게 패리시는 생존과 직결된 곳이 되었다. 구호가 이곳에서 이루어질 뿐만 아니라 구호를 받을 수 있는 법적 권리의 지리적 토대가 패리시였다. 뿐만

---

3. Chandler, 2007: 11.

아니라 공식적 구빈 외에도 마을 주민이 누리는 각종 혜택과 자선 물품의 수혜 등도 해당 패리시에 대한 법적 정주권이 있어야 받을 수 있었다. 한마디로 빈민법 이후의 패리시는 빈민에게 생명줄이었다고 해도 지나치지 않다.

패리시와 관련해서 빠뜨릴 수 없는 점은 이른바 열린 패리시(open parish)와 닫힌 패리시(close parish)의 구분과 그에 따른 차이점이다.[4] 닫힌 패리시는 지역 내 토지를 일인 또는 극소수의 지주가 소유하는 곳으로, 마을 내 문제를 이들이 관장해서 불필요한 인구 증가를 억제하고 구빈 비용의 부담을 줄이려는 경향을 보였다. 닫힌 패리시에서는 이들 주도하에 마을에 재정적인 부담을 지울 가능성이 있는 외부인의 진입을 막기 위해 이들의 주거가 될 소지가 있는 작은 농가(cottage)의 신축을 엄격히 통제했다. 또한 정주법의 적용이 경직적일 정도로 철저했음은 말할 것도 없다. 이처럼 '닫힌' 마을에 일자리를 얻게 된 노동자는 자신의 거주 지역에서 일자리가 있는 지역까지 걸어서 다녀야 하는 어려움을 겪었다. 심한 경우에는 일주일에 40-50마일을 걷기도 했다.

이에 반해 열린 패리시는 다수의 소지주가 존재함으로써 권력 집중 현상이 발생하지 않는 지역이었다. 열린 마을에서는 특정 지주가 과도한 영향력을 행사하지 않았기 때문에 정주법의 적용이 엄격하지 않았다. 따라서 상대적으로 외부 유입자가 많

---

4. Holderness, 1972; Wild, 2004.

아 인구 밀도가 높았고 위생 상태가 불량했으며 농가의 무분별한 건축을 방치했다. 이런 지역에서는 빈민세 부담이 다수에게 분산되어 개별 부담이 적다 보니 외부 노동자에 대해서도 적대감이 크지 않았다. 열린 패리시는 상설 시장을 보유한 읍(market town)과 같은 비교적 큰 규모의 지역이라고 할 수 있고, 닫힌 패리시는 그 배후의 소규모 농촌 마을로 생각하면 큰 무리가 없을 듯하다. 사정이 이렇다 보니 양자 간에는 밀접한 상호작용이 일어날 수밖에 없었다. 닫힌 마을은 필요한 경우에 상대적으로 큰 지역인 인접한 열린 마을에서 노동력을 공급 받아야 했다.

주민 회의(vestry)

전통적으로 마을 주민들은 교회의 제의실(vestry)에 모여 범사를 의논했다.[5] 이러한 관행은 제의실 모임을 마을 주민들의 의사 결정 조직으로 발전시켰다. 빈민법이 도입되자 이 제의실 모임이 바로 빈민법과 관련된 문제를 논의하고 결정하는 주체가 되었다. 우리는 이 책에서 이 제의실 모임을 주민 회의라고 부를 것이다. 주민 회의는 모든 마을 사람이 참여할 수 있는 공개 모임(open vestry)과 소수의 마을 유력자만이 참여하는 폐쇄 모임(closed vestry or select vestry)으로 나뉘었다.[6] 주민 회의는

---

5. 제의실은 사제나 성가대원 등이 미사에 필요한 제의를 갈아입는 곳인 동시에 미사 관련 도구를 보관하는 곳이기도 했다.
6. 열린 모임이라고 해도 실제로는 마을의 전 주민이 참여하는 경우는 거의 없

주요 사안이 있을 때마다 모였다. 부활절 모임은 연례 총회와 같은 성격의 모임으로 마을을 대표할 사람들을 뽑고 한 해 동안의 회계 결과를 보고하기도 하는 그런 모임이었다.

빈민법이 시행되면서 주민 회의의 참가 자격은 빈민세를 내는 주민에게만 주어졌다. 여성들은, 빈민세 부담 여부와 상관없이, 배제되는 것이 일반적인 관행이었다. 세월이 흐르면서 큰 도시의 주민 회의는 대부분 소수의 유력자만이 참여하는 특별 주민 회의(select vestry)로 변질되어 갔다. 빈민법 시행 이후 주민 회의에서 다루는 주제와 내용이 전체 회의에서 다루기에는 민감하거나 적절치 못한 측면이 있다는 점도 이런 흐름에 한몫을 했다. 또한 비교적 큰 패리시의 경우에 전체 회의는 많은 사람들이 참여해서 의사 결정의 효율성을 떨어뜨리는 문제도 있었다. 하지만 농촌 지방의 주민 회의는 적어도 형식적으로는 공개 모임으로 남아 있는 경우가 많았다. 무엇보다도 농촌의 패리시는 거주민 수가 많지 않았고 의사 결정에 참여할 수 있는 사람이 현실적으로 제한되어 있었기 때문이다. 그럼에도 인구 몇 백 명 정도의 작은 마을 대부분은 열 명 안팎의 주민들이 주민 회의를 구성하는 게 일반적인 현상이었다. 빈민법 초기일수록 이런 현상이 심했다. 사회적 위계 의식이 아직 강하게 작동하던 시기였기에 평범한 주민이, 비록 빈민으로 규정된 사람이 아닐지라도, 지역의 유력자들과 얼굴을 맞대는 게 결코 편안한 일은

었다.

아니었을 터였다.

특별 주민 회의는 이해관계로 얽힌 소수의 지역 유지들이 좌지우지하면서 지역 과두 세력의 근거지로 전락하는 경우가 많았다. 자연히 이들의 결정이 주민 전체의 의사와 반하는 경우가 늘어났고 개혁의 목소리도 높아졌다. 1831년에 만들어진 홉하우스 법(The Hobhouse Act)은 신분이나 성별에 관계없이 빈민세를 납부하는 모든 주민에게 주민 회의의 참석권과 일인일표의 투표권을 주는 내용을 담고 있었다.

구빈위원

패리시에서 빈민법 시행을 담당하는 사람은 구빈위원이었다.[7] 구빈민법은 각 패리시마다 2~4명의 무급 구빈위원을 두도록 규정했다. 이들 구빈위원들은 주민 대표자 회의에서 선출되었는데, 이들에 대한 자격 기준은 가장이어야 한다는 것과 어느 정도 여유 있는 가구 출신이어야 한다는 것뿐이었다.[8] 이들은

---

[7]. 빈민법에 규정된 'overseers of the poor'를 글자 그대로 풀이하면 빈민 감독자라는 뜻이다. 이것을 사전이나 다른 한국 문헌에서는 '민생 위원'이라고 번역하고 있는데 결코 적절한 번역이 아니다. 사실 이들의 임무는 구빈에 관한 제반 사항을 관리·감독하는 것이었으므로 '감독자'라는 원어가 옳다. 그러나 이 책에서는 독자들에게 비교적 익숙하면서도 원어의 뜻과 크게 어긋나지 않는 '구빈위원'이라는 번역어를 사용하기로 한다.

[8]. 여유 있는 가구 출신을 명기한 것은 이들이 현금과 현물을 다루기 때문에 발생할지 모르는 부정부패의 소지를 조금이라도 줄여 보겠다는 의도가 작용했을 것이다.

치안판사의 감독과 통제 하에 빈민세를 거두어 빈민에게 나누어 주는 일을 맡았다. 이들의 임무와 역할은 빈민법 시행과 관련된 거의 모든 일이었다. 구빈위원은 마을에서 신망이 있고 어느 정도의 경제적 안정을 누리는 사람들 중에 선출되는 것이 일반적이었다. 구빈위원의 대부분은 차지농이거나 중소 상공업자들이었다.[9] 이들의 임기는 1년이 보통이었고 연례 정기 주민 총회에서 재신임 여부가 결정되었다. 하지만 구빈 임무가 커지면서 위원직을 맡지 않으려는 경향도 나타났다. 이런 경향은 특히 주민 수가 많고 대면 접촉 기회가 적은 도시에서 특히 심했다. 농촌의 경우에는 주민 모두가 서로 잘 알고 지내는 사이라 돌아가면서 책임을 맡았다.

구빈위원은 구빈 행정 전반을 총괄하고 있었지만, 이들이 매사를 독자적으로 처리하지 않았음(못했음)은 물론이다. 사실 이들을 선출하는 과정에서 영향력을 행사하고 또 이들의 구빈 행정에 직간접으로 개입·간섭했던 지역 유지는 지주 젠트리(landed gentry)였다. 지주 젠트리는 계급적으로도 구빈위원의 상위에 위치하고 있었을 뿐 아니라 제반 경제적 이해관계를 통해서도 구빈위원에게 막강한 영향력을 행사할 수 있었다. 따라서 구빈위원들의 의사 결정은 대부분 지역 지주층의 이해관계를 반영하는 것이 일반적이었다. 그렇다고 구빈위원이 지주

---

9. 차지농은 지주의 땅을 빌려 농사를 짓는다는 점에서는 소작농(sharecropper)과 같으나, 소작농처럼 수확의 일부분을 지주에게 제공하는 것이 아니라 지주에게 현금을 주고 땅을 빌려 농사를 지었다.

계급의 들러리 역할을 한 것으로 결론을 내린다면 너무 일방적인 해석이라고 할 수 있다. 구빈위원들은 지주계급의 영향을 피할 수 없었지만 자신들의 독립성을 나름대로 지켜내려고 노력했다.[10] 구빈 요청을 한 빈민을 둘러싼 갈등을 법정까지 가져가 다툼을 할 정도로 구빈위원들은 자신의 위치를 의식하고 행동했다.

구빈을 일선에서 담당한 구빈위원은 빈민법을 소극적으로 시행하려는 경향을 보였고, 특히 구빈 비용을 줄이려고 부단한 노력을 기울였다. 구빈 지출이 적을수록 빈민세 부담이 적어지는 상황에서 이들의 태도는 충분히 예측할 수 있는 것이었다. 빈민세는 해마다 치안판사가 정하는 것으로 그 수준의 적정성을 둘러싼 논란은 지역의 일상적인 현상이었고 주민들은 이 문제를 종종 사계법원(quater sessions)에 가지고 가서 재심을 요청하곤 하였다.[11] 따라서 치안판사의 개입과 감독이 없었다면 마을의 구빈 의무가 소홀히 수행되었을 가능성이 매우 컸다.

납세 주민(rate-payers)

마을의 최고 유력자들은 언제나 지주 젠트리들이었다. 이들

---

10. Broad, 2012.
11. 사계법원(quarter sessions)은 군(county) 단위에서 일 년에 4회 열리는데, 2인 이상의 치안판사가 참여해 비교적 간소한 문제들에 대해 사법적 판단을 내리는 제도이다.

이 마을의 주요 사안을 배후에서 또는 전면에서 조종하고 결정했다. 특히 마을 전체의 거시적 그림을 그려야 하는 문제에 대해서는 여지없이 개입하고 영향력을 행사했다. 이들이 직접 나서지 않을 때에도 자신들의 대리인 노릇을 하는 마을 주민을 보내기 일쑤였다. 지주 젠트리들은 특정 마을에 거주하고 있어도 그들의 이해관계는 마을을 넘어 인근 마을, 주, 그리고 중앙의 정부와 의회에까지 연결되어 있었다. 이들은 지역의 실질적인 지배자였던 치안판사와의 관계도 원활했다. 대부분 같은 계급의 구성원이었기 때문에 이해관계가 일치했으며 사회적인 연줄망도 공유하는 편이었다. 지주 젠트리의 영향력이 가장 크게 행사되었던 분야는 인클로저나 정주법과 같이 마을 처지에서는 비교적 큰 문제들이었다. 이들은 구체적인 빈민 행정에 대해서는 자신의 이해관계에 큰 문제가 되지 않는 한 대체로 방관하는 입장이었다.

마을에서 구빈 비용을 실제로 부담하는 납세자들의 대부분은 차지농이었다. 18세기 후반에 이르면 대부분의 영국 농지는 차지농에 의해 경작되고 있었다. 또한 이들이 마을의 빈민법을 실질적으로 관장하는 마을 주민 회의의 멤버들이었다. 그러나 차지농 중에서도 농업 노동자를 고용해서 토지를 경작하는 사람들과 그렇지 않은 사람들 간에는 이해관계가 엇갈렸다. 전자는 빈민법을 자신들의 인건비를 줄이는 유용한 수단으로 여겼다. 당시 빈민법은 농업 노동자들에게 일종의 실업보험과 같은 기능을 하고 있었다. 농업 노동자는 일자리가 없는 계절에는 구호를 신청해서 생계를 유지했는데, 이것은 농업 노동자의 노동력 재생산 비용을 마을의 납세자 전체가 부담하는 것으로 이들을 사용하지 않는 납세자들이 이들을 고용하는 차지농에게 일종의 보조금을 지급하는 셈이었다. 이렇다 보니 농업 노동자를 많이 고용하는 차지농일수록 빈민법에 대한 태도는 당연히 긍정적이었다. 자신들이 부담해야 할 인건비 일부를 구빈 제도를 통해 마을에 떠넘길 수 있었기 때문이다. 따라서 이들은 빈민법 유지에 적지 않은 영향을 미쳤다. 상대적으로 영소한 차지농의 경우에도 빈민법의 필요성을 부정하지는 않았다. 무엇보다도 산업화의 진전, 농업의 자본주의 성격 강화 등 외부의 불안정 요소들에 의해 자신들 역시 구호를 필요로 하는 빈민이 될 가능성이 상존하고 있었기 때문이었다.

요구호 빈민

마을에 거주하는 빈민은 대략 세 부류로 나누어졌다. 첫째, 가난하지만 구호를 받아야 할 정도는 아닌 사람들로 이들에게는 빈민세 부과가 면제되었다. 둘째, 첫 번째 부류보다는 더 가난하나 약간의 자선을 받아 생계를 꾸려 나갈 수 있는 사람들이었다. 이들은 일을 하면서 교회나 마을 유지가 제공하는 자선 금품을 받아 생계를 꾸려 나갔다. 마지막 부류에 속하는 사람들은 부정기적인 자선 금품만 가지고는 생계를 유지할 수 없을 정도로 가난해서 빈민법에 의한 구호를 필요로 했다.

빈민법에 따른 구호를 받으려면 여러 가지 전제 조건을 충족
해야 했다. 물론 이런 조건이 빈민법에 규정된 것은 아니었다.
그러나 빈민법 자체가 구체적인 내용은 전부 지역의 자율에 맡
기는 바람에 지역에 따라 매우 까다로운 조건이 붙기도 했다.
다음과 같은 조건은 일반적이었다. 즉 10년 이상 결혼한 가장
일 것, 과거 10년 내 유죄 판결을 받은 전과가 없을 것, 술집에
자주 드나들지 않았을 것, 구빈 제공 당일에 필히 참석할 것 등
이 그러한 조건이었다.[12]

초기 근대에 이르면 빈민에 대한 도덕적 판단이 점차 가혹해
지기 시작했다. 우리는 이 시기에 부랑인이 급증했다는 사실을
이 책의 1부에서 이미 언급한 바 있다. 부랑인의 급증이 빈민에
대한 사회 일반의 인식에 부정적으로 작용했다는 사실도 함께
언급했다. 특히 근로 능력이 있는 사람이 구빈 요청을 하는 경
우에는 더욱 그러했다. 경제가 전반적으로 어려워지거나 외부
요인에 의해 구호 비용이 증가하는 상황도 빈민에 대한 도덕적
판단과 제재 분위기를 고조시켰다. 비록 일부 지역의 한시적인
현상으로 그치긴 했으나 구호 수급 빈민에게 빈민임을 나타내
는 배지(badge)를 달게 하려는 움직임도 일어났다.[13] 빈민에게
배지를 달게 하는 것은 노역소가 그랬듯이 구빈 요청을 억제하
는 기제로 작용할 수 있었다.

---

12. Broad, 2012.
13. 배지는 구호 빈민(pauper)을 뜻하는 P자와 그 앞에 마을 지명의 이니셜을
새겨 넣은 헝겊으로 옷깃에 붙이고 다녀야 했다.

이렇듯 빈민들은 사회경제적으로 지역에서 가장 취약한 위치에 놓여 있었으나, 그렇다고 해서 이들이 늘 수동적인 구빈 수급자로 머물러 있었던 것은 아니다. 빈민들은 마을의 오랜 관습과 빈민법 전통에 익숙해져 있었으며 구호를 하나의 권리로 인식하고 있었다. 이러한 인식은 나이 든 빈민일수록 강했던 것으로 파악되고 있다. 이것은 빈곤 노인에 대한 구호가 빈민법 제정 이전부터 지역사회의 기본적인 의무로 여겨져 왔던 전통과 무관하지 않을 것이다. 또한 정주법이 주민의 자유 이동을 막고 있었기 때문에 빈민들이 자신의 빈곤을 해결할 수 있는 선택의 여지가 매우 좁았고, 이것은 다시 지역 공동체가 구빈의 책임을 져야 한다는 이들의 인식에 어느 정도의 정당성을 부여하였다. 최근의 여러 미시적 연구를 보면, 빈민 중 상당수가 빈민법의 내용에 대해 알고 있었고 그것을 토대로 자신의 권리를 주장했던 증거들이 속속 확인되고 있다.[14] 또한 빈민에게는 구호 요청이 거절되었을 경우에 치안판사를 찾아가 직접적으로 호소를 할 수 있는 권리가 주어져 있었다. 이 권리는 특정한 형식을 갖추지 않고 행사할 수 있는 것이어서 매우 효과적이었다. 이 강력한 권리는 신빈민법에서 폐지되었다.

---

14. 패리시 대표자 회의 회의록, 치안판사의 명령서, 빈민 편지 등 당시의 지역 자료를 보면, 구빈 요청을 거부당한 빈민들이 끈질기게 재심 청구를 하면서 자신의 수급권을 주장한 사실이 드러난다(King, S. 2011: 413).

치안판사

치안판사(Justices of the Peace)는 왕이 임명한 무급 관리로 본래 지역의 봉건영주를 무력화하기 위한 목적으로 만들어진 제도였다. 봉건영주제가 붕괴된 이후에는 지역에서 왕권을 대표하고 그것을 실현하는 역할을 수행하면서 매우 강력한 자율성을 확보하고 있었다. 치안판사는 그 이름이 가리키는 바와 달리 단순한 '판사'가 아니었다. 사실 치안판사의 사법적 업무는 일부에 지나지 않았다. 대부분의 업무는 지역을 다스리는 일이었다. 치안판사는 젠트리[15] 계급의 일원으로 왕명과 의회의 입법 사항을 지역에서 집행하였다. 이들은 지역의 법적 분쟁에서부터 빈민법 시행, 도로 관리에 이르기까지 다양한 업무를 맡았으며 19세기 초까지 그들의 업무와 권한은 지속적으로 커졌다. 더구나 치안판사는 종신직이었으므로 그들의 영향력은 절대적이었다. 16세기 이후 치안판사는 법의 지배를 상징하는 존재이자 지역 권력의 핵심이었으며 지역정부 그 자체라고 해도 과언이 아니었다.

치안판사는 시골 지방의 실질적인 지배자 노릇을 했기 때문에 이들의 임명권을 둘러싼 왕권과 의회의 다툼도 적지 않았

---

15. 젠트리는 중세의 기사, 향사(squire), 신사를 총칭하는 것으로 지역의 중간 지주들로 이루어져 있었다. 이들의 사회적 지위는 귀족(nobility)보다 낮고 일반 농민보다는 높았다. 젠트리는 법적으로 평민(commoners)이었지만, 지역의 실질적인 지배자였다.

다. 의회는 치안판사 제도의 시행 초기부터 이들의 임명 과정에서 의회의 승인을 받도록 요구했으나 뜻을 이루지 못했다. 영국 내란 시기(1642-1651)에는 권력을 잡은 의회가 치안판사의 임명권을 가지면서 자신들의 이익에 부합하는 상인이나 변호사 같은 사람들도 치안판사로 임명했다. 그러나 왕권의 회복이 이루어진 뒤 치안판사는 다시 젠트리 계급의 차지가 되었다.

치안판사의 가장 큰 관심사는 지역의 평화를 유지하는 것이었다. 따라서 이들은 빈민법도 평화 유지라는 관점에서 보았고 그것을 평화 유지의 전략적 수단으로 여겼다. 치안판사들은 빈곤으로 인한 구걸, 이민, 부랑인 발생 등 마을의 사회경제적 질서가 흔들리는 것을 늘 경계하고 있었다. 그렇다 보니 구빈에 대해서 대체로 온정적인 성향을 보였다. 이들은 구빈을 둘러싼 논란이 발생할 때 가급적이면 구빈을 허용하는 쪽으로 최종 판단을 내리는 경향이 있었다. 또한 구호 제공 여부의 결정뿐만 아니라 구호 방식에 대한 최종 판단도 치안판사의 몫이었다. 버크셔의 치안판사들이 구빈 대상자가 아닌 근로 빈민에게도 임금 보조금을 지급하기로 결정했던 것은 바로 이러한 권한을 상징적으로 보여 주는 사례였다. 게다가 치안판사의 관할 영역은 패리시보다 넓었으므로 구빈에 관한 시각이나 판단 기준이 패리시 행정 담당자들과 다른 경우가 허다했다. 이런 이유로 양자는 종종 마찰을 빚기도 했다.

패리시의 정치학

구빈을 둘러싼 마을 주체 간의 힘겨루기, 협상, 갈등, 타협은 오랜 세월을 거치면서 영국 지역 정치의 토대가 되었다. 구빈을 둘러싼 행위 주체는 기본적으로 빈민, 마을 관리, 치안판사, 이렇게 셋이었다. 빈민법의 시행 초기에 권력은 마을의 주민 회의에 있었지만, 시간이 흐르면서 권력의 중심은 치안판사에게 옮겨 갔다. 이렇게 된 데에는 치안판사가 구빈에 관한 최종 판단을 할 수 있도록 권한이 주어졌기 때문이었다.

대부분의 패리시는 작은 마을이었으므로 이런 곳에서의 구빈 요청은 빈민과 구빈위원의 면대면 접촉을 통해 이루어졌다. 작은 마을이라 구빈위원은 요청자의 처지와 상황을 잘 알고 있어서 구빈 제공에 대한 판단이 때로는 상당한 '심리전' 양상을 띠는 경우도 적지 않았을 것이다. 구빈 대상자로 인정을 받기 위해 빈민은 구빈위원은 물론 그 배후에 있는 주민 회의 멤버의 동정심과 이해를 이끌어 내려는 다양한 노력을 펼쳤다. 설혹 이 노력이 성공해서 구빈의 대상이 되었다 해도 구빈 자격은 언제든지 취소 또는 중단될 수 있는 것이어서 이들과 좋은 관계를 유지하는 것이 빈민의 일상적인 과제였다. 구빈 요청에 대한 거부 비율이 얼마나 되었는지는 종합적인 기록이 없지만, 부분적인 자료에 따르면 18세기 후반을 기준으로 대략 1/5에서 1/2 정도였다고 하니 꽤 높은 편이라고 할 수 있겠다.[16]

그렇지만 빈민의 입장이 늘 수동적인 것만은 아니었다. 구빈 요청을 거부당한 빈민은 줄기차게 재요청을 시도했고, 여의치 않을 경우에는 문제를 치안판사에게 가지고 갔다. 치안판사는 면담을 통해 상황을 판단했고 종종 빈민의 편을 들어주기도 했다. 치안판사의 관점은 패리시보다는 넓은 영역을 염두에 둘 수밖에 없기 때문에 마을 관원들의 판단과 상충되는 경우가 제법 있었다. 마을 관원들이 보기에 치안판사의 판정이 부당하다는 생각이 들 경우에는 사안을 사계법원에 상소하기도 했고, 때로는 중앙의 고등법원(King's Bench)에까지 가서 최종 판단을 받기도 했다. 결론적으로, 구빈의 정치학은 패리시 차원에서도 매우 치열하게 펼쳐졌고 그 과정은 일반적인 예측과 달리 일방적인 권력관계가 지배한 것은 아니었다.

빈민법조합

1834년의 빈민법 개혁에 따라 구빈 행정을 담당할 새로운 조직이 만들어졌다. 빈민법조합(Poor Law Unions)이 바로 그것이었다. 이것은 패리시를 대신해서 구빈 행정의 새로운 단위가 되었다. 빈민법조합은 기존의 패리시를 수십 개씩 묶어 만든 조직으로 산하에 단일한 노역소를 설립·운영하면서 구빈 정책을 집행했다. 신빈민법이 만들어진 지 5년 만에 전국 패리시의 95%가 583개의 빈민법조합으로 통합되었다.[17]

---

16. King, 2010: 232-235.
17. Poor Law Commissioners, 1839.

빈민법조합의 운영은 빈민법감독관(Poor Law Gardians)이 맡았고 과거의 패리시 구빈위원들은 대부분 빈민세 징수원이 되었다. 감독관들은 지역의 납세자가 선출했으나 런던 소재 빈민법위원회의 직접적인 통제를 받았다. 빈민법조합의 설립으로 치안판사와 구빈위원의 빈민에 대한 영향력은 크게 줄어들었다. 특히 빈민이 대면 접촉을 통해 자신의 처지를 호소하던 관행은 사라졌다. 이것은 구빈 행정에서의 온정주의가 산업사회의 관료주의로 대체되는 사실상의 분기점이었다.

거시적 측면

빈민법을 둘러싼 거시 정치의 동학은 지역과 정부의 관계, 의회의 역할, 토리당과 휘그당의 세력 다툼, 그리고 19세기 초의 개혁 운동을 중심으로 펼쳐졌다. 이것은 빈민법이 단순한 구빈사업이 아니라 다양한 정치 주체들의 경쟁의 장(terrain of contest)으로서의 성격을 띠었다는 점을 보여 준다. 이 경쟁은 1834년에 신빈민법이 만들어지면서 절정에 도달했다.

빈민법의 제도적 특성과 지역-중앙 정부의 관계

중세의 지방은 영주들이 다스리는 곳이었다. 별도의 지역정부라는 개념은 존재하지 않았다. 봉건제가 무너지고 영주와 주민의 관계가 지주와 소작농 관계로 바뀌자 시골 지역의 사법·행정 기능은 치안판사에게 맡겨졌다. 런던과 같은 일부 도시에는 지방 의회가 만들어져 이곳이 도시 자치의 근거지가 되었다. 현대적인 의미의 지역정부가 들어선 것은 18세기 후반에 이르러서였다.

역사가들은 영국의 정치가 중앙과 지역으로 이분화되어 있었다는 견해를 보여 왔다. 중앙정부는 외교, 국방, 무역 등 굵직한 거시 정치를 맡고, 지역정부는 주민의 구체적인 삶과 관련된 일을 맡았다는 것이다. 하지만 이들이 놓치기 쉬운 점은 중앙정부의 핵심 기관인 의회 자체가 지역의 지배 세력인 지주 젠트리의 이익을 관철시키도록 구조화되었다는 사실이다. 즉 중앙과 지역 정부의 관계는 의회에서 정리가 되었다는 뜻이다. 가령 인클로저와 같은 전통적인 토지 소유 구조의 변화는 의회의 승인을 얻어야 했다. 마을이나 주의 권한을 키우는 일도 의회를 거쳐야 했다. 18세기부터 의회는 더 자주 모여 일 년에 4개월 이상의 회기를 기록했는데, 이와 같은 의회의 활발한 활동은 지역의 관리들이 권력을 행사하는 기본적 틀을 제한하는 결과를 불러왔다. 치안판사 등 지역 관리의 영향력이 18세기부터 이미 하향세로 돌아서고 있었다는 뜻이다.

그럼에도 중앙정부의 입법 결과나 정책이 지역에 제대로 전달되어 소정의 성과를 거두는 데는 대체로 실패했다는 해석이 영국 학계를 지배해 왔다. 대표적으로 웹 부부(Webb and Webb)

가 그런 견해를 주장한 바 있다. 예를 들어 18세기부터 19세기 초까지 의회는 80여 개가 넘는 구빈 및 빈민 규제에 관한 법을 만들었지만 지역의 관행에 별다른 영향을 미치지 못했다는 것이다.[18] 웹 부부는 이렇게 된 가장 중요한 이유를 중앙정부의 집행 기능이 미약했다는 점에서 찾았다. 다시 말해서 중앙정부의 관련 부처가 지역의 실력자들을 통제할 수 있는 제도적 통로와 체계가 부족했다는 것이다.

이에 대한 최근의 새로운 해석은 중앙정부와 지역정부의 관계를 제도의 특성으로 설명하려는 시도를 보이고 있다.[19] 영국에서는 1688년의 명예혁명 이후 의회의 활동이 크게 늘어났다. 늘어난 활동의 상당수는 지역 문제를 다루는 입법 활동이었다. 지역의 관점에서 의회는 지역 특수적인 이해관계를 관철할 수 있도록 도와주거나(enabling) 권한을 부여하는(empowering) 기관으로 여겨졌다. 따라서 의회에서 제정되는 지역에 관한 법은 대부분 재량권과 임의성을 폭넓게 허용하는 관대한 입법(permissive legislation)의 성격을 띠었다. 이 법들은 지역에 특정한 의무를 부과하기보다는 지역에 일정한 권한을 부여하여 지역이 원하는 일들을 원활하게 수행할 수 있도록 돕는 데 목적을 두었다. 이와 같은 법적 성격은 빈민법에도 그대로 반영되었다. 왜냐하면 빈민 구호는 지역의 업무였기 때문이다. 따라서 빈민 구호와 관련한 역대 입법 조치들은 예외 없이 허용적이었다.

---

18. Webb and Webb, 1906: 149.
19. Innes, 2011; Lemmings, 2011; Slack, 1990.

허용적인 입법 조치는 중앙 통제와 지역 주도권 사이의 타협안이었다. 그것은 중앙정부가 일반적인 가이드라인을 설정하고 지역은 필요시 그 가이드라인에 따라 법을 시행하되 구체성을 부여할 수 있도록 허용하는 입법 방식이었다. 이와 같은 입법 방식은 지역주의(localism)를 강화하는 결과를 초래하였다. 빈민법의 적용 과정에서 지역 간 편차가 컸던 것은 이러한 입법 방식의 필연적인 산물이었다. 버크셔의 치안판사들이 모여 임금 보조금을 지급하기로 결정한 것도 빈민법이 인정하는 폭넓은 재량권 아래서 가능하였다.

한편, 구빈의 행정단위가 15,000개 이상의 마을 공동체라는 점도 법 해석과 적용의 다양성을 부추기는 요소였다. 물론 지역의 행정 실무자들이 빈민 구호에 관한 국가의 법률을 모르는 것은 아니었다. 이들은 관련 법률을 시행하는 데 필요한 각종 안내서와 매뉴얼을 통해 필요한 법률 지식을 숙지하였다. 그럼에도 이들은 상황에 따라 법을 선택적으로 적용하고 자신들의 필요에 맞게 해석하는 경향이 있었다. 즉 지역의 행위 주체들은 법의 모호성을 자신들의 이익을 극대화하는 방향으로 활용하였다. 이것이 가능했던 가장 큰 이유는 법 해석의 최종 권위자인 치안판사가 지역의 이해관계와 밀착된 현지 지주라는 사실과 깊은 관련이 있다. 치안판사는 지역에서 중앙정부를 대리 또는 상징하는 존재였지만, 자신의 권위와 권한을 지역의 거시적인 이해관계를 관철시키는 데 사용하는 경향이 있었다.

이에 덧붙여 정주법으로 주민의 이동이 제한된 사회에서 빈곤 상황과 그 원인은 지역에 따라 상이했기에 구빈의 방법과 내용을 지역 당국이 독자적으로 결정하는 것은 불가피한 측면이 있었다. 따라서 전국적으로 단일한 구빈제도를 시행한다는 입법 취지는 상당히 퇴색되었다. 이러하다 보니 신빈민법 이전의 구빈제도는 마치 '지역 연맹(confederation of localities)'의 성격을 띨 정도로 지역적인 특색이 두드러졌다. 1834년의 왕립 조사위원회도 그들의 보고서에서 지역마다 제각각인 구빈제도를 "14,000개의 잉글랜드 공화국"이라고 비난한 바 있다.[20]

구빈민법은 허용적이었을 뿐만 아니라 내용면에서도 매우 모호하였다. 예컨대 빈민법은 '무능력 빈민(the impotent poor)'의 구빈 의무를 명시했지만, 무능력 빈민의 개념을 규정하지 않았고 어떤 종류의 구호를 얼마나 자주 제공해야 하는지에 대해서도 아무런 언급이 없었다. 그 결과, 근로 능력이 있는 빈민에 대한 구빈 방법만 해도 대략 여섯 가지가 될 정도로 전국적인 단일 기준이 존재하지 않았다. 사실 구빈민법은 빈민이라는 용어 자체에 대해 아무런 설명을 하지 않았다. 이것은 구빈의 주체가 중앙정부가 아니라는 사실과도 무관하지 않았다. 빈민 구호는 지역의 문제였고 국가는 그 비용을 충당할 방법을 법으로 규정하는 선에서 자신의 임무를 정리하였다. 따라서 국가가 나서서 빈민에 대한 세세한 정의를 내릴 필요가 없었다. 그것은 지역이 알아서 처리할 지역의 문제로 여겨졌기 때문이었다.

---

20. Eastwood, 1999: 34.

　빈민 구호와 관련된 입법 조치 중 1662년의 정주법은 여타 법률과 달리 그 규정이 비교적 상세하고 명확하였다. 이 정주법에는 정주민의 정의와 정주권을 획득할 수 있는 기준 등이 구체적으로 명시되어 있었다. 이것은 '빈민'이라는 기본적인 개념을 정의하지 않고 각 지역에 맡겨 버린 빈민법의 모호성과는 매우 대조적이라고 하겠다. 이것은 정주법이 지역 간 분쟁을 조정해야 할 필요성에 따라 만들어졌다는 사실에서 기인한다. 즉 정주법은 빈민 구호를 지역 재량권에 맡기면서 구빈 조건이 양호한 지역으로 이민이 증가하는 현상을 통제하기 위해 제정된 것이었다.

　마지막으로, 구빈민법은 16세기 후반부터 근 250년에 걸친 여러 가지 법과 제도의 축적이라는 성격을 갖는다. 다시 말해서 구빈민법은 16세기 후반부터 신빈민법 제정 이전까지 만들어진 구빈에 관련된 제반 입법 조치 전체를 포괄하는 개념이다. 문제는 그것이 형성된 방식이다. 즉 새로운 법은 기존의 법에 추가되었지 기존 법을 대체하는 것이 아니었다. 그러다 보니 기존 법률과 새로운 법률 사이에 상충하는 내용도 적지 않았고 전체적인 통일성도 부족하였다. 이를테면 노역소 테스트법에서는 근로 능력이 있는 빈민은 노역소에서 시설구호를 받도록 규정했으나, 뒤에 만들어진 길버트 법은 시설구호는 오직 노인, 병자, 고아 등에게만 제공하도록 규정하였다.

　구빈민법의 이와 같은 제도적 특성은 해석과 집행에서 상당한 편차를 야기하게 되었고, 아울러 지역의 재량권을 강화하는 결과를 초래하였다. 따라서 빈민법의 이해 당사자들은 법 자체에 대해 시비를 벌일 필요가 없었다. 왜냐하면 법의 적용과 집행 과정에 영향력을 행사하는 것이 훨씬 효과적이었기 때문이다.

토리당과 휘그당[21]

토리(Tories)와 휘그(Whigs), 두 정치적 분파의 지향은 흔히 전자가 왕권주의, 후자가 의회주의를 내세웠다는 식으로 정리되곤 했다. 즉 토리당은 정치권력의 원천을 왕권으로 보았고, 휘그당은 의회로 보았다는 말이다. 그러나 두 세력이 정치적 주체로 비교적 뚜렷한 차이점을 보이게 된 것은 18세기 초라고 할 수 있다. 이 무렵부터 휘그당은 새로운 부의 창출자로 등장한 금융과 상업 자본 그리고 이들의 근거지인 도시를 지지 기반으로 삼게 되었다. 반면에 토리당은 전통적으로 농촌의 지주 젠트리 계급이 지지 기반이었다. 두 세력은 18세기 말에 이르러 각각 보수(토리)와 자유주의(휘그) 세력으로 그 지향이 새롭게 정립되었다. 토리당이 보수 세력으로 규정된 것은 당시의 기득권층인 지주 젠트리와 영국 국교회를 대변하고 있었기 때문이다. 이에 반해 휘그당은 기득권을 타파하기 위한 제반 개혁을 주장하면서 자유주의 세력으로 여겨졌다. 여기에서 한 가지 지

---

21. 엄밀히 말해 토리와 휘그 두 정치 세력은 현대적 의미의 정당이 아니었다. 여기에서는 관행과 편의에 따라 '당'으로 표기한다.

적해 둘 점은 두 세력의 정치적 지향이 오늘날의 정당처럼 분명한 정강 정책을 통해 나타난 것은 아니라는 사실이다. 그렇기 때문에 두 진영 사이의 차이점이 때론 모호하기도 했고, 심지어 각 진영 내부에서도 상당한 이견이 존재했다. 이를테면 토리 세력 안에도 자유주의적이고 개혁적인 지향을 가진 인사들이 활동했고, 휘그 중에도 전통적인 견해를 지닌 사람들이 있었다.

19세기 들어와 휘그당과 토리당은 패리시의 개혁 문제로도 대립했다. 의회에서 지역 거버넌스(governance) 문제가 대두된 것은 휘그당이 패리시를 토리당의 기득권을 지탱해 주는 기반으로 보았기 때문이다. 휘그당은 패리시의 주민 회의를 마을 주민 전체가 참여하는 명실상부한 주민 회의로 바꾸려고 시도했다. 당시 농촌은 물론 런던과 같은 대도시의 주민 회의도 전체 주민이 참여하는 회의가 아니라 소수 유력자만이 참여하는 이른바 특별 주민 회의(select vestry)로 변질이 되어 있었다. 이러한 특별 주민 회의는 지주 젠트리 계급을 토대로 하는 토리당의 정치적 거점 노릇을 하고 있었기 때문에, 이것을 개혁하는 일은 토리당의 지역 토대를 약화시키는 것은 물론 의회 차원의 선거제도 개혁 운동의 일환이라는 성격도 띠었다.[22] 이러한 개혁 노력은 1831년에 입법화되어 특별 주민 회의는 폐지되고 빈민세를 부담하는 모든 주민의 참여가 법으로 보장되었다.

하지만 빈민법 문제에 대해서 양 세력이 뚜렷한 이견을 지니

---

22. Green, 2010: 92.

고 있었던 것은 사실 아니었다. 물론 휘그당의 중심에 진입한 중산층이 자유방임주의 이데올로기에 호의적이었고 이것이 빈민법에 대한 부정적 인식으로 이어졌던 것은 부인하기 어렵다. 그럼에도 빈민법 개혁 운동의 핵심 세력은 정치인이 아니라 사회사상가들이었다는 점을 잊어서는 안 될 것이다. 당시 새로 부상한 중산층, 특히 신흥 상공업자들은 사회사상가들의 빈민법 개혁 운동을 적극적으로 지지했다. 더욱이 빈민법 개혁은 자신들의 계급적 이해관계와도 부합하는 것이었다. 당시 휘그당 지도부는 토리당과 마찬가지로 지주 젠트리였고 빈민법을 굳이 반대할 필요를 느끼지 않았으나, 프랑스 혁명에 놀란 나머지 중산층에게 양보하는 것이 혁명보다 낫다는 생각을 가지게 되었다.[23] 즉 빈민법 개혁의 정치학에서 우리가 지적해야 할 것은 여러 가지 정치사회적 요인이 집적되었어도 사회 변화의 방아쇠를 당기는 일(trigger events)은 종종 외부로부터 온다는 점이다. 이 경우에 그 외부는 혁명이 진행 중인 프랑스였다.

1832년 선거제도 개혁의 영향

1834년의 빈민법 개혁은 1832년의 선거제도 개혁의 첫 번째 결과물이라고 할 수 있다. 왜냐하면 선거제도가 개혁된 직후에 실시된 총선거에서 휘그당이 다수당을 차지했고 이들이 바로

---

23. 당시 휘그당의 지도자이자 수상이었던 그레이(Charles Grey)는 의회 연설에서 혁명을 막으려면 (중산층에게) 중대 양보를 할 수밖에 없다고 선언했다.

빈민법 개혁안을 의회에서 통과시켰기 때문이다. 그렇다면 선거 개혁의 실상은 무엇이었나? 당시 영국(잉글랜드와 웨일즈)에서 투표할 자격이 있는 사람은 전체 남자 인구의 11%에 불과한 36만 명 정도였다. 게다가 선거구의 크기도 엉망이어서 겨우만 명 정도의 유권자가 하원의원의 절반 이상을 선출하는 기형적인 모습을 보이고 있었다. 지역의 차이도 심해서 북부 공업지역의 맨체스터나 버밍엄 등의 대도시에는 단 한 석의 하원의원도 배정되지 않은 반면에, 잉글랜드 인구의 15%밖에 되지 않는 남부 해안 지역에는 의석의 1/3이 배정되었다.[24]

1832년의 선거 개혁은 유권자 수를 전체 남자 인구의 11%에서 18%로 늘리고 북부 공업 지역의 도시 주민들에게 투표권을 부여했다. 아울러 유권자의 재산 기준도 낮추었다. 오늘날의 눈으로 보면 이러한 개혁조차 한심한 수준으로 보일지 모르지만 당시로는 매우 큰 변화였다. 특히 토리당의 반대는 격심했다. 그럼에도 개혁이 이루어질 수 있었던 것은 사회 전반의 개혁 압력이 매우 거셌다는 사실이다. 특히 프랑스에서 재차 혁명(7월 혁명)이 일어나 부르봉 왕조가 멸망하는 것을 본 지배층은 중산층을 급진적 노동자 개혁 세력과 떼어 놓으려고 골몰하고 있었다. 휘그당 지도부에게는 선거 개혁이 중산층을 회유할 불가피한 방책으로 여겨졌다.[25] 이에 대해 토리당은 개혁 자체가 혁

---

24. 선거제도 개혁의 상세 내용에 대해서는 Salmon(2002)과 Seymour(1915)의 연구를 참조했음.
25. 그럼에도 휘그 세력은 빈민에 대한 혐오가 토리보다 심해 이들이 선거권

명을 불러올 것이라고 주장했다. 당시 수상(1828-1830)이자 토리당 지도자였던 웰링턴 공(Duke of Wellington)은 선거 개혁을 "역사상 최악의 정치 범죄"라고 강변했다.[26] 그는 선거 개혁이 재산과 군주제 그리고 국가의 파괴로 이어질 것이라고 경고할 정도로 개혁에 적대적이었다.

1834년 빈민법 개혁을 둘러싼 정치 동학

구빈민법은 앞에서도 언급한 바와 같이 중앙정부가 만들어 전국적 시행을 목적으로 공포한 것이지만 구체적인 내용은 몽땅 지역에 맡기는 바람에 그야말로 '마을 공화국(the republic in the village)'이라는 소리가 나올 정도로 제각각이었다. 따라서 이런 현상을 타파하기 위한 빈민법 개혁은 대담하고 포괄적이어야 했다.

18세기 후반부터 빈민법에 대한 견해는 대략 세 가지로 나뉘어 있었다. 즉 현상 유지파와 완전 폐지파가 양 극단을 이루고 있는 중간에 부분 수정파가 자리를 잡았다. 현상 유지파에는 인도주의자, 급진주의자, 온정주의적 토리당 세력들이 뒤섞여 있었다. 부분 수정파는 현상 유지파와 비슷한 생각을 가지긴

을 갖는 것을 극도로 경계했다(Seymour, 1915: 36). 사실 양쪽 모두 중하층민이 선거권을 갖게 되면 프랑스처럼 될지 모른다는 우려를 공유했다. 결국 문제는 중간층에게 선거권을 얼마만큼 줄 것인가로 귀착되었다.
26. Pearce, 2003, Kindle Edition.

했으나 급증하는 구빈 비용에 놀라 무언가 고쳐야 하지 않겠
는가 하는 생각을 가진 사람들이었다. 폐지파는 수적으론 가장
적었지만 영향력에서는 가장 강력했다. 이들의 선두는 맬서스
를 필두로 고전 정치경제학자들이 이끌었다. 고전 정치경제학
자들은 빈민을 포함해서 모든 노동자들이 자유 시장경제의 틀
안에서 움직여야 하며, 복지 의존 태도에 대해서는 사회적 징치
(social discipline)가 필요하다고 주장했다. 이 주장은 점점 힘을
얻어 1830년대 초에는 중간층과 일부 지주 엘리트층에게는 하
나의 상식이 되었다.

그러나 빈민법의 완전 폐지는 이루어지지 않았다. 그것은 정
치적으로 실용적인 정책이 아니었을 뿐만 아니라 당시의 국내
외 상황에 비추어 위험한 것이기도 했다. 그래서 개혁은 빈민법
의 수정으로 방향을 틀었다. 1832년에 왕립 빈민법 조사위원회
가 만들어져 조사를 시작했다. 26명의 조사위원이 3,000개의
패리시를 찾아가 조사를 벌였다. 조사는 '과학적' 방법을 내세
워 진행되었다. 개혁의 사상적 토대를 제공한 벤담과 그의 충실
한 추종자 채드윅이 줄곧 강조한 점은 빈민법 개혁이 정확한 이
론과 과학적 방법의 적용에 따라 이루어져야 정당성을 확보할
수 있다는 것이었다.[27] 하지만 조사는 과학적 방법을 위장했을
뿐 실제로는 사전에 설정된 목표와 예단에 짜 맞추는 방식으로

---

27. 채드윅은 벤담 사상의 추종자로 빈민법 조사위원회의 실무 책임자 중 하나
였다. 조사 과정의 자료 수집과 해석 그리고 최종 보고서의 대부분을 그가 작
성한 것으로 알려진다.

이루어졌다. 위원회의 조사 방식과 설문지 내용 등에는 숱한 문제점과 고의적인 편향이 보였다. 설문지 회수율도 10%밖에 되지 않았다.[28] 조사 대상이 된 패리시의 선정도 자의적이었다. 한마디로 빈민법 문제 조사 과정에서 과학을 빙자한 조작과 편법이 난무했다.

조사 과정의 숱한 의혹과 문제점에도 불구하고 빈민법 조사위원회의 개혁안은 의회에 상정되었다. 의회에 상정되기 전부터 반대 세력은 다양한 이유와 근거를 들어 반대 의견을 나타냈다. 이들은 특히 구빈 행정의 지역적 근거를 허물면서도 재정적인 부담은 그대로 지우게 하는 내용에 대해 분개했다. 게다가 구빈 행정을 관리할 중앙 조직, 즉 빈민법위원회에 대한 견제장치가 전혀 없다는 점도 문제를 삼았다. 보수적인 토리당 의원들은 개혁 법안이 결국 지역의 기득권을 건드려 자신들의 정치사회적 입지를 약화시키려는 의도로 보고 강력히 반발했다. 이런 반발과 저항을 고려할 때 개혁 법안의 의회 통과는 쉽지 않으리라고 여겨졌다.

그러나 막상 의회가 열리자 의회에서의 조직적인 반대는 아예 일어나지도 않았고 법안은 별다른 저항을 겪지 않고 통과되었다. 왜 그랬을까? 첫째 이유는 반대가 조직적이지 못했다는 점을 들 수 있겠다. 반대는 개별적이었고 산발적이었던 것이다. 이와 반대로 개혁파는 매우 조직적으로 움직였다. 개혁 실

---

28. Williams, 2011: 61.

무를 책임진 시니어는 휘그당 지도자들과 수시로 만나 통과 작전을 논의했고 여론을 자기편으로 끌어들이기 위해 골몰했다.[29] 둘째, 수적인 열세도 무시하지 못할 이유였다. 1832년 선거 개혁을 통해 치른 선거에서 휘그당은 압도적인 다수당이 되어 있었다. 셋째, 조사 보고서가 발간되고 나서 불과 두 달 만에 개혁 법안이 의회에 상정되는 바람에 방대한 보고서 내용을 검토하고 체계적인 반박을 할 시간적 여유가 충분하지 못했다.[30] 넷째, 개혁안이 이른바 과학적 증거를 바탕으로 만들어진 것이라는 명분에 반대 세력이 압도된 측면도 지적할 필요가 있다. 이것을 반박하려면 높은 수준의 과학적 조사가 필요하고 상당한 준비 기간이 요구되었기에 반대 세력은 지리멸렬 상태에 빠지고 말았다. 하지만 조사 보고서의 내용은 '과학적' 조사와는 거리가 먼 사실 조작, 통계 조작, 의도적 왜곡 등 숱한 문제를 내포하고 있었음에도 명분, 여론전, 세 싸움에서 반대 세력은 완전히 밀렸다.

더 근본적인 원인은 시대의 흐름이 변화를 요구하고 있었다는 사실이다. 하지만 빈민 개혁이 시대의 흐름에 과연 궤를 맞추었는가에 대해서는 의문이 제기된다. 무엇보다도 개혁법은 산업화의 흐름과 달리 여전히 농촌에 초점을 맞추고 있었다. 신

---

29. Mackay, 1904: 138-141.
30. 법안 상정에서 통과까지 겨우 76일이 걸렸는데, 만일 의회에서 제대로 토의가 진행되었다면 이 기간에 법안이 통과되기는 불가능했을 것이다(앞의 책, 138).

빈민법을 공업회된 북부에 저용하려고 할 때 완강한 반발에 직면했던 것이 바로 이런 이유 때문이었다. 더 중요한 점은 빈곤에 대한 시각이 여전히 도덕적 차원에 머물러 환경적 요인에 대한 이해가 전혀 없다는 사실이다. 이것은 빈민법 개혁 운동이 변화라는 시대의 흐름에 편승했을 뿐 그 내용과 관점에서 시대정신과 부합하는 변화를 보이지는 못했다는 결론으로 이어진다.

3. 빈민법의 경제학

빈민법은 단순히 구빈제도가 아니었다. 그것은 영국의, 특히 농촌 지역의 정치경제적 도구이기도 했다. 빈민법은 노동시장의 조건을 통제하고 그것의 필요에 반응하는 중요한 장치였다. 이 장치는 농업 자본주의와 산업화의 인도자로 상찬을 받기도 했고 방해자로 비난의 대상이 되기도 했다. 요컨대 빈민법은 영국의 경제적 변화를 일으킨 요인 중 하나였고 그 결과로 제도 자체가 변화할 수밖에 없는 운명을 맞았다.

이 장에서는 빈민법의 경제적 측면을 다룬다. 우리는 다음과 같은 궁금증을 가지고 있다. 가장 기본적이고 일반적인 질문은 이렇다. 빈민법은 경제에 어떤 영향을 끼쳤는가? 부연하자면, 경제 발전에 공헌했는가 아니면 저해 요소로 작용했는가? 조금 더 구체적으로 들어가면, 빈민법의 비용과 효과는 어떠했는가? 노동시장에 대한 효과는? 숱한 연구와 빈민법 개혁 운동가들이 빈민법이 인구 이동을 금지하여 근대적인 노동시장 형성

을 지연시켰다고 비판하고 있다. 이 주장은 과연 사실인가? 신
빈민법의 경제적 성격을 어떻게 규정할 것인가? 우리는 이 장에
서 이와 같은 질문과 궁금증을 중심으로 빈민법의 '경제학'에
대해 살펴보기로 한다.

빈민법의 경제적 영향

　빈민법의 경제적 영향은 미시적 측면과 거시적 측면으로 나누
어 분석할 수 있다. 미시적 측면의 분석은 패리시를 중심으로 개
별 경제주체의 행태에 끼친 영향이 중심이 될 것이다. 거시적 측
면의 분석은 산업화, 경제성장, 노동시장 등 근대 자본주의로 이
행하는 과정에서 어떠한 영향을 주었는지를 살펴보려고 한다.

미시적 영향

　빈민법은 고용, 임금, 곡물 가격, 도제 훈련, 결혼 등 마을의
크고 작은 사회경제적 관계에 직간접으로 개입해서 상당한 영
향을 미쳤다. 그것은 오늘날로 치면 공공부조였지만, 때때로 일
종의 실업보험처럼 작용하면서 경제주체들의 행태에 다양한 방
식으로 간섭했다.[1] 빈민법의 미시적 영향에 대한 분석에서 우리
는 패리시, 납세자, 빈민 등이 빈민법에 어떻게 반응하고 어떻

게 적응해 나갔는지를 중점적으로 살펴볼 것이다.[2]

도덕적 해이와 역선택의 문제: 현대사회에서 보험은 기본적으로 두 가지의 중요 문제를 해결해야 하는 과제에 직면한다. 하나는 도덕적 해이(moral hazard)이고 다른 하나는 역선택(adverse selection)의 문제이다. 도덕적 해이는 사람이 어떤 위험에 대해 보험을 들어 보호를 받게 되면 그 위험의 발생 가능성을 낮추려는 노력을 게을리하려는 경향을 가리킨다. 역선택은 정보의 비대칭 문제로 인해 보험 판매자가 위험도가 높은 집단과 낮은 집단을 구분할 수 없는 상황을 말한다. 현대 복지국가에서 사회보험을 도입·시행하는 가장 중요한 이유 중 하나가 이러한 문제를 해결하기 위한 것이다. 사회보험과 달리 공공부조는 도덕적 해이가 굉장히 심한 제도로 알려져 있다. 빈민법은 오늘날의 공공부조와 유사한 성격을 갖고 있었다. 그렇다면 빈민법은 이 두 문제에 직면하지 않았는가? 이 문제를 오랫동안 연구한 솔라(Solar, 1995)에 따르면, 영국 빈민법은 이러한 문제를 겪지 않았다고 한다. 왜냐하면 빈민법의 시행 단위인 패리시가 대부분 소규모의 마을이기 때문에 주민 상호 간에 면대면 접촉이 빈번하게 이루어져서 도덕적 해이가 일어날 가능성이 원천적으로 배제되었다는 것이다. 즉 수급 빈민과 구빈을 담당하는 관원들이 서로 잘 알고 있는 조그마한 마을에서 자신의

---

1. Boyer, 1990.
2. 이 부분은 주로 Peter Solar(1995)의 연구 성과에 바탕을 두고 기술했다.

삶을 개선하려는 노력을 게을리한다는 것은 상상할 수 없었을 터이다. 그러한 행동 양식은 곧바로 구빈위원에게 발각되어 수급 자격이 박탈될 것이었다. 한편 역선택의 경우도 발생하지 않았는데, 그 이유는 빈민 모두에게 수급 자격이 주어졌기 때문이다. 즉 빈민법은 성격상 공공부조로 볼 수 있음에도 그것이 배태한 구조적인 문제는 겪지 않았다. 이것은 기본적으로 빈민법이 빈민의 행태에 부정적인 영향을 주지는 않았다는 결론으로 이어질 수 있다.

임금노동 활성화: 개인에게 미친 빈민법의 영향 중 가장 중요한 것은 임금노동의 활성화였다. 영국의 근대 초기에서 임금에 의존하는 삶은 불안정한 일자리와 실질임금의 변동에 시달렸다. 이것을 피할 수 있는 유일하고 현실적인 대안은 식량을 자급자족할 수 있도록 땅을 얻어 경작하는 것이었다. 하지만 이역시 문제 해결이 될 수 없었던 것은 농업 기술이 발달하지 못했던 당시로선 흉작이 빈번했고, 흉년에는 일자리도 얻기 어려웠기 때문이다.

이런 상황에서 빈민법은 비상 상황에서 안전망 역할을 해 주었고 이 덕분에 영국 농민들의 농지에 대한 집착을 어느 정도 완화하는 효과를 가져왔다. 영국 농민들도 물론 농사지을 땅을 원했다. 그러나 빈민 구호 제도가 시행되는 상황에서 굳이 비싼 값을 치르면서 땅을 얻어 자급자족을 위한 농사를 지을 필요는 없었던 것이다. 왜냐하면 이것조차 위험 부담이 만만치 않았기 때문이다. 어떤 면에서는 이런 현실이 영국에서의 인클로저를 유럽 대륙에 비해 상대적으로 빨리 촉진시킨 요인의 하나이기도 했다. 인클로저의 확산은 농장 규모의 크기를 키웠다. 그리고 대규모의 농장은 다시 임금노동자의 증대로 이어졌다. 17세기와 18세기에 걸쳐 영국의 농민은 대부분 임금을 받는 농업노동자가 되어 있었다.

실업보험으로서의 기능: 빈민법은 18세기 후반에 이르러 실업보험의 기능을 완연히 수행했다. 그 대상은 주로 농촌의 계절노동자였다. 농한기에 일자리를 찾지 못한 노동자는 마을의 구빈위원에게 신고하고 주급 형태의 구호를 받았다. 이들이 받은 급여 수준은 가족 규모와 빵값 그리고 지역과 시점에 따라 달라졌다. 어느 연구에 따르면, 1795년경 남부 지역의 경우 시장 임금의 50%에서 67% 정도를 받았다고 한다.[3] 실업보험의 기능을 수행한 빈민세는 노동자 고용 여부와 상관없이 모든 유산자에게 부과되었다. 이것은 일종의 소득 이전으로 노동자를 고용하지 않는 납세자가 노동자를 고용하는 납세자를 부조하는 결과가 되었다.

이 '실업보험'은 보통 두 가지 형태를 띠었다. 순환 고용제(roundsman system)와 겨울철 임금 부담제(labor-rate scheme)가 바로 그것이다. 순환 고용제는 계절적 실업 노동자를 시장 임금

---

3. Blaug, 1963: 161.

보다 싼 값으로 채용하도록 농장주에게 권하고 임금과 생계비의 차액을 마을이 보충해 주는 제도였다. 어떤 지역에서는 농사철에 노동자를 사서 쓰는 모든 농장주에게 실업 노동자를 차례로 고용하도록 강제하는 경우도 있었다. 순환 고용제의 '순환'이란 말은 여기서 나온 것이다. 이와 반대로 또 어떤 지역에서는 고용 여부를 전적으로 농장주에게 맡기는 자발적 방식을 쓰기도 했다. 농장주에게 일자리를 얻지 못한 실업 노동자는 일을 하게 된 노동자가 받는 임금보다 조금 낮은 수준의 구호 급여를 받을 수 있었다. 그러나 실업자의 고용 여부와 무관하게 구빈 비용은 모든 마을 주민에게 부과되었다.

이와 같은 방식은 훗날 빈민법 개혁 세력으로부터 많은 비판을 받았다. 노동자를 쓰지도 않는 사람에게 구빈 비용을 부담시켰다는 것이 비판의 한 이유이고, 노동자들에게 일정 임금을 보장함으로써 시장 임금의 수준을 오히려 떨어뜨렸다는 것이 다른 이유였다. 겨울철 농한기에 실업자에게 일정 임금을 보장하는 것이 일자리를 구할 수 있는 사람의 시장 임금까지 동반 하락시키는 결과를 가져오기 때문이었다.

겨울철 임금 부담제는 순환 고용제의 변종으로 1820년대 후반부터 퍼지기 시작했다. 이 제도 하에서 마을은 지역 내에 거주하는 모든 근로 가능자의 겨울철 임금 총액을 계산한 다음 이것을 마을의 납세자들에게 부담하게 했다. 이때 임금은 노동자의 최저생계비에 해당하는 수준에서 결정되었다. 납세자는 자신의 몫으로 부과된 세금을 부담하든지, 아니면 자신이 내야 할 세액에 해당하는 만큼의 노동자를 고용하든지 양자 간에 선택을 해야 했다.[4] 이 제도 역시 노동자를 고용하는 농장주에게 그렇지 않은 농장주나 여타 납세자들이 보조금을 지급하는 상황을 초래했고 똑같은 비판을 받았다.

빈민세 부담자에게 미친 영향: 빈민법이 마을 유산자에게 재산세를 물려 구빈의 재원으로 삼았기 때문에, 이것은 납세 주민들의 행태에도 큰 영향을 미쳤다. 무엇보다도 빈민법 덕분에 노동력 수요가 늘어났다는 사실부터 지적하자. 일자리를 얻지 못하고 구호에 의존할 수밖에 없는 사람을 고용하는 경우에 고용주인 유산자의 세금 부담은 줄어든다. 구빈 비용이 감소하기 때문이다. 세금 부담이 줄면 고용주의 임금 지불 능력은 높아진다. 이것은 다시 고용주로 하여금 노동 집약적인 사업을 벌일수 있는 여건을 만들어 준다. 농한기인 겨울철에는 더욱 그렇다. 농한기에도 일을 할 수 있는 빈민이 많아지면 마을 전체의 구빈 비용은 더욱 줄어든다.

빈민세를 부담하는 주민들은 마을의 인구문제에도 민감했다. 농업 외에 별다른 일자리가 없던 근대 초기의 농촌 마을에선 인구 증가가 임금 저하로 이어져 고용주들에게 유리한 상황을 조성했을 것이다. 하지만 빈민법이 시행되는 상황 하에서 이러한 현상은 구빈 비용의 증대를 초래해 납세자의 세금 부담을 늘리

---

4. Bowley, 1937: 307-308.

기 때문에 마을의 유산자들은 자신의 세금 부담과 임금 저하로 인한 이익의 균형을 맞추어야 할 필요가 생기게 된다. 이러한 태도 변화는 정주법의 적용을 탄력적으로 운영하도록 이끌었다. 노동력이 부족한 마을의 경우 건강한 노동력의 유입을 촉진하기 위해 거주권을 허락한 반면에, 노동력이 넘치는 마을에서는 주민의 다른 지역 이동을 부추기기도 했다. 이런 움직임은 인구, 임금, 빈민세 등의 변수가 적절한 균형을 이루는 수준에서 멈추었을 터이다.

일부 연구자들은 18세기 후반에서 19세기 초반에 걸쳐 빈민 구호 지출이 급증한 것을 마을 지주들의 고의적 행태의 결과로 해석한다.[5] 정치적 영향력이 큰 지주들이 빈민법을 악용해 자신들이 부담해야 할 노동비용을 여타 납세자에게 전가했다는 주장이다. 이 주장에 따르면, 지주들은 농한기에 실업 상태에 놓이는 농업 노동자를 마을의 구빈 대상으로 지정하고 이들이 구호를 받도록 했다는 것이다. 결국 이러한 행태는 마을의 빈민세를 부담하면서도 농업 노동자를 고용할 필요가 없는 자영농, 상인, 장인 등에게 지주들 자신의 노동비용을 전가하는 것이나 마찬가지였다.

역설적인 것은 1834년의 빈민법 개혁에도 불구하고 이런 현상과 관행은 지속되었다는 점이다. 어떤 면에서 신빈민법은 이러한 관행을 심화시켰다.[6] 빈민감독관의 다수가 농업 노동자를

---

5. 예컨대, Boyer, 1990.
6. Price, 1999: 178-180.

고용하는 부농들이었다. 이들은 빈민법의 시행 과정에서 이전
보다 더 큰 영향력을 행사할 수 있게 되었다. 반면에 이들의 영
향력을 제한하던 치안판사의 역할과 비중은 줄어들었다. 노역
소는 이들에 의해 일종의 인력 시장(labor exchange)으로 운영
되었다. 노역소를 방문한 지주와 부농들은 자신의 입맛에 맞는
빈민 노동자를 골라 자신의 농장으로 데려가 일을 시켰다. 이
런 의미에서 신빈민법은 이들에게 노동력 풀을 키워 주는 역할
을 한 셈이다.

거시적 영향

빈민법의 경제적 역할에 대해서는 대략 세 가지 해석이 제시
되었다.[7] 첫 번째 해석은 전통적인 것으로 1834년의 빈민법 조
사위원회의 보고서를 바탕으로 삼고 있다. 이 해석은 빈민법
의 역할에 대해 매우 부정적인 진단을 내린 바 있다. 여기에 따
르면, 빈민법은 근로 유인 저하, 실업률 상승, 노동자 임금과 농
부/지주의 지대 하락 등을 야기했고 자녀 양육 비용을 인위적
으로 줄여 인구 증가율을 높이는 결과를 가져왔다. 이것은 다
시 노동력 공급의 과잉으로 이어져 구호 수급자의 수를 늘리게
되었다. 한마디로 빈민법은 경제에 온갖 나쁜 영향을 끼쳤다는
주장으로 요약할 수 있겠다.

---

7. Boyer, 1990.

두 번째는 신전통주의 해석인데, 이 진영에는 웹 부부, 폴라니, 홉스봄 등을 포함하는 거물 연구자들이 포진해 있다. 이들은 전통적 해석과 달리 재가구호 자체를 불가피한 상황의 결과로 받아들이면서도 그것이 초래한 부정적 결과에 대해서는 전통적 해석자들과 의견을 공유한다.

마지막으로 수정주의적 해석이 있다. 수정주의 해석은 재가구호가 경제 전반에 악영향을 끼쳤다는 주장을 거부한다. 이들에 따르면, 구빈 수준은 노동 유인을 저해할 정도로 높지 않았다. 이들이 볼 때 재가구호는 생계 수준 이하의 저임금을 보충하기 위한 수단으로 사용되었을 뿐이다. 또한 재가구호가 끈질기게 이어진 이유는 농업 노동의 계절적 성격과 지주들의 정치적 영향력 때문이었다는 것이다. 아울러 재가구호가 출산율을 높였다는 주장도 근거가 없다고 비판한다.

여러 가지 논란에도 불구하고 빈민법이 적어도 다음 두 가지 면에서 영국의 산업화와 경제성장에 기여했다는 것은 부인하기 어렵다.[8] 먼저 빈민법은 평화로운 정치적, 사회적 환경을 조성하는 데 도움을 주었고 이것은 경제성장의 밑바탕이 되었다. 정치사회적 혼란이 경제성장에 악영향을 준다는 것은 상식에 속한다. 빈민법은 농민 폭동, 민중 반란, 계급 갈등 등을 상당히 감소시켜 영국 사회의 장기적인 안정에 기여했다. 이러한 안정은 투자 촉진과 경제성장으로 이어졌다.

---

8. Greif & Iyigun, 2013a.

다음으로 빈민법은 임금노동자 집단의 성장을 촉진했다. 이들은 산업혁명의 전야에 거대한 노동력 시장을 형성하는 데 밑바탕이 되어 주었다. 영국처럼 제도화된 전국적 빈민 구호 시스템이 정착되지 못한 유럽 대륙에서는 빈민과 농민의 농지 유착을 완화시킬 기제가 마땅치 않아 산업화의 시기가 늦어졌다. 또한 산업화가 시작될 때 농업 부문과 공업 부문 사이의 간극도 상대적으로 클 수밖에 없었고, 강도 높은 갈등에 휘말렸다. 영국에서는 이러한 갈등과 간극이 유럽 대륙에 비해 작았다. 무엇보다도 임금노동자가 일찍부터 대량으로 출현하는 바람에 농장의 대규모화가 촉진되었고, 이것은 농업 자본 형성과 산업 발달의 밑거름이 되었다.

우리는 마지막으로 지금까지의 문헌이나 연구에서 거의 언급한 적이 없는 빈민법과 혁신과의 관계에 대해 생각해 보려고 한다. 여기서 혁신이란 새로운 기술이나 경영 기법의 발명과 도입을 말한다. 영국에서 산업혁명이 먼저 일어날 수 있었던 요인 중 하나로 사람들은 증기기관과 같은 혁신을 지적하곤 한다. 그런데 흥미로운 것은 이와 같은 혁신이 대부분 개인적인 프로젝트의 산물일 뿐만 아니라 그러한 개인들이 대체로 가난한 무명 인사였다는 사실이다. 최근의 흥미로운 연구에 따르면, 빈민법은 이들의 혁신 작업 증대에 긍정적인 영향을 미쳤다고 한다.[9] 물론 이것은 여러 가지 가정과 통계적 제약으로 인해 후속

---

9. 앞의 책.

연구를 기다려야 확실한 주장을 할 수 있겠지만, 적어도 빈민법이 개인의 혁신 노력에 긍정적인 효과를 초래했다는 정도의 결론은 가능한 것으로 본다. 그렇다면 빈민법이 이러한 혁신을 통해 산업화와 경제성장에 일정한 기여를 했다는 주장도 가능하겠다.

빈민법의 비용과 효과

빈민법이 구호에 의존하는 빈민의 수를 늘리고 구빈 지출을 증대시켰다는 비판은 빈민법의 폐지나 개혁을 촉구하는 사람들이 상습적으로 제기한 것이었다. 실제로 각종 통계자료를 보면 이들의 주장을 반박하기가 어려운 것처럼 보인다. 문제는 이러한 비용 상승의 요인이 무엇이며 지출 증대가 빈민법이 기대한 소정의 성과를 거두었는가 하는 것인데, 이 물음에 대한 논의는 그렇게 활발하지 않은 것이 현실이다. 오늘날에도 상황은 비슷해서 복지 지출 증대에 대한 비판은 요란한데 그 효과를 논하는 연구는 많지 않다. 예나 지금이나 복지 증대에 대한 비판의 목소리는 통계의 외피를 입은 채 이데올로기의 속내를 감추기 마련이다.

빈민세

구빈 비용은 빈민세를 거두어 충당했다. 그런데 빈민세는 누구에게 얼마를 어떻게 부과했을까? 빈민법 자체는 마을마다 빈민세를 거두어 구빈 문제를 해결하라는 원칙만 밝혔을 뿐 그 절차와 방법에 대해서는 아무런 언급이 없었다. 그러하다 보니 빈민세 부과를 둘러싼 잡음이 끊이지 않았다. 대체 빈민세는 어떻게 그리고 얼마나 부과하고 거둬들였는가?

빈민법의 재원은 기본적으로 재산을 가진 주민들에게 부과되는 빈민세였다. 그런데 빈민세 부과 방법에 대해서는 명확한 규정이 없었으므로 마을에 따라 부과와 징수 방법이 달랐다.[10] 대부분 지역에서는 재산의 시장가격을 평가한 뒤 이것에 바탕을 두고 빈민세가 매겨졌다. 어떤 곳에서는 토지 대신에 집이나 가게, 심지어 배나 기계류 등에 세금이 부과되기도 했다. 가장 큰 문제는 재산이 무엇인가에 대한 논란이었다. 토지나 집과 같은 가시적인 재산은 아무런 문제가 없었다. 그러나 가령 목수의 연장을 재산이라고 할 수 있는가? 또한 재단사는 제화공에 비해 작업 도구를 많이 가지고 있지 않지만 훨씬 높은 이익을 누린다. 이런 경우에 이익에는 세금을 물려야 하는가 아니면 말아야 하는가? 이 모든 문제는 결국 주민 회의와 구빈위원들에 의해 결정되었다. 하지만 이 결정에 승복할 수 없는 경우가 적지 않

---

10. 다만 한 가지 분명한 점은 빈민세의 수준은 치안판사가 정한다는 것이었다.

았다. 이런 경우에는 부득이 치안판사의 결정에 맡겼다. 지안판
사의 결정에도 승복이 되지 않으면 사계법원으로 갔다. 그렇지
만 구빈세 부과 문제로 고등법원까지 가는 경우는 매우 드물었
다.

　요컨대 빈민세는 지역과 시대에 따라 부과 대상과 부과 수준
에서 상당한 차이를 나타냈다. 따라서 전국적인 자료는 없지
만, 각 마을은 빈민세를 거두고 사용한 기록(rate books)을 의
무적으로 남기도록 했으므로 상당한 양의 지역 자료들이 남
아 있다. 이 모든 것을 살펴보는 것은 이 책의 범위와 역량 밖이
다. 다만 몇 가지 통계자료를 들어 당시의 상황을 유추해 볼 수
는 있겠다. 19세기 후반에 집계된 정부의 공식 자료에 따르면,
1776년의 영국(잉글랜드와 웨일즈) 빈민세는 일인당 평균 4실링
6펜스였고 이 가운데 4실링 3/4펜스를 일인당 구빈 비용으로
지출했다.[11] 이 수치는 1803년에 일인당 11실링 6펜스로 늘어
났고, 구빈 지출도 8실링 9펜스로 높아졌다. 그러나 농업 지역
인 남부에서는 빈민세 부담액이 훨씬 높았다. 빈민세 부담이 가
장 컸던 지역으로 손꼽히는 서식스(Sussex) 주의 경우, 1813년
의 일인당 빈민세 부담액은 32실링으로 전국 평균인 13실링의
두 배 반 정도에 이르렀다.

---

11. Purdy, 1860: 290.

구빈 지출 증대와 그 원인

구빈에 들어가는 비용의 지출은 19세기 초까지 지속적으로 증가했다. 구빈 지출은 1750년에 국내총생산(GDP)의 0.7%였다가 1803년에는 1.7%까지 급증했다.[12] 일인당 지출은 1780년대를 기준으로 프랑스보다 7.5배나 높았고, 1820년대에도 네덜란드보다 2.5배 높은 것으로 나타났다. 지출 총액도 1677년에 60만 파운드였으나, 1803년에는 400만 파운드를 넘었다. 1818년의 지출액은 무려 790만 파운드로 군사 지출을 뺀 나머지 정부 지출과 맞먹을 지경이었다.[13] 물론 이 숫자들은 물가와 생활비 상승을 감안하지 않은 것이므로 과장의 우려가 있다.

구호 급여의 수급자 비율도 높아졌다. 19세기 초를 기준으로 하면 농업 지역인 남부는 15-23% 정도, 공업 지역인 북부는 10% 정도였다. 북부의 수급자 중 노인과 장애인의 비율은 남부에 비해 많았다. 즉 남부에서는 근로 능력이 있는 빈민의 수급 비율이 상대적으로 높았다는 얘기다. 이와 같은 통계 수치가 암시하는 것은 남부의 빈곤이 북부보다 더 심각한 상황이었다는 사실이다. 〈표 2.3.1〉은 구빈 지출 추세에 관한 종합적인 자료이다.

---

12. Grief and Iyigun, 2013b.
13. Green, 2010: 27.

구분	구빈 지출 총액	1인당 실질 지출	GDP 대비 비율	수급자 비율
연도 　단위	천 파운드	1803=100	%	%
1696	400	24.9	–	–
1748-50	690	45.8	0.99	–
1776	1530	64.0	1.59	–
1783-85	2004	75.6	1.75	–
1803	4268	100.0	2.15	–
1813	6656	91.8	2.58	11.4
1818	7871	116.8	–	–
1821	6959	113.6	2.66	–
1826	5929	91.8	–	–
1831	6799	107.9	2.00	–
1836	4718	81.3	–	–
1841	4761	61.8	1.12	8.3

〈표 2.3.1〉 구빈 지출 추세, 1696-1841
출처: Boyer(1990)에서 발췌 정리

　그렇다면 이토록 구빈 지출이 늘어난 원인은 무엇일까? 빈민법 개혁자들이 주장했던 것처럼 제도의 문제 때문이었나? 아니면 다른 원인이 있었을까? 〈표 2.3.1〉을 보면 구빈 지출이 폭증한 시기는 대략 18세기 후반에서 19세기 초반임을 알 수 있다. 1834년의 왕립 빈민법 조사위원회의 보고서는 구빈 지출의 증가 원인을 구빈 행정의 난맥상 탓으로 지적했었다. 보고서는 마을의 소수 유력 주민들이 구빈 행정을 좌우하면서 근로 능력이 있는 빈민에게 재가구호를 통해 최소한의 소득을 보장함으로써 근로 유인을 떨어뜨렸고 자발적 실업을 늘렸으며 일하는 사람들의 생산성을 저하시켰다고 주장했다.[14] 우리는 이런 주장에서 보고서 발간 이후 의회에서 통과된 개정 빈민법이 왜 그토록 노역소의 중요성과 의미를 강조했는지 알게 된다. 그러나 이런 주장은 과연 사실일까? 빈민법 개혁자들이 전가의 보도처럼 휘두르던 과학적 이론과 방법에 맞는 것일까? 결론부터 말하자면, 이 질문에 대한 답은 부정적이다. 적어도 1960년대 이후에 나온 연구들의 대부분은 조사 보고서의 주장을 인정하지 않는다.

이들에 따르면, 18세기 후반에서 19세기 초반에 걸친 구빈 지출의 폭증 원인은 다음과 같이 요약할 수 있다.[15] 첫째, 의회 주도로 시행된 인클로저(parliamentary enclosure) 움직임의 확산이다. 오늘날 다수의 연구자들은 인클로저가 장기적으로 긍정적인 결과를 초래했다면서 당시의 조치를 옹호하는 경향을 보인다. 그러나 이런 시각과 해석은 당시를 살았던 사람들의 구체적인 고통을 '장기적이고 거시적인' 관점이라는 미명 아래 추상적인 것으로 변질시키는 문제점을 안고 있다. 개개인의 삶은 사회나 역사나 국가라는 추상적 집합체의 미래를 위해 희생되어야 할 것이 아니다. 설혹 인클로저가 장기적으로 영국 자본주의 발전에 공헌을 했다고 하더라도 그것이 당시 가난한 농민들

---

14. 이들이 가장 자주 지적하고 비난했던 행태는 스핀햄랜드에서 시행했던 임금 보조금 제도였다. 그러나 최근 연구에 따르면 스핀햄랜드 관행은 19세기로 넘어가면서 사실상 버려진 것으로 보인다. 빈민법 개혁론자들의 주장과 달리 구빈 지출이 급증한 것은 오히려 스핀햄랜드 관행이 사라지고 난 다음인 1810년대 후반이었다.

15. Blaug, 1963; Boyer, 1986; Digby, 1975; Green, 2010.

의 삶을 뿌리째 뽑고 흔들있다는 사실 자체가 사라지지는 않는
다. 인클로저는 분명히 가난한 농민들에게 엄청난 고통과 타격
을 준 사건이었다. 톰슨은 그의 명저『영국 노동자계급의 형성』
에서 인클로저를 명백한 계급적 강도짓(a plain enough case of
class robbery)이라고 규정한 바 있다.[16]

의회 인클로저는 1750년에서 1830년에 걸쳐 시행되었는데
과거와 다른 점은 인클로저 전반을 의회가 법으로 뒷받침했다
는 점이었다. 의회 인클로저의 절차는 세 단계를 걸치게 되었
다. 첫 번째 단계는 마을 토지 3/4 이상을 소유한 지주의 동의
를 얻어 의회에 청원을 하는 것이다. 다음 단계에서는 의회가
소위원회를 만들어 청원을 심사한다. 마지막으로 의회에서 지
명한 감독관이 현장으로 가 새롭게 토지 구획을 실시하고 지주
는 자기 소유지에 울타리를 쳐서 소유권을 공시한다.

역사적으로 대부분의 인클로저는 18세기 이전에 시행되었는
데 이 수치는 전체 인클로저의 70%를 넘는다. 다만 의회 인클
로저는 짧은 기간에, 특히 1760년대와 1770년대에 걸친 20년
동안에 18%의 인클로저가 집중되었다는 특징을 지닌다.[17] 또
한 인클로저 움직임이 집중된 곳은 영국의 남부와 동부에 걸친
내륙지대로 농업 의존도가 매우 높았다. 바로 이 지역에서 구빈
지출이 급증했던 것이다.[18]

---

16. Thompson, 1966: 218.
17. Turner, 1986.
18. Snell, 1985.

  인클로저에 대한 의회 승인이 나면 토지의 법적 소유권을 증명하지 못하는 농민들, 즉 관습적 소작농(customary tenants)과 공유지에서 가축을 기르거나 밭을 일구던 농민은 해당 농지에서 퇴출되었다. 이들 관습적 소작농들은 공유지에서 임금 소득을 보충할 수 있는 생계 활동을 해 왔다. 가축 방목이나 땔감 채취 등 생계유지에 필요한 비임금(nonwage) 활동이었다. 의회 인클로저로 이러한 비임금 활동이 금지되자 이들의 생활은 큰 타격을 입게 되었다. 예컨대 우유는 당시 시장가격이 매우 높아서 가난한 농민들이 사서 먹을 수 있는 식품이 아니었다.[19] 그래서 농민들은 공유지에서 양이나 소를 길러 우유와 버터를 얻곤 했다. 우유와 버터는 아이들에게 중요한 영양 공급원이었다. 공유지에서의 퇴출은 이와 같은 영양 공급원도 함께 사라진다는 사실을 의미했다. 또한 가축에게 먹일 꼴을 구하는 일도 매우 어려워졌다. 이처럼 공유지에서의 비임금 소득원이 사라지자 농민들의 임금 의존도는 더욱 높아질 수밖에 없었다. 하지만 농촌 마을에서의 임금노동 기회는 제한적이었다. 더욱이 인클로저가 시행되고 난 다음에는 대체로 노동 절약적인 산업이 종래의 농업을 대체하는 경향이었으므로 일자리는 더욱 줄어들었다. 결국 공유지에서 퇴출된 농민들은 공장이 있는 도시로 일할 기회를 찾아 떠날 수밖에 없었다. 이들을 기다리는 것은 도시의 열악한 주거 환경과 저임금 그리고 가난이었다.

---

19. Humphries, 1990.

둘째, 농촌에서 농업 외 소득원으로 한몫을 하던 가내공업 (cottage industry)의 쇠퇴도 구빈 지출을 증대시키는 데 주요 원인이 되었다. 가내공업은 농한기에 소득 보충의 목적으로 18세기 초에 영국 농촌에서 발달하기 시작했다. 당시만 해도 75% 이상의 인구가 농촌에 거주하면서 대부분 농업에 종사하고 있었는데, 농한기에는 특별히 할 일이 없어 빈곤의 위험 앞에서 근근이 생계를 이어 나가는 형편이었다. 가내공업은 적당한 가격에 팔 수 있는 양질의 직물을 생산하는 데 집중되었다. 가내공업은 도시 상인이 목장에서 양털과 같은 원료를 사서 농가에 배분하면 온 가족이 생산에 참여하여 원료를 직물로 만들어 내는 과정이었다. 여자들은 대개 원료를 씻어 염색을 하는 일에서 실을 잣는 일까지 맡았고, 실을 직물로 짜는 일은 매우 힘든 일이었으므로 남자들이 맡았다. 그래서 가내공업은 아이들을 포함한 모든 식구가 동원되는 가족 사업이었다. 그러나 18세기 후반에 들어와 도시에 기계를 써서 직물을 생산하는 공장들이 생기면서 가내공업은 쇠퇴하기 시작했다. 가내공업의 쇠퇴로 여성과 아이들이 가구 소득을 보충할 수 있는 기회가 크게 줄어들었다.

셋째, 인클로저 확대와 가내공업의 쇠락은 18세기 후반 농민의 도시 이주를 부추기는 요인이었다. 이들의 이주는 대부분 가족 단위로 이루어졌고 그 목적은 일자리를 얻는 것이었다. 최근의 연구 자료에 따르면, 1750-1839년 기간에 도시로 이주한 농민들의 60%가 기혼자였고 핵가족 또는 부부 단위로 이주한 비율이 80%에 가까웠으며 절반가량이 취업을 목적으로 이주한 경우였다.[20] 농촌 빈민의 도시 이주는 자연적으로 도시의 구빈 지출을 증가시켰다. 한편, 근로 능력이 있는 사람들이 도시로 이주하면 할수록 농촌에는 구빈 대상이 오히려 늘어나는 악순환을 가져왔다. 도시 이주를 하지 못하고 농촌에 남은 사람들은 대부분 나이가 많거나 병이 있어 일을 할 수 없는 사람들이었기 때문이다. 이들이 전형적인 구빈의 대상이었음은 말할 나위가 없다.

구빈 지출 증대의 마지막 원인은 농촌 고용의 특수성과 구빈의 정치학이 상호작용을 하면서 만들어 냈다. 산업화의 중심지였던 북부 도시에서는 노동자의 고용계약이 보통 일 년 단위로 이루어졌다.[21] 그러나 농업 지역인 남부에서는 한 주, 심지어는 하루 단위의 계약이 일반적이었다. 사정이 이렇다 보니 농장주들은 농번기에 대비해서 농업 노동자들을 지역 안에 '묶어 둘' 필요가 있었다. 18세기 후반에 이르면 정주법은 이미 휴지 조각이나 마찬가지가 되어 이 법으로 농업 노동자의 지역 외 이동을 막을 방법이 없었다. 농장주들이 동원할 수 있는 가장 현실적인 방법은 마을의 구빈 재원을 이용해서 이들의 이동을 막는 길이었다. 즉 농번기에는 이들을 싼 임금으로 고용했다가 농한기에는 구빈 대상으로 지정해서 생계를 유지하도록 하는 방법이었다. 이것은 농장주들이 농업 노동자를 쓰지 않는 여타 주민에게

20. Pooley and Turnbull, 1998: 65.
21. Blaug, 1963: 154-55.

자신의 노동비용을 전가시키는 행위나 마찬가지였다.[22] 일반 주민들이 보기에 구빈 재원을 농번기에 농업 노동자의 이동을 막는 수단으로 쓰는 것은 부당한 일이었으리라. 그런데도 이런 관행이 가능했던 것은 농장주들이, 특히 대규모 농장의 지주들이 마을의 구빈 행정을 사실상 좌우하고 있었기 때문이었다. 1782년의 길버트 법은 재산 규모에 따라 주민 회의의 투표권 수가 결정되도록 규정한 바 있다. 따라서 재산이 많은 대규모 농장주들의 투표권이 여타 주민들을 압도했던 것은 물론, 지주로서의 사적인 영향력 역시 막강했기 때문에 일반 주민들은 구빈 행정의 '오남용'을 견제할 만한 힘을 갖고 있지 못했다. 이와 같은 농장주들의 관행은 남부 농업 지역에서 구빈 지출이 크게 늘어나게 만든 주요 원인이 되었다.

구빈의 수준과 효과

빈민법의 제정자인 중앙정부나 시행 주체인 지역의 유력자들이 어떤 의도와 목적을 가지고 그것을 만들고 시행했든 그것이 가져온 결과는 정당한 평가를 받을 만하다. 홉스봄의 말처럼 그들이 빈민의 복지를 염두에 두고 이 법을 만들고 시행하지는 않았을지 모른다.[23] 그러나 빈민법은 빈민들에게 부정할 수 없는 긍정적 성과를 가져다주었다.

---

22. Boyer, 1986: 117-19.
23. Hobsbawm, 1968: 88.

상당수 연구자들은 구빈 수준이 당시 기준으로 봐서는 꽤 관대하고 인도적인 편이었다고 평가한다.[24] 물론 이런 견해에 동의하지 않는 연구자들도 많다.[25] 아무튼 빈민에게는 공식적인 급여 외에도 다양한 지원이 이루어졌다. 여기에는 식량, 의복, 땔감, 가구, 집세, 결혼 비용, 장례비 등 생활 전반에 필요한 모든 것이 포함되었다. 이와 같은 비현금 지원은 공식적인 구빈제도와 무관한 마을의 오랜 전통으로 볼 수도 있다. 이런 전통은 공식적인 빈민법과 연결되면서 현금과 현물이 혼합된 패키지 형태로 주어지곤 했다. 이와 같은 구빈제도와 관행을 '미니 복지국가(miniature welfare state)'라고 평가한 연구자도 있다.[26] 반면에 거주권이 없는 주민이나 유랑인 등에 대한 대우는 각박했고 비인도적이었다.

빈민법의 관대성과 별개로 우리는 그 효과를 두 가지 측면에서 생각해 볼 수 있다. 이것은 빈민법이 제정된 목적과 직결된다. 빈민법의 가장 우선적인 목적이 빈민의 생계유지에 있었음은 부인하기 어렵다. 다음으로 중요한 목적은 명시되진 않았으나 사회적 안정을 도모하는 데 있었을 것이다. 이 사회적 안정이라는 측면에서 빈민법의 효과를 살펴보면 꽤 긍정적이었다는 최근의 연구가 있다.[27] 따라서 우리의 다음 관심은 빈민법이 빈

---

24. 대표적으로 Blaug, Innes, Slack, Solar 등이 구빈의 관대성 문제를 집중적으로 다루어 왔다.
25. Broad, King 등은 구빈의 관대성 명제에 회의적인 견해를 나타낸다.
26. Snell, 1985: 107.
27. Greif and Iyigun, 2013.

빈의 생계에 이느 정도의 도움을 주었는지에 모아진다.

빈민의 삶에 대한 빈민법의 효과를 총체적으로 살펴보려면 전국적인 자료가 있어야 하는데, 빈민법 자체가 지역적 특색을 지닌 것인데다 전국적인 통계자료는 신빈민법 시행 이후에나 수집되기 시작했다는 문제점이 도사리고 있다. 따라서 우리에게는 지역 자료를 통해 당시의 상황을 유추해 보는 길 밖에는 뚜렷한 대안이 없다. 마침 지역 자료는 제법 풍부하게 보존되어 있는데 여기서는 영국 중남부의 내륙 지방인 베드퍼드셔(Bedfordshire) 주의 경우를 예로 들어 보겠다.[28]

베드퍼드셔의 자료를 분석하면, 1782년을 기준으로 인구의 약 13%가 구빈의 혜택을 받았던 것으로 나타난다. 이 수치는 구빈의 대상이 되는 가구주와 가족 모두를 포함한 것이다. 이것은 1802/3년의 의회 자료가 빈민의 수를 영국 총인구의 9%로 추정한 것과 비교할 수 있다. 의회 자료는 오직 구빈 대상자인 가구주만을 포함한 숫자이므로 구빈의 실제 대상자는 이보다 많았을 것이 틀림없다. 이 시기에 베드퍼드셔의 한 마을인 캠튼(Campton)의 수혜자 비율은 15% 정도로 추산되었다.

그렇다면 빈민들이 받았던 현금 급여(보통 pension이라고 했음)는 어느 정도의 가치가 있었을까? 먼저 이것을 당시의 남자 농업 노동자 임금과 비교해 보면, 현금 급여는 남자 농업 노동자 임금의 약 20-40%에 해당하는 액수였다. 여기에서 잠시 다

---

28. 이하의 서술은 Samantha Williams(2005)의 선구적인 연구에 의지해서 이루어졌다.

른 지역의 사례와 비교해 보기로 하자. 비교 대상은 1707년의 런던 교외의 한 지역이다. 캠튼 사례와는 시기적으로 100년 정도의 차이가 나고 또 대도시라는 점도 감안해야 하겠으나 비교의 본질은 다르지 않다. 이 지역의 평균 구호 액수는 주당 1실링 6펜스였고 당시 건설 노동자가 6일 동안 일해서 받는 임금이 주당 12실링 정도였다.[29] 이에 따르면, 구호 급여의 수준은 노동자 임금의 12.5%에 해당한다. 한 세기 뒤의 캠튼 빈민들이 상대적으로 더 많은 구호 급여를 받았음을 알 수 있다.

그러나 남자 노동자의 임금만 가지고는 당시 노동자 가구의 소득수준을 충분히 알기 어렵다. 왜냐하면 여성과 아이들이 가내공업을 통해 가구 소득의 상당 부분을 보충해 주고 있었기 때문이다. 1832년 빈민법 조사위원회에서 현지 조사를 통해 얻은 자료에 따르면, 여성이 가구 소득에 기여하는 비율이 13%, 아이들은 무려 42%로 밝혀졌다. 남성 가구주의 비율은 45%에 불과했다. 아이들의 소득 기여율이 높았던 것은 당시 유행하던 레이스 만들기나 밀짚 공예에 아이들이 어릴 적부터 참여하고 있었기 때문이다. 이와 같은 가구 소득을 전제로 당시 일반 가구의 지출 예산을 구빈 급여의 수준과 비교해 보자. 수급 대상자의 특성에 따라 그 비율이 달라지겠지만, 수급 대상자가 가족인 경우에 일반 가구의 지출 예산 대비 비율은 1795년 기준으로 약 18.7%였다(〈표 2.3.2〉 참조).

---

29. Boulton, 2000: 51.

구빈 대상 분류	1795년	1832년	1834년
노인	14.9	17.3	22.8
가족	18.7	15.7	20.6
한부모	18.7	14.2	18.7
독신자	9.6	11.9	15.6
고아	16.5	14.8	19.5

〈표 2.3.2〉 베드퍼드셔 구빈 수준의 일반 가구 예산 대비 비율 (단위: %)

출처: Williams, 2005: Table 6에서 정리

〈표 2.3.2〉에 따르면, 베드퍼드셔의 구빈 관심은 19세기 들어 전통적인 수급자, 즉 노인과 독신자 등에 집중되어 갔음을 보여 준다. 부부와 자녀들이 있는 핵가족의 경우, 마을의 구빈 수준은 여타 수급 대상 집단에 비해 정체되거나 떨어졌다. 이런 현상은 아마도 베드퍼드셔에 한정되지는 않았을 것으로 추정된다. 19세기에 들어서면서 빈민법에 대한 비판이 맹렬해지고 있었기 때문이다. 이 비판 속에서 전통적인 수급자가 아닌 경우에는 비판의 강도가 훨씬 셌다. 아니 바로 이러한 사람들, 즉 근로 능력이 있고 정상적인 가족을 거느린 사람들이 구빈의 대상이라는 사실 자체가 비판의 핵심이자 과녁이었던 것이다.

이 자료에 국한해서 판단할 때, 빈민법이 대체로 관대했다는 평가는 유보되어야 할 것으로 보인다. 사실 '관대성'의 기준이 모호하기 때문에 관대한지 아닌지를 평가하기도 쉽진 않다. 그러나 베드퍼드셔 자료를 현대의 공공부조와 비교한다면, 구빈 수준이 턱없이 낮다는 지적을 받을 터이다. 만일 여타의 소

득 활동이 없는 경우라면, 저 정도의 구빈 수준으로는 연명 자체가 어려웠지 않았을까 싶다. 물론 이런 비교가 적절하다고 보진 않는다. 저 자료가 보여 주는 것은 아무튼 2세기 이전의 현실이 아닌가. 아마도 관대하다는 평가는 당시의 유럽 대륙과의 비교에서 나온 것으로 안다. 여러 연구자들이 그렇게 주장해 왔다. 그렇다고 해도 웹 부부가 질타했던 것처럼 빈민법 300년이 빈곤의 참상을 줄이는 일에 유의미한 효과를 내지 못했다는 냉정한 평가에 동의하기는 쉽지 않다. 빈민법은, 특히 구빈민법은 16세기 말에 그 토대와 틀이 만들어진 것으로 수백 년 뒤의 연구자가 현대적인 사회과학적 방법과 기준으로 평가할 수 있는 성질의 것은 아니다. 진실은 아마도 양 극단의 중간 어디쯤에 존재할 것이다.

빈민법과 임시방편의 경제

빈민들은 생존 전략의 일환으로 가능한 모든 수단과 자원을 동원한다. 아니 그렇게 할 수밖에 없다. 이것은 현재는 물론 과거 역사 속으로 사라져 간 숱한 빈민들이 늘 써 오던 전략이었다. 이 전략은 깔끔하고 체계적인 계획과는 거리가 먼, 누더기 조각을 잇는 것과 같은 임시방편과 절실함에서 나오지만, 종종 실패하는 경우도 적지 않다. 빈민들의 이러한 생존 전략을 일컬어 임시방편의 경제(the economy of makeshifts)라는 용어가 만들어졌다.[30] 한국어의 임시방편이란 말은 절실함과 치열함을 표현하기에는 사실 적합하지 않다. 한국어에서는 그 의미가 그야말로 임기응변, 상황에 따라 적당히 대처한다는 뉘앙스를 풍기기 때문에, 빈민들이 생계유지를 위해 온갖 수단을 찾고 동원한다는 의미로 쓰이는 영어의 makeshifts와는 분명 거리감이 있다. 이런 한계를 감안한 채 여기에서는 임시방편이란 말을 그대로 사용할 것이다.

우리는 이제 빈민법 체제 하에서 살아온 빈민들의 삶을 임시방편의 경제로 정리하고 그 내용을 고찰해 보기로 한다. 빈민법을 이렇게 보는 것은 그것의 성격을 꽤 관대하고 온정주의적인 구빈제도로 평가하는 흐름과는 조금 어긋나 있다. 그렇지만빈민법은 착취 도구에 불과했으며 빈민의 삶을 오히려 고통 속에 갇히게 만들었다는 주장과는 거리가 멀다. 그렇다고 해서 두견해의 중간에 자리를 잡고 있다는 얘기도 아니다. 임시방편 경제론은 빈민법에도 불구하고 빈민의 삶은 매우 고통스러웠고생존 유지를 위해 치열하게 싸워야 했다는 생각에 가깝다. 빈민법이 일정하게 긍정적인 영향을 끼친 것을 부정하진 않되, 그것과 별도로 빈민의 삶은 여전히 생존의 몸부림을 쳐야 했다는사실의 인정이라고나 할까. 이렇게 본다면, 임시방편 경제론은빈민법을 긍정적으로 보는 시각에 대한 보충적, 그러면서도 약

---

30. King and Tomkins, 2003.

간은 비관적 견해라고 해도 무방하리라.

임시방편의 경제를 말하는 연구자들은 빈민법의 제도적 일관성, 관대성, 체계성 등에 대해 회의적인 견해를 드러내는 사람들이다. 그들이 볼 때, 빈민법은 학계의 지배적인 견해처럼 그렇게 제도적 일관성과 체계성을 갖춘 구빈제도가 아니었다. 법적 규정은 있었으나 성격 자체가 선언적이었고 구체적인 내용과 방법은 몽땅 지역에 위임하는 바람에 전국적으로 표준화된 구빈행정은 고사하고 빈민의 자격을 정하는 기준조차 제각각이었다. 이들은 관대성 주장도 마찬가지로 비판한다. 지역적 편차가 매우 큰 빈민법의 성격상 전체적인 그림을 그리는 것 자체가 불가능하다는 것이다. 그래서 이들은 구체적인 연구를 제안한다. 빈민의 삶을 지역적으로 시대적으로 현미경을 들여다보듯 살펴본 뒤에 이 조각들을 모아 퍼즐을 맞추는 것처럼 큰 그림을 그려야 한다고 주장한다. 임시방편 경제론은 이런 차원에서 제기된 것이다.

임시방편의 경제라는 관점에서 볼 때, 빈민법은 유일한 구호수단이 아니었다. 그것은 법으로 정해진 유일한 공적 구호일지는 모르나 빈민들이 생계를 유지하는 데 오로지 이것에만 의지한 것은 아니었다는 현실적 인식에서 출발한다. 더구나 공적 구호를 얻는 일이 생각처럼 간단하지는 않았으리라고 본다. 그것은 구빈위원을 포함한 마을의 관원들과의 지루한 싸움일 수도 있었고, 때로는 마을 공동체로부터의 추방을 각오해야 하는 상황도 발생했으리라 믿는다. 나아가 이들은 빈민법은 빈민의 삶에서 하나의 구호 수단이었을 뿐 그 이상도 그 이하도 아니라고 보고 있다. 이런 인식은 그동안 많은 연구자들이 빈민법의 중요성을 너무 과장했다는 반성과도 연결된다. 뒤집어 얘기하면, 빈민법이 빈민의 생계유지에 그렇게 큰 도움을 주지는 못했다는 인식이 이들의 주장에 자리를 잡고 있다. 그렇다면 어떠한 대안적 수단이 빈민들에게 열려 있었을까? 그리고 이러한 대안과 빈민법은 어떠한 상호작용을 하게 되었을까?

빈민들이 동원할 수 있는 대안적 수단은 친척, 자선, 전당포, 공유지 등 다양했다. 심지어 범죄까지도 빈민의 생존 전략에서 일정한 역할을 한 것으로 나타났다. 앞에 언급한 대안들이 주로 단기적인 것이었다면, 장기적인 대안으로 해외 이민이나 도시로의 이주 등도 고려의 대상이 되었다. 그렇지만 대부분의 '이주'는 항구적인 것이 아니었으며 출생지에서 10~15마일 이상을 벗어나지 못했다는 연구가 있다.[31] 또한 고향을 떠나 타지로 간다는 것은 적지 않은 여타의 대안(예컨대 친척과 이웃의 도움)을 포기하는 것이기도 해서 위험성이 매우 높은 선택이었다. 이러한 위험성 때문에 상당수 빈민들에게 이주는 영구적인 것이 되지 못했고 상황에 따라 고향과 타지를 왕복하는 일도 허다했다. 지리적으로 보면 북부의 농촌에서 인근 공업 지역으로 옮겨가는 추세는 비교적 뚜렷하게 드러난다. 그러나 남부 농업 지역에서는 이러한 추세보다는 계절적 이동이 더욱 활발했다.

---

31. King and Tomkins, 2003: 261.

임시방편의 수단으로 자주 언급되는 것 중의 하나는 친척, 이웃, 직업적 연줄망 등이 중심이 되어 이루어진 상호부조 조직(friendly societies)이다. 이런 조직은 19세기 초(1803년)에 만 개 정도가 있었으며 약 70만 명의 회원이 가입되어 있었던 것으로 추정된다.[32] 하지만 상당수 빈민들에게 상호부조 조직은 그림의 떡이었다. 무엇보다도 회비가 너무 비쌌기 때문이었다. 특히 농촌에서는 상호부조 조직이 활발하지 못해서 가난한 농민들에게는 별 의미가 없는 수단이었다. 그럼에도 도시 지역에서는 일부 빈민들이 이 조직의 도움을 적지 않게 받았던 것으로 기록되어 있다. 또한 구빈위원들 중에는 빈민들에게 상호부조 조직의 가입과 이용을 적극적으로 권유했다는 증언들도 다수 발견된다. 개중에는 구호 대신 상호부조 조직의 회원증을 구빈 신청자에게 제공한 경우도 있었다. 실제로 18세기 후반에 이르면, 빈민법 행정을 담당하는 지역 관리들이 빈민들로 하여금 공적 구빈에 의지하기보다는 사적인 임시방편의 수단들을 적극적으로 개발하도록 권유하거나 강요하는 경향이 심해졌다.

공적 구빈제도의 존재에도 불구하고 자선 기부는 여전히 활발했다. 특히 1800년대를 전후해서는 제도화된 자선이 발달하기 시작했다. 제도화된 자선은 오늘날의 기부 재단과 비슷한 성격의 것이라고 할 수 있는데, 상당히 많은 재원을 토대로 일종의 영속적인 운영을 시도했다. 그로나 제도화된 자선은 런던과

---

32. 앞의 책, 266.

같은 대도시에서 주로 발달했기에 농촌 지역에서는 여전히 사적인 자선이 압도적이었다. 마을 교회에서 주기적으로 빈민 구호를 위해 모은 헌금(보통 collection으로 알려진)은 이런 사적 자선의 대표적인 예였다. 또한 마을 관리들의 주도로 의류, 식품 등 생활필수품을 거두어 빈민들에게 제공하는 경우도 있었는데, 이러한 현물 공여와 공식적인 구호의 차이를 구분하기는 쉽지 않다. 실제로 이와 같은 현물 공여는 마을의 공식적인 구빈 지출을 줄이려는 의도의 일환으로 기획되는 경우도 자주 있었다.

제3부

빈민의 삶과 목소리

1. 빈민은 어떻게 살았는가

앞 장 말미에 언급한 것처럼 빈민의 삶은 본질적으로 임시방편적인 수단에 의존하는 것이었다. 빈민에게는 장기적인 계획과 예측이 불가능했으므로 하루살이와 같은 삶을 살 수밖에 없었다. 이러한 삶은 현대 복지국가 시스템 속에 사는 빈민들에게도 전혀 낯선 것이 아니리라. 하물며 200년 이전의 농경사회 또는 산업화의 초기 시대에 살던 빈민들에게는 어쩌면 매우 당연한 현실이었을지도 모른다. 아무튼 당시의 빈민들은 자신들이 동원할 수 있는 모든 자원과 수단을 사용해서 삶을 꾸려 나갔다. 그 수준에 대한 의문과 행정 절차의 까다로움에도 불구하고 빈민법이 빈민들의 생계유지에 중심축을 이루고 있었다는 사실은 부인하기 어려울 것이다. 그래서 우리는 빈민 구호의 과정부터 시작하려고 한다. 여기에서는 추상적인 일반론을 피해 빈민들이 겪었던 실제 현실을 중심으로 살펴보겠다.

빈민 구호의 과정

빈민 구호는 오늘날의 사회복지와 마찬가지로 정적인 제도
가 아니라 동적인 과정이다. 이 과정에서 빈곤의 정의와 의미
와 법적 규정이 상호작용을 하며 그것을 둘러싸고 다양한 주체
들이 논란을 벌인다. 빈민법의 지원 대상이 되는 '공식적' 빈민
(pauper)으로서의 '자격'을 취득하기 위해서는 먼저 누군가 지
원을 요청해야 하고 지역의 관리들이 그것의 정당성을 심사해
야 하며 요청한 당사자는 그 결과를 수락할지 여부를 결정해야
한다.[1] 구빈 대상자로 지정되어 그것을 수락하는 순간, 빈민(the
poor)은 공식적 빈민(pauper)으로 그 정체성이 새롭게 규정되는
것이다.

그러나 이 과정은 결코 간단하지 않았다. 구빈 요청을 한 빈
민은 구빈위원의 심사를 받았을 뿐만 아니라 치안판사의 공식
적인 조사와 판단을 거쳐야 했다. 빅토리아 시대의 소설가 찰
스 디킨스(Charles Dickens)는 1835년에 쓴 그의 저서에서 빈민

---

1. 우리는 여기서 일반적인 의미의 빈민(the poor)과 공식적인 개념인 빈민
(pauper)의 차이를 구분할 필요를 느낀다. 사전적 의미의 pauper는 극빈자
로 설명되고 있다. 그러나 빈민법과 관련된 용어 사용의 관행을 살펴보면,
pauper는 단순한 극빈자가 아니라 공식적인 절차에 따라 구빈 대상이 된 빈
민을 가리키는 용어로 쓰여 왔다. 그러니까 아무리 가난한 사람일지라도 공식
적인 구빈 대상으로 지정이 되지 않은 사람에게는 pauper라는 용어를 사용하
는 것이 적절하지 않다는 말이다. 이러한 맥락에서 구빈 대상자가 되는 상태를
흔히 pauperism이라는 용어로 표현했던 것은 논리적이라고 볼 수 있다.

의 심사 과정을 상세히 묘사한 바 있다.[2] 이에 따르면, 여섯 명
의 자녀를 둔 런던 과부가 지역의 구빈위원에게 심사를 받고 있
다. 위원들은 중절모를 쓴 채 어마어마한 책들 뒤에 앉아서 과
부의 주소를 묻는다. 그녀는 자신의 주소를 말하면서 자신이
열심히 일하고 부지런한 사람이라는 것을 자기 집주인이 잘 알
고 있다고 부연한다. 구빈위원은 거칠게 말을 끊고 패리시 집사
(beadle)에게 사실을 확인하라는 지시를 내린다. 사실이 확인되
고 구빈 대상자로 지정이 되고 난 뒤 이 과부가 갈 곳은 노역소
였다. 노역소 생활이 교도소에 준하는 것임에도 심사는 까다로
웠다.

　구빈 신청이 승인되고 구호 급여가 지급되기 시작했다고 해
서 모든 게 끝나는 것은 아니었다. 빈민 구호의 수급자는 구호
를 받을 만한 '자격 있는 빈민'의 상태를 성실히 유지해야 했
다. 이 기준에 미치지 못한다는 판단이 내려질 때 수급 자격은
언제든지 중단될 수 있었다. 빈민 구호 수급자의 행태는 상시적
으로 감시의 대상이었다. 마을의 납세 주민들은 구호를 빈민의
행태를 교정하고 강제하는 수단으로 삼았다. 특히 근로 능력
이 있는 수급자의 경우 감시는 더욱 엄격했다. 〈표 3.1.1〉은 어
떤 종류의 행동이 이들 납세 주민의 심기를 건드려 구호 거부의
사례가 되었는지를 보여 준다. 자료는 1823-28년 기간에 에식

---

2. 그 내용은 찰스 디킨스의 *Sketches by Boz*라는 책에 나오는데, 이것은 자신
의 도제 경험을 기록한 책이다.

거부 이유	건수
교회 예배 불참	17
가구 소득 보고 불이행	16
마을 농장에 가서 일하라는 지시 거부	10
개 사육	5
마을에서 지정하지 않은 의사를 이용함	3

〈표 3.1.1〉 빈민 구호의 거부 이유
출처: Lindert, 2004: 49-50

스(Essex) 주에 있는 그레이트 버스테드(Great Burstead) 마을의
사례를 담고 있다.[3] 가장 많은 거부 사례의 이유는 교회 예배에
불참했다는 것이다. 이와 관련하여 여기서 기억해야 할 것은 당
시 패리시는 구빈 행정의 기본 단위이기 전에 교회의 기본 행정
단위이기도 했다는 사실이다. 교회에 성실해야 한다는 것은 마
을에서 동정심을 얻을 수 있는 가장 기본적 요소의 하나였다.
가구 소득을 제대로 보고하지 않은 것이나 근로 지시를 어긴
것은 오늘날에도 공공부조의 자격 상실을 가져올 수 있는 이유
로 여겨진다. 놀라운 점은 개를 길렀다는 것이 구호 거부의 이
유가 되었다는 사실이다.

　빈민 구호의 과정에서 놓칠 수 없는 또 하나의 요소는 법적
거주지(settlement)의 문제였다. 빈민법의 시행 공간이 구호를
요청한 사람의 법적 거주지였기 때문이다. 게다가 그것은 단순

---

3. Lindert, 2004: 49-50.

한 거주 권리가 아니라 필요한 경우에 빈민 구호를 받을 수 있는 권리였다. 빈민법 시대의 문헌은 거주권을 구호 수급권으로 인식했다. 따라서 거주권 문제는 빈민법의 시행 이후 줄곧 논란의 대상이 될 수밖에 없었다. 결국 1662년의 정주법은 거주 자격에 관해 매우 상세한 규정을 만들었다. 정주법의 입법 목적은 무분별한 (빈민의) 이동을 막고 역내 거주자가 아닌 외부인에 대한 제재 기준을 제시하는 것이었다. 특히 지역의 구빈 재원을 '축낼' 소지가 있는 외부인의 추방이 관심사였다. 특정 지역에 법적 거주권을 획득하는 기준은 다양했다. 자신의 출생지나 부모가 거주권을 부여 받은 곳에 대해서는 자연스럽게 거주권이 주어졌다. 일 년 이상 지역 주민에게 고용된 경우에도 거주권이 주어졌다. 일 년에 10파운드 이상의 가치가 있는 집이나 땅을 빌린 경우에도 역시 거주권을 얻을 수 있었다. 나중에는 지역의 빈민세를 부담하는 외부인에게도 거주권을 주곤 했다.

거주권 문제는 다른 지역에 가서 살고 있는 사람의 구빈 요청을 결정하는 데에도 필수적인 검토 사항이었다. 각종 기록에 따르면, 지역을 떠나 외부에 거주하는 사람이 자신의 거주권이 부여된 지역에다 구호 요청을 하는 사례가 심심치 않게 등장한다. 우리는 이런 기록을 통해 거주권 문제는 물론 빈민의 구빈 요청 과정이 어떻게 처리되었는지에 대해 한층 더 깊은 이해에 도달할 수 있다. 이런 기록은 대부분 빈민들의 편지로 그것의 신뢰성에 대해 여러 의문이 제기되었지만, 편지 내용의 사실적 신빙성과 관계없이 거주권과 구호 과정을 둘러싼 상호작용을 이해하는 데에는 큰 문제가 없다는 것이 일반적인 평가이다.

　그러면 이제 자신의 거주권 지역을 떠나 다른 곳에 사는 주민이 자신의 거주권 지역에 구호 요청을 했던 사례를 몇 가지 소개하기로 하자. 이 사례에 등장하는 사람은 데이비드 리브놀(David Rivenall), 제임스 톰블린(James Tomblin), 앤소니 사우스(Anthony South), 이렇게 셋으로 이들의 편지는 모두 1820년대 말에서 1830년대 초 사이에 쓰였다.

　사례 1, 데이비드 리브놀: 1827년 10월 25일 데이비드 리브놀은 자신의 원적지인 에식스(Essex) 주 첼름스퍼드(Chelmsford)의 구빈위원들에게 다음과 같은 편지를 보냈다.[4] 편지에는 철자법이 틀리고 문법적으로 맞지 않는 곳이 많았지만 내용은 이런 것이었다.

　"신사 여러분, 지금 저는 구빈 요청을 할 수밖에 없는 아주 어려운 처지에 놓여 있습니다. 여러분이 보시기에 제가 구빈 자격이 없을지도 모르겠으나 저는 발작 때문에 일을 하지 못하고 있는 실정입니다. 여러분이 10실링만 보내 주신다면 그것을 아주 소중히 쓰도록 하겠습니다. 제게는 처자식을 포함해서 일곱 식구가 딸려 있으나 집세가 밀려 있어서 거주할 곳이 없는 지경입니다. 여러분이 저의 처지를 고려해서 구호금을 보내 주시지 않는다면

---

4. Sokoll, 2000.

저로선 할 수 없이 거주권이 있는 고향(첼름스퍼드)으로 돌아가는 길밖에는 없을 것 같습니다. 이런 편지를 써서 여러분을 귀찮게 만들어 송구합니다."

리브놀은 1819년부터 런던의 세인트 조지 지역에 살고 있으면서 자신의 원적지인 첼름스퍼드에서 구호를 받고 있었다. 그의 구호 금액은 주당 4-6실링으로 원적지에서는 꾸준히 이 돈을 보내 주었다. 돈은 런던과 첼름스퍼드를 오가는 마부에 의해 전달되었다. 이러한 전달자 및 리브놀과의 편지 교환을 통해 원적지의 구빈위원들은 그의 상황을 주시해 왔다. 1823년 12월에는 원적지 주민 회의 대표 한 명이 런던에 파견되어 첼름스퍼드 출신의 수급자들을 방문하기도 했다. 당시 리브놀은 42세, 그의 부인은 40세로 이들 부부에게는 일곱 명의 자녀가 있었다. 리브놀은 제때에 구호 급여가 지급되지 않아서 집세 10실링이 밀린 상태였다. 그의 집을 방문했던 주민 회의 대표는 급여가 잠시 중단된 상태임을 설명하고 앞으로도 주당 5실링 이상은 기대하지 말라고 경고한다. 이후 리브놀은 집세를 내지 않은 죄로 투옥되어 이 편지를 쓰게 되었다. 그사이에 어린아이 셋이 사망하고 장남을 도제로 보내려는 일도 실패한다. 그는 자신의 원적지에 40여 통이 넘는 편지를 보내 사정을 설명하고 구호를 요청한다. 뿐만 아니라 리브놀은 자신의 현재 거주지인 런던 세인트 조지 지역에도 구호를 요청하지만 거절당하고 만다.

리브놀은 런던에서 무엇을 하며 살았을까? 그를 면담했던 주민 회의 대표의 전언에 따르면 리브놀은 매사냥, 물고기와 굴 판매를 비롯해서 아무 일이나 닥치는 대로 했던 것으로 알려진다. 그의 삶은 대도시에 살던 당시 빈민들의 평균적인 모습이었다. 우리가 그의 에피소드에서 알 수 있는 것은 빈민법의 적용 대상과 구호 처리 과정이 결코 단순하지 않았다는 사실이다.

사례 2, 제임스 톰블린: 1833년 10월 25일 제임스 톰블린은 스랍스턴(Thrapston)에서 피터버러(Peterborough)의 치안판사인 헨리 제임스(Henry James)에게 편지를 보냈다.[5] 피터버러는 톰블린의 원적지로 런던에서 서북쪽으로 110km 정도 떨어져 있다. 스랍스턴은 피터버러에서 남서쪽으로 30여km 되는 지역이다.

"귀하께서 피터버러 시(市)의 치안판사이시고 제가 그곳 출신인 관계로 귀하를 수고스럽게 하더라도 용서하시리라 믿습니다. 저의 사정은 피터버러의 여러 주민들에게 잘 알려져 있습니다. 저는 의사에게 12파운드 이상의 비용을 지불해야 할 뿐만 아니라 작년 집세 2파운드 16실링이 밀려 있는 상태입니다. 피터버러에서 지원을 받지 못하면 저로선 부득이 귀향을 할 수밖에 없습니다. 만일 집세 지원을 받을 수 있다면, 다른 것들은 제 힘 닿는 대로 노력해서 감당하도록 하겠습니다. 저는 귀하께서 이 부탁을 거절하

---

5. King, 2011.

지 않으시리라 희망합니다. 저는 몇 주 전에 구빈위원에게 직접 구호 요청을 한 바 있으며 일이 잘 될 것이라는 희망을 가지고 돌아왔습니다. 구빈위원은 분명한 거부 의사를 밝히지는 않고 그저 제 문제를 숙고한 뒤에 답을 해 주겠다고 약속했지만 아직까지 아무런 대답을 듣지 못했습니다."

이 편지에서 우리가 알 수 있는 것은 무엇보다 내용이 매우 법적인 성격을 띠고 있다는 점이다. 톰블린은 자신의 어려운 처지를 구빈위원에게 직접 얼굴을 맞대고 설명했고 면전에서 거부 의사를 듣지 않았으므로 자신의 요청이 수락될 것이라는 일정한 기대를 가지고 돌아왔다. 여기서 우리가 지적할 점은 톰블린이 구빈 수급 자격의 법적 기준에 대해 잘 알고 있으며, 어떻게 상황을 전달해야 자신에게 유리한 판정이 내려질 것인가를 나름대로 심사숙고해서 편지를 썼다는 사실이다. 즉 톰블린은 의사 비용 12파운드에 대한 지원을 요청하는 것이 아니라 집세에 대한 지원을 요청하고 있다. 이것은 빈민에게 자기 마음대로 의사를 부르는 권한이 없다는 점을 그가 알고 있기 때문이다. 빈민법 관행에 따르면, 구빈 대상자가 의사를 필요로 하는 경우에는 마을에서 지정한 의사를 불러야 했다. 마지막으로, 그는 구빈위원에게서 아무런 소식이 없는 경우에는 치안판사에게 호소할 권리가 있다는 사실에 주목하고 있는 것이다.

사례 3, 앤소니 사우스: 브라이튼(Brighton)에 사는 앤소니 사우스는 1833년 12월 5일에 고향인 피터스버러 구빈위원들에게 자신의 어려운 처지를 호소하는 편지를 보냈다.[6] 브라이튼은 영국 동남부 해안에 있는 도시이므로 그는 자신의 고향에서 꽤 멀리 떨어진 곳에 와서 살고 있었다.

"예전에 편지를 보내려고 마음을 먹었으나 귀하를 번거롭게 하는 것이 싫어서 그동안 편지를 쓰지 않았습니다. 하지만 이제 사정이 매우 어려워져서 하는 수 없이 편지를 쓰게 되었음을 송구하게 생각합니다. 오랫동안 나빠지고 있던 제 처의 건강이 더욱 악화되어 막바지에 이르렀습니다. 상황이 이런지라 부득이 저의 원적지에 구호 요청을 하지 않으면 안 될 것 같습니다. 제 고향 원적지에서 마땅한 지원이 오지 않는다면 저나 제 아이의 생계를 꾸려 나가기가 어렵습니다. 저는 스폴딩 의사(Doctor Spalding) 밑에서 도제로 일했던 앤소니 사우스의 아들이고 화이트 씨(Mr White)께서도 저의 부친을 잘 아실 것입니다.[7] 제 자신도 6년 전 7월에 고향에 머무르고 있었지만, 보름 정도만 빼고는 아무런 구빈 지원을 받은 적이 없습니다. 제 처는 현재 아무것도 혼자 하지 못하는 상태라 아내를 돌볼 소녀를 한 명 고용할 수밖에 없었습니다. 저로서는 거기에 들어가는 비용을 더는 지불할 능력이 없는 형편입니다. 저의 어려운 처지를 이해하시고 빠른 답장을 주시리라 기대합

----

6. King, 2008.
7. 이 편지를 쓴 사우스와 그의 아버지는 같은 이름을 가지고 있었던 것으로 보인다. 한편 화이트는 전 구빈위원 중 하나로 이 편지의 수신인이었다.

니다. 경백(敬白)."

사우스는 이 편지에서 자신의 고향에 대한 소속감과 정서를 유감없이 발휘하고 있다. 게다가 고향의 유력자들을 거명함으로써 자신의 연줄망을 상대방에게 알리려고 노력한다. 그는 이 편지에 이어서 다시 편지를 보내는데, 자신의 현재 거주지인 브라이튼의 카우게이트(Cowgate) 지역에서 구호 요청이 거부당했음을 알린다. 그런 다음 앞서 보낸 편지의 수신인인 화이트가 현재 고향의 임시 구빈위원장을 맡고 있다는 사실을 몰랐다며, 만일 그 사실을 알았다면 편지의 수신인을 화이트로 분명하게 밝혔을 것이라고 말한다. 여기서 사우스는 다시 구빈위원과의 사적인 관계를 이용해 구호 문제를 협상하려는 태도를 드러낸다.

우리는 이 세 가지 사례에서 구빈 요청이 고향을 떠나 타지에서 살고 있는 사람들에게서도 이루어질 정도로 거주권과 구호권이 밀접하게 연결되어 있었음을 알게 된다. 또한 구호를 요청하고 승인을 받는 과정이 꼭 일방적인 것은 아니었다는 사실도 새삼 깨닫게 된다. 빈민 구호의 과정은 일방적인 결정에 의해 이루어지는 것이 아니라 일정한 정도의 협상이 이루어질 수 있는 비교적 유연한 과정이었던 것이다. 게다가 빈민들이 빈민법의 규정과 구빈위원들의 관행 등을 충분히 숙지하고 있었다는 반증도 얻을 수 있다.

일부 연구자들은 빈민 구호의 과정을 지배하던 주체는 빈민

자신이었다고까지 주장한다.[8] 언제 구호를 요청하고 언제 그것을 거절할지를 빈민이 결정했다는 것이다. 이와 같은 주장은 아마도 빈민의 선택지가 다수 존재할 수 있다는 가정에서 나오는 듯하다. 즉 자신의 처지가 어려워졌다고 모든 빈민이 바로 공식적인 구호 신청을 하지는 않았다는 뜻으로 이해할 수 있다. 빈민에게는 공식 구빈이 아니더라도 여러 사적인 수단을 일정하게 동원할 수 있었다. 그러한 경우에는 어떠한 수단과 자원을 우선적으로 쓰는 것이 자신에게 유리한가를 따져본 뒤에 가장 적절한 선택을 하게 될 것이라는 해석이다. 이런 해석은 오늘날에도 어느 정도 유효하다. 가령 현대의 노숙인들을 보면 웬만해서는 공식적인 노숙인 피난처(shelter)에 입소하지 않으려고 하는 경향이 매우 강하다. 그들은 자신들이 동원할 수 있는 대안이 소진될 때까지 자신의 의지대로 살다가 불가피한 처지에 이르러서야 공식적인 제도 안으로 들어오는 것이다. 빈민법 시대의 빈민들에게도 이러한 선택지가 있었을 것이다. 그러나 그 선택의 폭이 얼마나 되었는가는 개인에 따라 달랐을 것이므로 일반적인 결론을 끌어내기는 매우 어려운 게 사실이다.

8. 예컨대, Lees, 1998: 37.

도시 빈민의 삶

우리의 관심은 지금까지 대부분 농촌 지역과 농민에게 집중되었던 것이 사실이다. 그러나 18세기 후반에 들어와 산업화와 도시화가 시작되면서 런던을 비롯한 큰 도시에는 많은 빈민이 몰려들었다. 런던을 중심으로 이들의 삶을 추적해 보도록 하자.

런던의 빈민법

도시와 농촌의 빈민법 운영이 달랐다는 점은 누구나 동의하는 것이지만 런던의 경우는 단순한 도시가 아니었다. 런던의 빈민법은 영국의 나머지 지역 전체와도 다른 특수성을 가지고 있었다. 이 특수성은 18세기 후반에 이르러 더욱 뚜렷해졌다. 이 특수성은 도시 크기, 인구밀도, 정치와 행정 구조, 다양한 사적 복지 기관, 매우 유동적인 빈민 집단 등이 얽혀서 만들어 낸 것이었다. 따라서 소수의 잘 아는 구빈 대상자를 상대하는 여타 지역과 달리 런던의 빈민 구호는 매우 복잡하고 까다로운 과정이었다. 게다가 빈민세를 부담하는 시민들의 목소리가 어느 곳보다 크고 강한 곳이 런던이었다. 이들이 바로 패리시 중심의 구빈민법을 개혁해야 한다는 운동의 토대가 되었다. 또한 런던의 부와 빈곤의 지리학은 빈민법의 통합적 운영을 방해했다. 부자 지역과 가난한 지역의 극명한 구분은 지역에 따른 독자적 운영을 불가피하도록 만들었다. 가난한 지역이 부유한 지역보다 구호 행정이 까다롭고 각박했던 것은 당연했다.

19세기가 시작할 무렵 런던의 인구는 이미 100만에 육박했다. 100만의 인구 중에 다수의 빈민이 포함되어 있었음은 물론이다. 빈민의 폭증은 구빈 지출의 증대로 이어졌다. 런던의 경우, 1811년부터 1831년까지 불과 20년 사이에 인구는 무려 45%, 구빈 지출은 36%가 늘어났다.[9] 인플레이션을 감안하면 구빈 비용은 이 기간 중 사실상 두 배로 늘어난 것이다. 영국 전체에서 차지하는 구빈 지출의 비중도 1813년 7.5%에서 1830년에 10%로 늘어났다. 이것은 런던에 빈민이 더 많이 유입되고 있었다는 사실을 반영한다. 인구 증가와 빈민의 유입은 대부분 농촌 지역으로부터의 이주 때문이었다. 이들은 자신의 고향에 거주권을 가지고 있는 상황에서 런던으로 왔기 때문에 새로이 이곳에서 거주권을 확립하기가 어려웠다. 실제로 상당수의 빈민들은 런던에서 아무런 구빈 자격을 얻지 못하고 죽을 때까지 살았다.

18세기 중반 이후부터 런던에서는 재가구호보다는 시설구호에 집중했다. 하지만 비용 면에서는 시설구호가 훨씬 지출이 많이 들어갔으므로 시설구호에 집중하는 것은 경제적으로는 이해할 수 없는 정책이었다. 그런데 런던이 이렇게 시설구호를 밀고 나간 데는 그만한 이유가 있었다. 첫째, 런던은 계절노동이

---

9. Green, 2010: 34.

많지 않았다. 그러므로 스핀햄랜드에서 사용했던, 피크 시즌을 고려한 노동력 확보 정책 같은 것에 연연할 필요가 없었고 이것은 재가구호의 필요성을 반감시켰다. 둘째, 대도시인 런던에서는 재가구호에 따른 수급자 관리를 체계적이고 지속적으로 시행할 수가 없었다. 게다가 익명성에 따른 부정 수급 요청이 상당했다. 이런 점에서 런던은 농촌 마을의 경우와는 크게 달랐다. 구빈위원들의 자발성도 농촌과 달리 매우 약한 편이어서 자주 교체되곤 했다. 따라서 런던에는 신빈민법이 시행되기 전부터 유급 구빈위원을 고용해서 구호 행정을 집행하는 경우가 많아졌다.

비록 런던이 시설구호에 집중하긴 했어도 수적으로는 재가구호를 받는 빈민이 더 많았다. 1803년의 자료에 따르면, 런던에서 재가구호 수급자의 비율은 전체 수급자의 60% 정도를 차지했다.[10] 이들의 대부분은 일시적으로 구호를 받는 빈민(casual pauper)이었다. 그리고 이들의 상당수는 일용직 노동(casual labor)에 종사하는 사람들로 개중에는 아일랜드 출신이 꽤 많았다. 일용직 노동자는 예나 지금이나 경제 상황에 따라 수적 변동이 일어나는 것으로 구빈 지출도 이 변동과 함께 늘거나 줄었다. 일용직 노동자의 구빈은 행정적으로 복잡한 문제를 일으켰다. 우선 복지 사기의 빈도가 높았다. 예컨대 한 지역에서 정기적으로 구호를 받는 사람이 런던 내 다른 지역에 가서 긴급

---

10. Boulton, 2014: 154.

구호를 통해 현금, 신발, 의복 등을 받는 경우가 대표적인 것이다. 어떤 여성은 무려 일곱 군데의 런던 패리시에서 수년 동안 급여를 받은 경우도 있었다.[11] 이런 일이 가능했던 것은 무엇보다도 런던의 빈민법 당국이 150개의 독자적인 조직으로 나뉘어 있었던 현실과 관련이 있었다. 여기에다 구빈위원을 비롯한 관련 행정 직원들이 수시로 바뀌는 점도 구빈 대상자를 체계적으로 관리하는 데 근본적인 문제를 야기했다. 이 문제를 해결하기 위해 런던의 각 지역은 유급 직원을 고용하기 시작했다. 유급 직원의 고용은 구호 과정에서 인간적인 상호작용이 최소화되고 빈민법이 관료주의적 행정으로 바뀌는 단초가 되었다.

런던의 경우, 18세기 중반에 이르면 일부 수급자에 대한 구빈의 외주화(外注化)가 거의 일반적인 관행이 되었다.[12] 구빈의 외주화란 병자나 노인처럼 돌봄이 필요한 사람들의 구호를 외부의 업자에게 도급을 주어 맡기는 것을 가리킨다. 이것은 일종의 민영 노역소라고 할 수 있는데, 이런 관행이 유행하게 된 가장 큰 이유는 비용 절감이었다. 외부 업자에게 구빈 대상자의 돌봄을 맡기는 일은 처음에는 아주 극소수의 다루기 힘든 빈민들(예컨대 정신질환자나 중병에 걸린 환자)의 경우로 한정되었고 그것조차 지역의 주민에게 맡겨졌으나, 나중에는 규모가 커지고 기업화되는 경향을 보였다. 일례로 찰스 모트(Charles Mott)라는 업자는 1820년대에 민영 노역소를 운영하면서 무려 1,200명의 빈

---

11. Green, 2010: 74.
12. Murphy, 2002: 4.

민을 수용하고 있었다.[13] 그의 연간 매출액은 2만 파운드에 달했다. 한편 외주 업자에게 보낼 대상자도 돌봄이 어려운 사람들은 물론 근로 능력이 있는 사람들까지 그 범위가 점차 넓어졌다. 벤담이 자선 회사를 설립해서 구빈 대상자를 수용하자고 주장한 배경에는 바로 이런 외주 사례를 바탕으로 한 것이었다.

런던에서 구빈 대상자의 외주화가 발달했던 가장 큰 이유는 자체 노역소가 매우 부족했기 때문이었다. 외주의 유형은 대략 세 가지였다. 첫째, 업자로 하여금 패리시 노역소를 맡겨서 관리하도록 하는 위탁 운영 방식이었다. 이런 경우에도 업자는 자신의 판단에 따라 노역소 빈민 중 일부를 민간 노역소로 보내는 경우가 종종 있었다. 둘째, 업자가 건물도 짓고 운영도 하는 형태였는데, 이런 경우에는 대개 런던 시 경계를 벗어난 외곽에 노역소를 짓곤 했다. 셋째, 빈민 한 명당 지급할 금액을 정한 뒤모든 것을 업자에게 일임하는 방식이 있었다. 이런 방식에서는 하도급이 종종 발생했다.

공식적 구빈 외의 생계 전략

도시 빈민들의 생존 방식은 실로 다양했다. 농촌의 빈민들에게는 구호 여부와 관계없이 '땅'이 중요한 생존 전략의 대상이었다. 이런 의미에서 공유지의 중요성과 인클로저로 인한 타격

---

13. 앞의 책, 3.

은 충분히 상상할 수 있는 것이다. 그러나 도시에는 농촌처럼 공유지가 있는 것이 아니었으므로 도시 빈민의 생존 전략에서 '땅'은 별 의미를 갖지 못했다. 도시에서 빈민들이 가장 쉽게 사용할 수 있는 생존 전략은 구걸이었다. 도시는 농촌과 달리 일정한 익명성을 제공함으로써 구걸의 수치심을 줄여 줄 뿐만 아니라 부유한 사람들이 밀집해 있는 곳이므로 구걸의 효과도 비교적 컸다. 구걸은 여자나 아이 또는 노인이 하는 것이 더 효과적이었다. 따라서 여러 식구가 있는 경우에는 생존을 위한 일종의 전략적 분업이 이루어지곤 했다. 여자들이 했던 일에는 신문 팔이, 가게의 과일이나 달걀 등을 훔치기, 아이나 병자 돌봐 주기, 바느질, 빨래 해 주기, 굴뚝 청소, 물 길어 팔기 등도 있다. 남자들은 일용 노동을 찾아 온 거리를 헤매고 다녔다. 때로는 범죄와 같은 불법적 수단에 의존하는 경우도 있었다. 널리 퍼져 있던 빈민들의 생존 전략 중 하나는 아이를 버리거나 타인에게 맡기는 일이었다.[14] 대부분은 잠정적인 조치였으나 영구적인 기아(棄兒) 행위도 심심치 않게 발생했다. 버려진 아이들은 거개가 여섯 살 미만이었다. 동네에 아이를 버려두고/맡겨두고 떠난 부모들은 형편이 나아지면 아이들을 데려가겠다고 생각했을 것이다. 이와 비슷한 사례는 사실 오늘날에도 적지 않게 발생한다. 노골적인 기아 행위는 드물겠으나 보육 시설에 맡기거나 일가친척에게 맡겨 놓고 나중에 데리러 오겠다고 약속하고

---

14. Boulton, 2000: 53.

떠난 부모에게서 아무런 소식이 없다는 얘기를 우리는 오늘날에도 종종 듣곤 한다. 하물며 삶의 여건이 훨씬 척박했던 200년 전 이상의 옛날이야 상상이 가고도 남는다. 런던에 남겨진 아이들 중 상당수는 '런던 기아 병원(London Foundling Hospital)'으로 갔다. 아이를 버리는 현상은 당시의 자료에도 잘 나타나 있다. 런던의 세인트 제임스 웨스트민스터(St. James Westminster) 지역의 19세기 초 구빈 대상자 명단을 보면, 450명의 노인, 80명의 병자, 200명의 일시 수급자와 더불어 300명의 아이들이 들어 있었다.[15] 이 아이들의 부모는 사망했거나 아이를 버리고 도망을 갔다. 1802년의 전국 센서스에서도 이런 현상이 확인된다. 당시 수급자 100만 명 중에 30만 명이 15세 이하의 아이들이었다.

주거 환경

도시 빈민들의 주거 환경은 오랫동안 사회문제의 핵심 중 하나로 여겨져 왔다. 런던도 마찬가지였다. 고색창연한 건물이 즐비한 런던 중심가에서도 건물 뒤쪽으로는 끔찍한 빈민굴이 형성되어 있었다. 엥겔스는 『영국 노동자계급의 상태』에서 이 비참한 모습을 상세하게 그려냈다. 가난한 사람들은 각종 오물과 쓰레기로 악취가 진동하는 빈민굴의 단칸방에서 온 식구가

----

15. Levene, 2012 : 10.

삶을 이어 나갔다. 1840년에 조사한 자료를 보면, 세인트 존(St. John)과 세인트 마거릿(St. Margaret) 지역에 5,566가구 26,850명이 살고 있었는데, 이들이 거주하는 '집'(dwellings, 엥겔스는 이런 곳을 과연 집이라고 부를 수가 있는지 물었다)의 개수가 5,294개였다.[16] 이 가구들 중 3/4은 가족 전원이 단칸방에 사는 처지였다. 엥겔스는 런던 최대의 빈민 밀집 지역인 이스트 엔드(East End)의 한 구역의 주거 상황을 어느 종교인의 입을 통해 이렇게 증언한다.[17]

　　이곳에는 1,400개의 집에 2,795가구 12,000명이 산다. 이 많은 인구가 살고 있는 공간의 넓이는 400평방야드(약 334평방미터, 약 100평)가 되지 않는다. 0.5평도 안 되는 단칸방에서 부부와 네다섯 자녀 그리고 때론 조부모까지 온 식구가 사는 경우도 흔하다.

　　100평도 안 되는 공간에 물경 12,000명이 모여 사는 상황은 현대 도시 빈민의 열악한 주거 환경을 목격한 우리에게도 상상이 가질 않는다.[18] 주거 공간의 크기도 문제였지만, 더 심각한 것은 그들의 주거 '내부'였다. 엥겔스는 다음과 같은 사례를 든

---

16. Engels, 1987: 59.
17. 앞의 책, 60-61.
18. 필자로서는 이 수치가 정확한 것인지 확인할 방법이 없었다. 다만 해당 자료의 일관성을 여러 번 확인하는 선에서 그칠 수밖에 없었다. 이것은 자료의 수치가 의미하는 현실이 워낙 가혹해서 자연스럽게 갖게 된 의문이었으나 정황 증거를 보면 사실일 개연성이 큰 것으로 보인다.

다.[19] 1844년 1월에 어린 형제가 가게에서 송아지 족발을 훔친 죄로 경찰에 잡혔다. 사건을 맡은 경찰관이 아이들의 집을 찾아가 그 어머니를 만나 보니 군인과 경찰이었던 아버지가 사망하고 생활이 몹시 어려워졌다는 것이다. 경찰관이 방문한 아이들의 '집'은 아무런 가구가 없는 단칸방으로 여섯 명의 아이들이 어머니와 이곳에서 살고 있었다. 이들이 가진 것이라곤 다리 두 개가 부러진 작은 테이블과 깨진 컵 하나 그리고 작은 접시 하나가 전부였다. 방의 한 구석에는 앞치마 정도 되는 크기의 누더기가 몇 장 있었는데, 이것은 이 집 식구들의 이불로 쓰이는 것이었다. 약간의 이불과 가재도구는 식비를 벌기 위해 전당포에 잡혀 있다고 했다.

이런 사례도 있었다. 1843년 11월 빈민 지역에 사망자가 발생해서 서리(Surrey)의 검시관이 집을 찾아갔다. 앤이라는 45세 여성의 시신은 가구가 전혀 없는 작은 방에 놓여 있었는데, 몸이 온통 깃털로 뒤덮인 채 엉켜서 시신을 먼저 씻어야 했다. 이 깃털은 이불 대용으로 쓰던 것이었다. 시신에는 굶주림의 표시가 완연했고 해충에 물린 상처가 많았다. 방바닥이 일부 뚫려 있는 곳은 이 집 가족이 변기로 사용하던 구멍이었다.

엥겔스는 런던에 이어, 에딘버러, 리버풀, 맨체스터 등 주요 도시의 비참한 주거 상태를 일일이 거론하고 있다. 런던의 생활 환경이 얼마나 열악했는지는 20세기를 눈앞에 둔 1899년, 영국

---

19. 앞의 책, 61.

주재 숭국 대사에게 세계를 지배하는 대영제국의 수도에 대한 인상을 묻자 한마디로 "너무 더럽다(too dirty)"고 대답했다는 일화에서도 익히 알 수 있다.[20] 보이는 곳이 이러했을진대 거리에서 보이지 않는 슬럼의 모습은 익히 짐작하고도 남는다. 하물며 그보다 한 세기 이상 앞섰던 시대의 상황이랴!

농업 노동자의 삶

산업혁명 전야에 영국의 농민은 대부분 농업 노동자로서 살아가고 있었다. 이들의 삶은 계절노동, 수확에 따른 곡물 가격의 변동, 공업화 확대, 대외 전쟁 등 숱한 요인에 의해 부침을 거듭했다. 이 농업 노동자들이 바로 빈민법의 구빈 대상자 대부분을 차지하던 계층이었다. 일자리를 잃거나 아프고 병들거나 나이가 들면 빈민 구호가 이들이 의지할 수 있는 최후의 생활 수단이었다. 그렇다면 이들은 어떻게 살았을까?

농촌인구의 사회경제적 구성

봉건제가 해체된 후 영국 농촌은 주로 대지주(estate owners)

---

20. Jackson, 2014: Introduction.

가 지배했다. 18세기에 들어오면 대지주들이 자신의 땅의 일부를 차지농에게 돈을 받고 빌려주는 방식으로 농사가 이루어졌다. 대부분의 차지농은 농업 노동자를 고용해서 농사를 지었다. 물론 작지만 자신의 땅을 직접 경작하는 자영농(freeholders or yeomen)도 있었다. 자영농과 차지농은 18세기 후반에 약 35만 가구로 추정되었다. 이들의 연간 소득은 대략 40-150파운드였다. 이들이 바로 농업 노동자를 고용하는 계층이었다.[21] 농업 노동자 가구는 40만 정도였다. 이들은 19세기 중반인 1851년의 조사에서도 전체 남자 직업인 인구의 19%를 차지할 정도로 많았다.[22] 이 농업 노동자들은 사회계층의 가장 밑바닥을 차지하는 사람들로 이보다 낮은 위치에 놓인 사람들은 걸인과 부랑인이었다. 그리고 이 농업 노동자들이 바로 농촌의 근로 빈민(laboring poor)과 동일시되었다. 이들에게는 임금노동자로서의 삶과 구빈 대상자로서의 삶이 상황에 따라 수시로 교차했다.

고용 형태: 농업 노동자의 고용 형태는 대략 세 가지로 나눌 수 있다.[23] 첫째, 특정 농장주에게 '소속'되어 일하는 형태로 이곳에서 태어나 평생을 보내는 경우도 많았다. 과거 오랫동안 이

---

21. 영국 사회경제사에서 'farmer'라는 표현은 오직 농장을 소유 또는 점유한 사람만을 의미한다. 따라서 이들에게 고용되어 일하는 사람들은 farmer가 아니라 농업 노동자(farm worker or agricultural laborer)로 불린다. 지대를 지불하고 농지를 빌려 농사를 짓는 차지농은 farmer로 분류된다.

22. Mitch, 2004: 281.

23. www.cambridgeshirehistory.com/People/agriculturallabourers.html.

어 온 지주-소작 관계의 연장인 경우가 대부분이었다. 대개 농장에 딸린 농가(cottage)에서 생활하며 자식들도 대를 이어 이곳에 사는 경우도 종종 있었다. 이것은 가장 안정적인 고용 형태로 농업 노동자들이 부러워하는 대상이었다. 이런 형태로 일하는 노동자들은 농장 사정에 밝기 때문에 단순한 노동자를 넘어 농장주에게도 필수적인 존재로 여겨지기도 했다. 물론 이것은 현대적인 의미의 계약에 의해 이루어진 관계는 아니었다. 따라서 고용에 대한 보장은 전혀 없었다. 언제든지 해고되어 농장을 떠날 가능성이 남아 있었다. 실제로 농장이 어려운 상황에 놓이는 경우나 노동자의 유용성이 떨어진 경우에 이런 일이 심심치 않게 일어나곤 했다.

둘째, 특정 농장주에게 의지하지 않고 연간 단위로 고용되는 경우인데 상황에 따라 이동이 가능했다. 농업 노동자를 구하는 장소는 일반적으로 시골 정기시(定期市, country fair)였고, 때론 일반 시장에서 구하기도 했다. 그래서 정기시는 채용 박람회(employment fair)라고 불렸다. 농업 노동자의 채용 과정은 용모, 체격, 성격 등을 우선적으로 살피는 것이 관행이어서 노예시장을 방불케 했다.

셋째, 일용 노동자(casual laborers)로 필요할 때마다 일당을 받고 고용되었다. 일용 노동자는 여성, 아동, 아일랜드 이민자, 구빈 대상자 등 다양한 사람들로 이루어졌다. 18세기 말부터 일용 노동자의 고용은 용역 업자(agricultural gang master)의 주선으로 이루어지는 경우가 많아졌다. 용역 업자는 농장주와 계약을 맺고 일용 노동자를 모집해 해당 농장에 보냈다. 이들이 하는 일은 계절에 따라 달랐으나 대체로 두 가지 일에 종사했다. 즉 잡초 제거와 돌멩이 줍기 같은 밭 정리, 그리고 순무나 감자 등의 뿌리채소를 심고 거두는 일이 그것이었다. 이들은 대부분 다른 마을에서 온 사람들이었다. 용역 업자에 의해 모집된 노동자들의 임금수준은 매우 낮았다. 오늘날의 인력 파견업체와 마찬가지로 당시의 용역 업자들도 '수수료' 명목으로 돈을 받았기 때문에 일용 노동자의 임금은 낮을 수밖에 없었다. 용역 업자는 노동자의 임금 중에서 많게는 1/3까지 가져갔다.[24] 뿐만 아니라 용역 업자는 현장에서 감독자 역할을 하는 경우도 많았다. 이들은 노동자들에게 필요한 물품을 팔아 이익을 챙기는 일도 서슴지 않았다. 따라서 용역 업자에 대한 세간의 평은 매우 나빴다. 결국 의회는 1867년에 면허제 도입 등을 골자로 하는 농업 용역 업자 규제에 관한 법을 만들었다.

임금과 생활: 농업 노동자의 임금수준은 지역과 시대에 따라 달랐다. 가령 1770년 북부 주에서는 주당 임금이 평균 6실링 9펜스였으나 남부에서는 7실링 6펜스였다. 하지만 한 가지 공통점은 농업 노동자의 임금수준이 노동자 집단 중에서도 맨 밑바닥에 머물러 있었다는 사실이다(〈표 3.1.2〉 참조).[25] 이런 임금 소득으로 연명하는 농업 노동자의 식생활은 거칠고 단조로웠다.

---

24. Verdon, 2001: 44-5.
25. Lindert and Williamson, 1983: 2.

직업＼연도	1755	1797	1810	1827	1851
농업 노동자	17.18	30.03	42.04	31.04	29.04
비농업 일반 노동자	20.75	25.09	43.94	43.65	44.83
짐꾼	33.99	57.66	76.01	84.39	88.88
광부	22.94	47.79	64.99	54.61	55.44
건설 노동자	30.51	40.64	66.35	66.35	66.35
방적 노동자	35.96	47.90	78.21	58.50	58.64

〈표 3.1.2〉 직업별 연 임금 소득의 추세, 1751-1851(단위: 파운드(현재 가치))
출처: Lindert and Williams, 1983: 4에서 발췌 정리

아침에는 죽과 버터, 점심에는 빵과 치즈 한 조각, 저녁은 빵이
나 감자 그리고 가끔 베이컨 한 조각, 이런 식이었다. 고기를 먹
을 기회는 거의 없었다.

　비슷한 시기에 버크셔에 사는 여섯 가구의 경제 상황을 살펴
보면, 여섯 가구 모두 적자를 면치 못하고 있었던 것으로 밝혀
진다(〈표 3.1.3〉 참조).[26] 여기에서 수입은 가장인 남성 노동자의
임금 소득만을 계산한 것이 아니라 모든 가족의 소득 활동을
합산한 것이다.

　1822-1830년 기간의 정부 조사도 마찬가지 결과를 보여 준
다.[27] 부자 마을이라는 평을 듣는 곳에서도 농업 노동자의 임금
으로는 기본적인 생계가 불가능했음을 알 수 있다. 이에 따르면
5인 가족의 기본 식비(빵, 고기, 맥주만으로 이루어진)는 연간 63파

---

26. Hasbach, 1908: 141.
27. Burnett, 1989: 22.

	가구1	가구2	가구3	가구4	가구5	가구6
수입액	22/2/0	23/8/0	22/2/0	23/8/0	23/8/0	22/2/0
지출액	29/4/9	28/15/0	25/17/7	24/0/9	25/18/8	24/0/9
적자액	7/2/9	5/7/0	3/15/7	0/12/9	2/10/8	1/18/9

〈표 3.1.3〉 1787년 버크셔 농가의 연간 수입과 지출(단위: 파운드/실링/펜스)

출처: Hasbach, 1908: 141

운드가 드는데, 농업 노동자의 주당 임금 9실링과 마을에서 주는 임금 보조금 주당 7실링을 합쳐도 기본 식비의 절반 밖에 되지 않았다.[28] 1844년에 『타임즈(The Times)』 신문은 농촌에 특파원을 보내 농업 노동자의 실상을 알아보았다.[29] 주당 6실링을 받는 사람이 수두룩했다. 이와 같은 임금수준은 18세기 후반의 임금수준과 비슷한 것이었다. 수십 년의 세월이 흘렀지만 임금은 제자리에 머물러 있었던 것이다. 하지만 생활필수품 가격은 늘 임금의 두 배 이상이었다. 사정이 이런지라 한 달에 한두 번만 일을 못해도 생계에 직접적인 위협이 되었다. 부연할 것은 농업 노동자의 임금은 경력이 쌓이고 나이가 들어도 거의 변동이 없었다는 사실이다.[30] 즉 농업 노동자로서의 삶을 유지하는 한 소득 수준의 향상을 기대하기는 매우 어려웠다는 말이다.

여기에다 산업화와 의회 인클로저의 확대는 농촌 빈민의 식

---

28. 기본 식비에 맥주가 포함된 것은 수질이 좋지 않았던 당시 영국에서는 맥주가 술이라기보다는 음료의 일종으로 여겨졌기 때문이다. 이것은 프랑스에서 와인을 물 대신 음용한 것과 마찬가지다.

29. Engels, 1987: 213.

30. Match, 2004: 292-94.

량 조달에도 치명적인 타격을 가했다. 인클로저의 대상이 되었던 공유지와 개활지는 빈농의 삶에서 매우 중요한 부분을 차지하고 있었다. 농민들은 이곳에서 소를 치고 돼지와 닭을 길렀고, 여기서 나오는 우유와 고기는 그들의 단조롭고 거친 식단을 보충해 주었다. 어디 그뿐이랴. 땔감, 채소, 이삭줍기, 꿀 등 숱한 수입원이 인클로저와 함께 사라졌다.

아동노동의 실상

영국의 산업혁명은 아동노동에 의해 이루어졌다는 악평이 나올 정도로 산업화 시기에 아동 고용 관행이 넓게 퍼져 있었다. 톰슨은 어린아이들을 착취한 것이 영국 산업화 과정에서 가장 수치스러운 일이었다고 비판한 바 있다.[31] 물론 산업화 이전 시기에도 아이들이 가족의 생계 활동에 동원되는 일은 흔했다. 특히 가난한 집에 태어난 아이는 어려서부터 한 사람의 노동자로 여겨졌다. 가족의 일원으로 밭의 잡초를 뽑고 가축을 돌보며 땔감을 줍는 일에서부터 시작해서 농장에 일용 노동자로 고용되어 전일제 노동에 종사하는 경우도 심심치 않았다. 구빈 대상으로 지정이 된 가족의 경우에는 아이를 장인이나 상인에게 도

---

31. Thompson, 1966: 349.

제로 보내는 것이 빈민법상의 의무였다. 그러나 공장 노동은 그
성격이 근본적으로 다른 것이었다. 그것은 가족과 완전히 분리
되어 낯선 환경과 전혀 새로운 작업 규칙의 적용을 받는 노동이
었다. 공장 노동은 장시간 노동도 문제였으나 공장 내부에서의
자의적인 징벌과 '훈육'으로도 악명이 높았다. 특히 고아원이
나 노역소에서 차출된 아이들의 경우에는 이 혹독한 노동에도
불구하고 임금이 지급되지 않는 게 일반적이었다. 일반 가정의
아이들에게 지급되는 임금수준은 어른의 절반도 되지 않았다.
이와 관련해서 아주 유명한 일화가 전해진다. 영국이 프랑스 혁
명 정부와 전쟁을 벌이고 있을 때, 영국의 공장주들이 피트(Pitt)
수상에게 노동자들의 임금수준이 높아서 세금을 내기가 어렵
다고 하소연을 하자 피트 수상이 이렇게 말했다는 것이다. "아
이들을 데려가시오."[32] 실제로 이와 같은 인식이 당시의 영국 사
회에 만연되어 있었다. 고용주들은 물론 다수의 사회 지배층도
아동노동을 긍정적으로 보았다. 아동노동이 빈민 가정의 생계
에 보탬이 되고 빈민 구호에 들어가는 비용도 줄여 준다는 것이
그들의 인식이었다. 한 술 더 떠서 감리교의 창시자인 웨슬리
(John Wesley) 같은 사람은 아동노동을 게으름과 악을 방지하
는 유용한 수단이라고 적극 권장했다.[33]

그런데 우리는 여기에서 한 가지 의문이 떠오른다. 공장들
은 왜 어른 대신 아이들을 데려다 썼을까? 통계자료를 보더라

---

32. Hammond and Hammond, 1911: 143.
33. Thompson, 1966: 398.

도 1838년에 면직 공장 노동자 중에서 성인은 겨우 23%에 불과했다.[34] 아무리 아동 임금이 싸다고 해도 성인의 노동력과 생산성을 고려한다면, 아동의 고용이 그토록 폭넓게 이루어진 이유를 제대로 이해하기는 쉽지 않다. 먼저 역사학자 홉스봄은 공장들이 성인의 고용을 꺼린 것은 아니라고 지적한다. 그의 설명에 따르면, 당시의 남자 성인 노동자들은 공장에 들어가는 것을 자신의 천부적 권리인 독립성을 잃어버리는 것으로 여겼다는 것이다.[35] 이들은 비록 농업 노동자로 가난하게 살아왔지만 자신의 생각과 의지대로 일의 시기와 조건을 정하는 데 익숙해 있었다. 공장 노동은 그러한 것을 용납하지 않았다. 공장은 '시계라는 폭군(the tyranny of the clock)'의 지배를 받는 곳이었다. 공장주들은 아이들을 이러한 폭군의 지배에 무력하게 복종시킬 수 있었다.

아동 고용의 정도

산업혁명기의 아동 고용은 면직 산업, 광산, 도시 잡일의 세 가지 분야에 집중되었다. 특히 공장과 탄광이 있는 지역에 아동 고용이 집중되었다. 이 말은 곧 아동 고용이 전국적인 현상이었다고 보기는 어렵다는 뜻이다. 가장 먼저 아동을 고용하기 시작한 곳은 면직 공장이었고 아동노동자의 비율도 당연히 높았

---

34. Hobsbawm, 1968: 68.
35. 앞의 책.

연령대	입직 연령		현재 연령	
	비율 %	누적비율 %	비율 %	누적비율 %
10세 미만	49.9	49.9	3.9	3.9
10-13세	27.9	77.8	25.3	29.2
14-17세	10.3	88.1	22.1	51.3
18-20세	4.1	92.2	11.8	63.1
21세 이상	7.8	100.0	36.9	100.0

〈표 3.1.4〉 맨체스터 면직 공장 노동자의 연령별 분포(1818-19)

출처: House of Lords, 1819

다. 면직 공장에서 어린아이들을 고용한 이유는 임금이 싸다는 것 외에도 손가락이 작고 민첩해서 복잡한 기계 사이를 드나들 수 있다는 점, 그리고 몸집이 작아 기계 밑으로 들어가 청소나 원료 조각을 줍는 데 용이하다는 점 등이었다.

〈표 3.1.4〉는 1818-19년에 맨체스터 일대의 면직 공장에 고용된 노동자의 연령별 구성을 담고 있다. 자료에 따르면, 입직을 기준으로 할 때, 무려 50%에 가까운 노동자가 10세 이하인 나이에 공장 생활을 시작한 것으로 나타났다. 나이를 조금 더 넓혀 보면 전체 노동자의 88.1%가 17세 이하에서 공장에 들어왔다고 한다. 현재 나이를 기준으로 삼아도 전체 노동자의 절반이 넘는 숫자가 17세 이하의 청소년이었다. 당시에 아동 고용이 얼마나 만연되었는지를 단적으로 보여 준다.

면직 공장에서 아동노동을 금지하는 최초의 법은 1833년의 공장법(Factory Act)으로 9세 이하의 아동 고용을 금지했다. 아

울러 9-12세 아동의 노동은 하루 9시간 주 48시간으로 제한했
다. 1844년에는 아동의 반일 근무제를 확립하고 나머지 반일
은 학교에 다니도록 규정했다. 그러나 아동노동이 완전히 금지
된 것은 20세기에 진입한 다음의 일이었다. 아동노동의 참상과
같은 산업화의 부정적 결과를 지적하면서 산업주의 세력을 맹
타한 사람들 중에는 토리당 엘리트가 많았다. 새들러(Michael
Sadler)와 디즈레일리가 대표적이었다. 전통적 지주 젠트리층을
대변하는 이들은 휘그당이 산업화 세력의 배후에 있음을 염두
에 두고 이러한 공격을 가한 것인데, 이것은 빈민법 개혁을 강
행한 휘그당에 대한 복수의 성격을 띠고 있었다.[36]

　한편, 광산도 아동을 많이 고용하는 직종이었다. 1842년에
광산에서 일하는 청소년의 비율은 전체 광산 노동자의 19%에
서 많게는 40%에 달했다.[37] 아이들은 탄광에서는 주로 지하 갱
도에서 일하는 경우가 많았고 금속 광산에서는 주로 지상에서
일했다. 아이들이 금속 광산에서 하는 일은 원석을 세척하는 일
이었기 때문이었다. 1842년에 이르면 탄광 지하 노동자의 1/3
이 18세 이하의 청소년이었고 금속 광산에서 일하는 청소년의
비율은 전체 금속 광산 노동자의 1/4이었다. 1851년 탄광의 아
동노동자 비율은 대영제국 전체 광부의 30%로 여전히 높은 비
율을 유지했다. 광산에서의 아동노동자 비율은 19세기 후반에
가서야 줄어들기 시작했다.

---

36. Thompson, 1966: 342.
37. 경제사학회(Economic History Association)의 홈페이지(EH.net).

도시에 사는 가난한 아이들은 하인이나 도제와 같은 일에 종
사했다. 산업화 과정을 통해 중간 계층이 확대되면서 하인의 수
요가 늘어났다. 새롭게 등장한 중간 계층에게 하인을 두는 것
은 일종의 지위 상징(status symbol)으로 자리를 잡고 있었다.
1851년 조사에 따르면, 하인이 전체 노동력의 10%를 차지할
정도로 수요가 늘었다.[38] 특히 도시로 이주한 가난한 소녀들은
다수가 하인이 되었다. 도제로 보내진 아이들이 가장 많이 했
던 일 중에 하나가 굴뚝 청소였다.[39] 고아나 노역소에서 데려온
아이들도 이 일에 동원되었다. 굴뚝 속을 오르내리며 청소하는
아이들을 흔히 'climbing boy'라고 불렀다. 아이들의 작은 몸
집은 좁은 굴뚝을 청소하는 데 유용했다. 그렇기 때문에 나이
가 아홉이나 열 살만 되어도 이 일을 그만두어야 했다. 아이들
은 불과 서너 살부터 굴뚝 청소에 투입되었다. 1817년 의회 조
사단은 이 아이들 중 상당수가 노역소에서 '파견된' 아이들이
거나 부모가 청소업자에게 돈을 받고 판 아이들이라는 사실을
발견했다.[40] 아이가 작을수록 부모가 받는 돈은 더 많았다. 부
모들은 아이들을 데리고 다니면서 최고 가격을 제시하는 청소
업자에게 아이를 팔았다. 어느 걸인 여성은 이런 식으로 자신의
네 살 된 아이를 8기니(당시 약 21실링)에 팔아넘겨 사회적으로

---

38. Berg, 1994: 137.
39. 영국의 언론인이자 작가였던 해먼드(John Hammond)는 굴뚝 청소에 어린
아이를 투입하는 관행은 오로지 영국적인 것이라고 비판했다. 유럽 대륙에서
는 그러한 관행이 없었다는 것이다.
40. Hammond and Hammond, 1911: 178.

큰 물의를 빚은 적도 있었다.[41]

작업환경과 노동조건

면직 공장에서 아이들이 맡은 일은 대략 두 가지로 기계 밑에 떨어진 원료나 원단을 줍는 것(scavenger)과 끊어진 면사를 잇는 일(piecer)이었다(〈그림 3.1.1〉). 이와 같은 일은 실상 매우 위험한 것으로 해마다 엄청난 사고를 일으켰다. 맨체스터에 사는 어느 의사가 1819년 의회에서 한 증언에 따르면, 손과 팔이 기계에 잘려나가 병원에 들어오는 아동이 해마다 전 명 정도나 되었다.[42] 부상의 위험과 함께 작업환경도 매우 열악했다. 공장 내부는 소음, 먼지, 각종 폐기물로 아동의 건강에 매우 해로웠다. 게다가 장시간 노동이 일상적인 현실이었다. 아이들은 하루 12시간 이상을 일해야 했다. 심지어 15시간이 넘는 경우도 적지 않았다. 때론 일요일에도 나와서 잔업을 하도록 강요했다. 이에 비해 아이들이 받는 임금은 터무니없이 낮았다.[43] 1830년 랭커셔(Lancashire) 면직 공장의 임금 현황을 보면 11세 미만의 아이들은 2실링 3펜스를 받았는데, 이 액수는 30대 성인의 임금 22실링의 1/10에 지나지 않는 것이었다. 엄청난 아동 착취가 아닐 수 없었다.

---

41. 앞의 책, 178.
42. House of Lords, 1819.
43. http://spartacus-educational.com/IRwages.htm.

〈그림 3.1.1〉 면직 공장에서 끊어진 실을 잇는 아이들(piecer)

또한 공장에서 일하는 아이들은 별도의 식사 시간이 정해지지 않아서 밥을 먹으면서도 일을 해야 했다. 온갖 먼지와 천 조각이 날아와 음식 위에 붙는 것은 당연했다. 아이들은 아침 일찍부터 저녁 늦게까지 일을 했기에 공장에서 음식을 제공했다. 하지만 공장 음식의 질은 열악했다. 아침으로는 귀리나 밀로 만든 죽을 먹었고, 저녁에는 귀리로 만든 케이크를 버터에 발라 우유와 함께 먹었다. 아동노동의 참상을 증언했던 블링코(Robert Blincoe)에 따르면, 공장 음식은 자신이 세인트 팬크라스 노역소(St. Pancras Workhouse)에서 먹었던 음식보다도 질이 나쁜 것이었다.[44] 이와 같은 아동노동의 참상은 다음과 같은 다

---

44. Brown, 1832.

양한 증언에 의해 생생하게 전해졌다.[45]

"내가 브래드퍼드(Bradford) 공장에서 일을 시작한 것은 아홉 살 때였다. 우리는 아침 6시부터 밤 9시까지 일했다. 일이 바쁠 때는 5시부터 10시까지 일했다(Hannah Brown, 1832년)."[46]

"로버트 블링코가 맡은 일은 바닥에 떨어진 면화를 줍는 것이었다. 그 애는 굉음을 내며 돌아가는 기계에 겁이 질린 데다 먼지에 숨이 막혀 안색도 나빠지고 몸을 구부렸다가 바닥에 주저앉았다. 그러나 바닥에 앉는 일은 공장에서 금지된 행위였다. 십장(什長) 스미스 씨가 일어나라고 지시했다. 로버트는 이후 6시간 동안 쉬지 않고 서 있어야 했다(John Brown, 1828년)."[47]

"나는 일곱 살부터 마셜(Marshall) 씨의 공장에 다니기 시작했다. 일하다 조는 아이들이 생기면 십장이 아이들을 끌고 가서 물이 가득 찬 수조에 머리를 집어넣었다. 물을 뒤집어쓴 아이는 일자리로 돌아갔다(Jonathan Downe, 1832)."[48]

---

45. Pike, 1966: 6장.
46. Hannah Brown은 6월 13일 마이클 새들러(Michael Sadler) 의원이 주관하는 하원 청문회에서 이렇게 증언했다.
47. Robert Blincoe의 증언은 1828년에 The Lion이라는 잡지의 기자인 John Brown에 의해 기사로 실렸다.
48. Jonathan Downe은 당시 25세로 1832년 6월 6일 하원 청문회에서 이렇게 증언했다.

이 증언의 주인공인 조녀선 다운은 어느 십장에게 쇠기둥에 묶인 채 혁대로 맞은 다음에 끈처럼 꼬아놓은 삼 조각을 강제로 입에 넣는 폭력을 당하기도 했다.

리즈(Leeds) 근처의 재단사는 세 딸을 공장에 보냈다. 딸들 중에 혁대로 맞은 아이가 있느냐는 의회 조사단의 질문에 그는 다음과 같이 말했다.

"죄다 맞았지요. 보름 전에는 큰 딸인 앤(Ann)의 어깨에 난 상처를 보고 무슨 일이 있었느냐고 물었더니 십장이 혁대로 때렸다고 하더라고요. 그렇지만 앤은 십장한테 가서 따지지 말라고 신신당부를 합니다. 일자리를 잃어버릴지 모른다고. 제 처가 돌아온 다음에 얘기를 들으니 앤은 어깨만 맞은 게 아니라 등짝을 녹초가 되도록 맞았다는군요."[49]

탄광에서 일하는 아이들의 연령은 면직 공장보다 낮은 경우가 종종 있었다. 면직 공장의 경우에도 입직 기준으로 예닐곱 살에 일을 시작하는 아동들이 있긴 했지만, 탄광에서는 네다섯 살짜리 아이들까지 일을 하는 형국이었다. 아이들이 하는 일 중에는 좁은 갱도에 깔린 궤도를 따라 석탄차를 밀거나 끌고 가는 힘들고 고된 작업이 있는가 하면(〈그림 3.1.2〉 참조), 갱도 안에 설치된 칸막이 문을 여닫으며 환기를 시키는 일(trapper)처럼

---

49. Pike, 1966: 127.

지극히 단조로운 것도 있었다. 후자는 석탄 수레가 오는 소리가 들리면 줄을 잡아당겨 문을 여는 일이었다. 후자의 경우 비록 일이 단조롭기는 했으나, 어둡고 축축한 갱도 옆 구멍에 홀로 12시간씩 앉아 있는 것은 어린아이들에게는 매우 혹독한 일이었다.[50] 광산 일을 마치고 집으로 돌아간 아이들은 극심한 피로감에 밥도 제대로 먹지 않은 채 잠이 들어 부모들은 아이가 잠든 상태에서 아이를 씻기는 일이 다반사였다. 심지어 집으로 돌아오는 중에 길가에 누웠다가 그대로 잠이 들어 부모가 밤늦게 찾으러 나가는 일까지 있었다.[51] 탄광에서 일하는 아이들은 대부분 발육 상태가 좋지 않아 키가 작고 각종 질환에 시달렸다. 게다가 광부들의 전형적인 직업병인 진폐증도 아이들을 괴롭혔다.

광산에서도 공장과 마찬가지로 아이들에 대한 학대는 일상적인 현상이었다. 1833년 아동 고용 실태를 조사하러 간 의회 조사관은 탄광에서 얼굴에 피를 흘리며 울고 있는 아이를 보았다.[52] 고용주는 태연히 이렇게 말했다. "저 애는 굼뜬 녀석 중 하나입니다. 굼뜬 놈들은 피를 봐야 움직이지요." 아이는 움직임이 둔하다는 이유로 석탄 조각에 얼굴을 맞아 피를 흘리고 있었던 것이다. 조사관은 광산에서는 고용주나 십장이 아이들을 발로 차는 게 관행이라는 사실도 확인했다. 이 모든 야만적인 노동조건과 학대 행위에도 불구하고 그가 만난 모든 사람들은

---

50. Hammond and Hammond, 1911: 173.
51. Engels, 1987: 202.
52. Hammond and Hammond, 1911: 175.

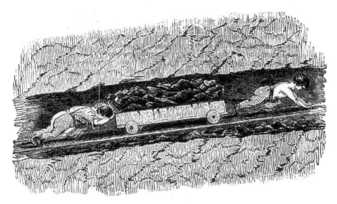

〈그림 3.1.2〉 탄광에서 일하는 아이들

그래도 과거보다 사정이 나아진 것이라고 이구동성으로 말했다. 18세기 말 산업혁명 초기에는 정말 끔찍했다는 것이다. 하루 20시간을 한 번도 지상으로 나오지 않은 채 지하에서 일을 시키는 경우도 있었고 새벽 2시에서 저녁 8시, 9시까지 일을 하는 게 다반사였다니! 이 야만적이고 폭력적인 노동을 하고도 아이들이 받는 임금은 하루 5펜스에 지나지 않았다고 한다.

광산에서의 아동노동은 1842년의 탄광법(The Coal Mines Act)으로 제한을 받게 되었다. 의회의 조사보고서를 통해 밝혀진 탄광 아동들의 실태는 전국을 충격으로 몰아넣었다. 탄광법은 모든 여성과 10세 미만 아동의 지하 작업을 금지했다. 이 조사에서 4-5세 아이가 지하에서 일을 하고 있는 경우도 밝혀져 큰 충격을 주었다. 1860년에는 광산에서 일할 수 있는 최저 연령을 12세로 높였다.

탄광에서 일하던 아이들도 의회 조사를 통해 충격적인 증언을 남겼다.[53] 개중에는 여덟 살짜리 여자아이도 있다. 이들의 증언을 들어보자.

"저는 지하 갱도에서 칸막이 문을 여닫는 일을 했습니다. 힘든 일은 아니었지만 불빛도 없이 일을 하려니 무서웠습니다. 새벽 4시에 들어가면 저녁 5시가 넘어야 나옵니다. 불빛이 있을 때는 노래를 하지만 어둠 속에서는 감히 그러지 않습니다. 지하 갱도에 있기 싫습니다. 아침 일찍 일을 하러 내려갈 때는 정말 잠에 취해 있는 때가 많습니다 전 여기서 일하는 것 그만두고 학교에 가고 싶어요(사라 앤, 8세)."

"아버지가 2년 전 돌아가시고 어머니 건강도 좋지 않아서 제가 일하고 있습니다. 제가 하는 일은 아주 힘듭니다. 100파운드가 넘는 석탄을 등에 지고 물이 다리까지 차는 갱도를 하루에 서른 번 이상을 왕복하지요. 더운 날에는 숨도 쉬기 힘들고요(이사벨라 리드, 12세)."

"저는 갱에서 5년 동안 일을 했습니다. 아버지는 옆 갱에서 일을 하고 있고요. 우리 집에 12명의 형제자매가 있는데 모두 일을 합니다. 아침 7시에 갱도에 들어가면 저녁 6시나 7시가 되어야 나옵

53. http://www.victorianweb.org/history/ashley.html.

니다. 전 이 일을 하고 싶지 않지만 집안 형편 때문에 어쩔 수가 없습니다. 보통 신발도 양말도 바지도 입지 않고 일을 합니다. 전 슈미즈만 입고 일하지요. 여기서 일하는 남자들은 죄다 벌거벗고 일을 합니다. 저는 이제 익숙해져서 별로 신경 쓰지 않습니다. 처음에는 그 광경이 무서웠습니다. 그렇지만 저한테 무례하게 구는 사람은 없었습니다. 전 읽지도 못하고 쓰지도 못합니다(메리 바렛, 14세)."

굴뚝을 청소하는 아이들의 노동 환경과 조건도 공장이나 광산에서 일하는 아이들과 크게 다를 바가 없었다. 질식, 화상, 관절 변형, 암 등 여러 가지 신체적 위험이 상존했다. 아이들을 '고용'한 청소업자는 아이들의 몸집을 작게 유지하기 위해 음식을 적게 먹이는 행위도 마다하지 않았다. 아이들은 새벽에 일어나 청소를 시작하는 게 일반적이었다. 아이들은 '인간 솔(human brush)'이 되어 벽난로로 들어가 굴뚝을 타고 올라가며 검댕을 제거하는 일을 했다(〈그림 3.1.3〉). 아이들은 좁고 어두운 데다 검댕이 천지인 굴뚝 속을 오르는 일에 압도되었다. 지극히 당연한 현상이었다. 청소업자들은 아이들의 작업을 독려하기 위해 막대기로 찌르거나 심지어 아이들 발밑에 불을 붙이는 경우까지 있었다.[54] 이 더러운 작업에 투입되면서도 아이들은 몸을 씻을 기회를 좀처럼 얻지 못했다. '양심적'인 주인을 만날 경

---

[54] Hammond and Hammond, 1911: 179.

〈그림 3.1.3〉 굴뚝 청소 아동

우 일주일에 한 번 정도 목욕을 할 수도 있었지만, 대부분의 아이들에게 이런 행운은 드문 것이었다. 심지어 4, 5년씩 한 번도 씻지 않고 지내는 아이들에 대한 증언이 나오기도 했다.[55]

시인 블레이크(William Blake)는 굴뚝 청소를 하는 소년의 참상을 「굴뚝 청소부(Chimney Sweeper)」라는 제목의 시로 폭로했다. 조금 길더라도 이 시를 읽어 보는 것은 산업혁명기 아동

55. 앞의 책, 180.

노동의 실상을 이해하는 데 도움을 줄 것이다.

When my mother died I was very young,

And my father sold me while yet my tongue

Could scarcely cry "'weep! 'weep! 'weep! 'weep!"[56]

So your chimneys I sweep & in soot I sleep.

어머니가 죽었을 때 난 아주 어렸지요.

아버지는 내 혀가 '청소 하세요'라는 말도 제대로 하지 못했을 때 날 팔았고요.

그래서 내가 여러분의 굴뚝을 청소하고 검댕 속에서 자는 거지요.

There's little Tom Dacre, who cried when his head

That curled like a lamb's back, was shaved, so I said,

"Hush, Tom! never mind it, for when your head's bare,

You know that the soot cannot spoil your white hair."

내 동무 중에 꼬마 톰이 있는데 양의 등 같은 곱슬머리를 깎여 울고 있지요.

그래서 내가 말했답니다. 쉬, 톰! 마음 쓰지 마. 네 머리는 다 밀어서 없잖아.

그러니까 검댕이가 네 머리를 망치는 일은 없을 거라고.

---

56. 말도 제대로 못하는 어린아이라 sweep을 weep이라고 발음할 정도인데, 이 단어가 '운다'는 뜻이므로 중의적인 표현인 셈이다.

And so he was quiet, & that very night,

As Tom was a-sleeping he had such a sight!

That thousands of sweepers, Dick, Joe, Ned, & Jack,

Were all of them locked up in coffins of black;

그래서 걔는 조용해졌지요.

그날 밤 톰은 자다가 환상을 보았답니다.

딕, 조, 네드, 그리고 잭까지 수천 명의 청소부가

검은 관에 갇혀 있는 그런 환상을.

And by came an Angel who had a bright key,

And he opened the coffins & set them all free;

Then down a green plain, leaping, laughing they run,

And wash in a river and shine in the Sun.

그리곤 번쩍이는 열쇠를 가진 천사가 와서

관을 열고 모두를 자유롭게 풀어주었다는.

푸른 풀밭에 내려온 아이들은 뛰고 웃고 달리다가

강에 몸을 씻고 햇볕에 몸을 말렸답니다.

Then naked & white, all their bags left behind,

They rise upon clouds, and sport in the wind.

And the Angel told Tom, if he'd be a good boy,

He'd have God for his father & never want joy.

이윽고 (작업용) 가방을 남겨놓은 채 벌거벗어 흰 몸으로

구름 위로 올라가 바람을 타고 놀았다지요.

그리곤 천사가 톰에게 말했답니다. 착한 아이가 되면,

하느님을 아버지로 갖게 될 터이니 기쁨이 늘 넘치리.

And so Tom awoke; and we rose in the dark

And got with our bags & our brushes to work.

Though the morning was cold, Tom was happy & warm;

So if all do their duty, they need not fear harm.

그러다 톰은 잠을 깼고 어둠 속에서 일어나

가방과 솔을 들고 일하러 갔지요.

아침은 비록 추웠지만 톰은 기쁘고 따뜻했습니다.

그러니 모두 자기 맡은 일을 한다면, 해를 두려워할 필요가 없

겠지요.

빈민법과 도제 아동의 실태

아동노동에 투입되는 아이들은 크게 두 가지로 나눌 수 있
다. 도제 아동(apprentice children)과 자유노동 아동(free-labor
children)이다. 도제라는 명칭으로 노동에 종사한 아이들도 아
동노동의 일부이기는 하지만 이들의 문제는 성격상 빈민법과

연결된 것인데다 노동조건이 더 열악했기에 별도의 분석이 필요하다. 18세기 후반 이후 아동노동 중 상당 부분은 빈민법과 산업혁명의 접점에서 이루어졌다는 특징을 갖는다. 구빈민법의 주요 요소 중 하나인 패리시 도제(parish apprentice)는 초기 산업 노동의 필수적인 인력이 되었다. 지역의 빈민법 체제 하에서 '보호'를 받던 아이들은 근대 자본주의 공장이라는 새로운 체제로 옮겨 갔다. 이러한 이동은 두 체제에 놓인 부담과 압박을 동시에 덜어 주는 일석이조의 '묘책'이었던 것이다. 아이들을 공장으로 보냄으로써 마을은 빈민 구호의 재정적 부담을 덜어 냈고 공장은 인력 부족의 문제를 해결할 수 있었다.

패리시 도제 제도

패리시 도제의 법적 토대는 멀리 엘리자베스 빈민법에서 만들어졌다. 구빈민법은 14세 이하의 아이들을 치안판사의 동의를 얻어 도제로 보낼 수 있도록 규정했다. 그 첫 번째 목적은 아이들이 구걸을 하거나 유랑하는 것을 막고 행여 떼를 지어 사회질서를 어지럽히는 일이 없도록 하려는 것이었다. 다음으로는 아이의 인적 자본을 키워 주어 장래에 빈민 구호 수급자가 되는 것을 막아 보자는 목적도 들어 있었다.[57] 도제로 보낼 아이들은 대부분 고아이거나 사생아였다. 그들의 부모는 세상을

---

57. Levene, 2010: 918

떠났거나 아이를 버리고 도망을 갔다. 물론 빈곤 정도가 극심해서 빈민 구호를 받고서도 아이들을 데리고 생계를 이어 나가기가 매우 어려운 가정의 아이들도 도제로 보내지는 경우가 종종 있었다. 부모들 중에는 아이를 멀리 도제로 보내는 데 반대하기도 했다. 이럴 때 구빈 당국이 종종 쓰던 무기는 구빈 자격을 박탈하겠다든지 또는 차후에 일어나는 모든 일에 책임을 져야 한다든지 하는 위협이었다.[58]

이렇게 아이들을 도제로 보내는 이유 중 하나는 노역소를 지어 운영하는 경비가 만만치 않았기 때문이다. 부모가 없거나 버려진 아이들은 노역소나 빈민원을 지어 수용해야 했다. 그러나 규모가 작은 마을에서는 이런 시설을 짓는 것 자체가 어려운 일이었다. 가난한 아이들을 도제로 보내는 것은 마을의 구빈 비용을 줄이는 데도 도움이 되었다. 1662년의 정주법은 도제가 된 아이들의 구호 관할권을 도제로 일하는 지역으로 규정함으로써 가난한 아이들을 도제로 보내는 일은 해당 마을의 잠재적 빈민을 제거하는 일이기도 했다. 1696년에는 도제 파견 나이의 상한을 16세로 높이는 법이 만들어졌다. 여자는 24세나 결혼할 때까지 도제로 일을 했고, 남자는 24세까지 일을 해야 했다.

농촌의 경우, 도제로 보낼 마땅한 일거리와 주인을 찾기가 쉽지 않았으므로 대부분 마을 농가에 보내져 허드렛일을 했다. 이렇게 보내진 아이들은 때론 예닐곱 살짜리 어린애들도 있었다.

---

58. Hindle, 2004: 119-226, passim.

개중에는 이 아이들을 데려다 요긴하게 쓰는 농가도 있었겠지만, 상당수 농가에서는 너무 어린 나이라 별 도움이 되지 않는다는 생각에 아이들의 파견을 달갑게 여기지 않았다. 사정이 이렇게 되자 일정한 자격 기준을 가진 마을 주민을 뽑아 이들이 돌아가며 아이들을 맡아 일을 시키는 방법이 시행되기도 했다. 도제를 거부하는 주민에게는 벌금을 물리기도 했는데 이 문제를 놓고 주민들이 사계법원에 소송을 내는 경우까지 생겼다. 도제로 받은 아이들에게는 그 어떠한 '임금'도 지불할 필요가 없었다. 그저 먹여 주고 재워 주고 옷가지나 약간 지급하는 것이 전부였다.

농업 이외의 부문에서 이 가난한 도제 아이들(pauper apprentices)을 받아 주는 곳은 작업환경이 아주 좋지 않은 벽돌 공장 같은 데였다. 그러다가 18세기 후반부터 산업혁명의 바람이 불자 면직 공장과 탄광 등이 이 도제 아이들의 대규모 수용처가 되기 시작했다. 〈표 3.1.5〉에는 산업혁명기 면직 공장에 파견된 도제 아동들의 비율을 보여 준다. 대부분 70% 이상의 압도적인 비율이다. 이런 현상은 대도시에서도 마찬가지였다. 런던의 도제 아동을 연구한 레빈(Levene, 2010: 927)에 따르면, 1751-1833년 기간에 런던 패리시가 파견한 도제 아동의 76.3%가 제조업 분야에서 일하고 있었다. 여기에는 성별의 차이도 거의 없었다.

공장주들은 이 아이들을 데려오기 위해 온 마을에 광고를 해 댔다. 마을에서도 종종 고용주를 구하는 광고를 신문에 냈다.

공장명	연도	도제 아동 수 (명)	자유 아동 수 (명)	총 고용인 수 (명)	도제 아동 비율(%)
Samuel Ashton	1803	110	-	115	95
John Birch	1797	210	50	310	70
Douglas & Douglas	1796	300	30	380	80
Merryweather & Whitaker	1802	260	20	300	87
M. Haigh	1802	90	-	100	90
Wells & Middleton	1802	150	10	180	85

〈표 3.1.5〉 산업화 초기 북부 면직 공장의 도제 아동 비율

출처: Honeyman, 2007b: 125에서 발췌 정리

광고는 이런 식이었다. "행실 좋은 사내 아이 100명과 여자 아니 100명이 있음. 이 아이들을 채용할 공장주나 장인은 방문 바람."[59] 흥미로운 것은 아이들을 데려가는 대가로 돈을 지불하는 쪽은 업체가 아니라 마을의 구빈 당국이었다는 점이다. 사실 마을 구빈 당국으로부터 받는 이 돈 때문에 아이들을 데려가는 공장주가 꽤 많았다. 예컨대 1790년대에 존 버치(John Birch) 면직 공장으로 73명의 도제 아이들을 보낸 어느 마을은 일인당 3-4기니, 총 250-300파운드를 공장주에게 지불해야 했다.[60] 이 정도의 금액이면 공장에 도제 기숙사를 지을 만큼 충분한 돈이었다.

---

59. Honeyman, 2007a: 35.
60. 앞의 책, 40.

1802년에 도제의 근로 조건을 규제하는 법이 만들어지면서 공장이 고용하는 도제의 수는 줄기 시작했으나 근로 조건의 향상은 별로 이루어지지 않았다. 원래 도제를 보낸 패리시 측에서는 아이들의 복지를 담보하기 위해 여러 가지 책임과 의무를 져야 했음에도 이 책임을 제대로 수행하는 패리시는 별로 없었다. 패리시 쪽의 무관심과 방관은 공장에서의 아동 학대와 착취로 이어졌다. 이런 현상을 완화하기 위해 1816년에는 도제의 파견 거리를 제한하는 법과 하루 10시간 이상의 노동시간에 대한 규제가 만들어졌다. 그러나 신빈민법의 제정에도 불구하고 패리시 도제는 완전히 폐지되지 않았다.

도제 아동의 공장 생활

도제 아동의 고용계약에는 노동 외에 여러 가지 교육과 훈련을 제공한다는 내용이 담겨 있는 게 일반적이었다. 도제라는 제도 자체가 어떤 직종에서 숙련 노동자로 성장할 때까지 다양한 교육과 훈련을 제공하는 것이니만큼 이러한 내용은 지극히 당연한 것이었다. 아이를 보낸 마을과 국가의 법도 도제에 대한 교육을 강조했다. 이들은 특히 도제들에 대한 도덕과 종교적 가르침을 중시했다. 따라서 일요일은 아이들에게 교회 출석은 물론 성서 공부 등을 하면서 글을 배울 수 있는 기회였다. 그러나 이것마저 제대로 지키지 않는 공장주들도 수두룩했다. 아이들의 노동 외적 공장 생활은 공장주에 따라 상당한 격차를 보인 것으로 알려진다.

　일반 아동들이 겪었던 것처럼 도제 아동들의 공장 노동 역시 힘들고 위험하기는 마찬가지였다. 그러나 도제 아동들에게는 일반 아동에 비해 더 힘들고 위험한 일이 주어지는 게 상례였다.[61] 일반 아이들에게 사고가 났을 때 제대로 사후 조치를 취하지 않는 경우에는 부모들이 고용주를 치안판사에게 고소해서 감옥에 가는 일도 있었다. 반면에 도제들의 뒤처리를 하는 것은 훨씬 쉬웠다. 도제들에게는 항의할 부모가 없는 경우가 대부분이었다. 설혹 부모가 있는 경우에도, 계약 주체는 마을의 구빈위원과 공장주였으므로 부모의 영향력은 크지 않았다. 이런 이유로 도제 아동들은 공장에서 가장 어려운 일을 도맡아 처리해야 했다.

　도제 아동들은 공장 옆에 지은 기숙사에서 지냈다. 공장 생활은 아무리 좋아도 단조롭고 힘든 것이었고 최악의 경우에는 지옥이 따로 없었다. 공장에서는 아이들에게 귀리죽이나 빵, 그리고 감자와 같은 가장 기초적인 음식만을 먹이고도 하루 15시간씩 일을 시켰다. 공장주들에게 일은 흐르는 개울처럼 밤이고 낮이고 이루어져야 하는 것이었다. 따라서 도제 아이들은 일반 아동노동자들이 공장을 떠난 뒤에도 기계를 돌렸다. 1814-15년에 랭커셔 지방의 면직 공장에서 150명 도제들의 책임자였던 존 모스(John Moss)의 증언에 따르면, 도제들의 근로 시간은

---

61. Hammond and Hammond, 1911: 174.

아침 5시부터 저녁 8시이고 아침 7시에 30분간의 식사, 정오에 30분간의 점심 식사를 빼면 쉬지 않고 하루 내내 일을 해야 했다.[62] 때로는 일요일에도 기계를 청소하는 일에 동원되었다. 그가 밤에 아이들의 취침 상황을 조사하면 이따금 빈자리가 보였는데, 이런 경우에는 아이가 달아났거나 아니면 공장 바닥에 쓰러져 자고 있는 것이었다.

게다가 공장은 농사일과 달리 엄청난 위험이 도사린 일터였다. 초기 면직 공장의 경우, 공장 내부의 엄청난 열기가 가장 심각한 위해 요인 중 하나였다.[63] 게다가 공장에는 아주 작은 면화 조각이 무수히 떠다니면서 공기를 오염시켜 아이들이 이것을 흡입하면 구토제를 먹여서 토하게 만들어야 했다. 뿐만 아니라 면화 분진은 아이들의 눈과 폐를 상하게 만드는 위험한 물질이었다. 공장 조명과 기계의 윤활유로 쓰이는 생선 기름의 악취도 견디기 힘들었다. 수만 개의 물레와 방추(spindle)가 돌면서 내는 소음 역시 아이들이 자주 지적하는 문제였다. 이런 상황에서 아이들이 하는 일의 내용은 무척이나 위험했다. 움직이는 기계 밑으로 들어가 떨어진 면화 조각을 줍는다든지 끊어진 실을 잇는 작업은 부상의 공포가 상존하는 것이었다. 실제로 손이나 손가락을 다치거나 잘리는 사고가 심심치 않게 일어났다. 훈육을 빌미로 폭력을 행사하는 것도 도제 생활을 힘들게 하는 것이었다. 도제로 파견된 아이들에 대한 공장에서의 체

---

62. 앞의 책, 146.
63. Honeyman, 2007a: 144.

벌은 일반 아동에 비해 훨씬 가혹했다. 혁대나 막대기로 때리는 것은 가장 흔한 체벌이었다. 아이들에게 중상을 입히는 무지막지한 폭력이 훈육이라는 이름으로 난무했다.

사실 빈곤 아동들의 도제 제도는 아이들의 장래보다는 관계 당사자들의 경제적 이익을 고려해서 시행되곤 했기 때문에 그 효과도 기대하기 어려웠다. 도제로 파견된 일터나 그곳의 일은 힘들고 위험한 것에 비해 장래성이 별로 없는 것이었다. 더구나 파견된 아이들이 워낙 많아서 구빈 당국의 체계적인 관리는 현실적으로 불가능했다. 마을을 떠나 다른 지역으로 보내진 아이들이 현지에서 거주권을 얻어 비상시 그곳의 구빈 대상이 되게 한 정주법은 구빈 당국의 관심을 퇴색시키는 데도 한몫을 했다. 사정이 이렇다 보니 도제를 파견한 마을의 구빈 당국은 공장 생활과 근로 조건에 대한 아이들의 호소를 종종 무시했다. 아이들의 불평과 문제 제기를 확인한다며 현장을 방문한 이들 중 상당수는 아이들이 좋은 환경에서 잘 지내고 있으며 아이들의 불평은 근거가 없다는 식의 엉터리 보고서를 써대곤 했다.[64] 이런 의미에서 공장주들과 구빈 당국은 자신들의 이익을 위해 아이들을 희생시키는 범죄의 공범이었다. 자신들의 절규가 대답 없는 메아리라는 사실을 깨달은 아이들 중에는 공장을 이탈해 달아나기도 했다. 부모가 있는 아이들 가운데는 자신의 집으로 돌아간 경우도 있었다. 결국 도제 아동들의 문제는 의회의 조사

---

64. Honeyman, 2007a: 196.

를 통해 사회에 큰 반향을 일으켰다. 윌리엄 홀링스워드(William Hollingsworth)라는 어느 도제 아동은 1842년 '광산과 공장에서의 아동 고용에 관한 왕립 조사위원회(Royal Commission on Children's Employment in Mines and Manufactories)'에서 다음과 같이 증언했다.[65]

"저는 아버지도 어머니도 없습니다. 아버지는 제화공이었는데 죽은 지 5년이 됩니다. 어머니도 11년 전에 죽었습니다. 그 후로 전 크로스필드(Crossfield)에서 누이와 함께 6개월을 그럭저럭 살다가 노역소로 가게 되었지요. 거기서 전 핼리팩스(Halifax)의 구빈위원에 의해 사우서럼(Southowram)의 조셉 모튼(Joseph Morton)이라는 벽돌공에게 도제로 보내졌습니다. 거기서 전 2년을 보냈습니다. 그분이 죽고 나서 전 지금의 이곳, 조너선 올드필드(Jonathan Oldfield)가 일하는 탄광으로 왔지요. 전 시험 삼아 한 달 동안 일해 보기로 마음을 먹었습니다. 그래서 올드필드씨하고 닷새를 함께 지냈는데, 새벽 5시 반에 아침밥으로 귀리죽을 주더라고요. 그러곤 다른 두 명의 도제와 함께 지하 갱으로 들어갔습니다. 점심으로는 케이크 한 조각 반을 받았지만 먹을 틈이 없었습니다. 제가 일한 첫날, 그러니까 지난 목요일에 우린 밤 10시까지 지하 갱에 있었습니다. 둘째 날에는 밤 9시, 셋째 날엔 8시 반에 일을 끝냈고요. 일하는 동안 우리가 먹은 건 낮에 주는 케이크

---

65. www.workhouses.org.uk/education/apprenticeship.shtml.

한 조각 반이 전부였습니다. 마실 것은 아예 없었고요. 전 목이 아주 말랐습니다. 주인은 절 때리지는 않았지만 일을 잘 못한다고 욕을 퍼부었지요. 다른 도제들 얘기론 밤 10시나 11시까지 일하는 게 보통이랍니다. 제가 일한 곳은 조셉 스톡(Joseph Stock) 씨의 탄광입니다. 저는 어제 아침에 달아났는데, 일을 너무 늦게까지 시켰기 때문입니다. 생각해 보니 그 일을 도저히 감당할 자신이 없었습니다. 거기서 뛰쳐나온 다음에 저는 노역소에 다시 들어가려고 신청을 했습니다. 주인만 괜찮으면 전 도제로 일할 준비가 돼 있습니다. 전 제법 잘 읽고 쓸 줄 압니다.”

2. 노역소

"소장님, 제발, 조금 더 먹고 싶어요(Please, Sir, I want some more)." 찰스 디킨스의 소설 『올리버 트위스트(Oliver Twist)』에 나오는 유명한 장면이다. 노역소라는 말은 늘 올리버 트위스트와 디킨스를 떠올리게 한다. 그 가혹한 생활과 '악당' 소장의 이미지는 노역소를 논하는 모든 자리에 단골 메뉴가 되었다. 그러나 노역소가 디킨스의 전유물은 아니었다. 노역소의 생활을 주제로 한 소설이나 경험담, 자서전, 회고록 등은 그 수를 헤아리기 어려울 정도로 많다. 노역소는 과연 어떠한 곳이었기에 이렇게 많은 관심과 논의의 대상이 되었을까? 실제로 노역소는 영국 빈민법에서 가장 많이 다루어진 주제라고 할 수 있다. 아니 빈민법의 역사는 곧 노역소의 역사라고 해도 무방하리라. 우리는 이 장에서 노역소의 '모든 것'을 만나 볼 것이다.

노역소의 역사

노역소의 등장과 확대

영국에서 노역소라는 명칭이 나타난 것은 17세기 초였다.[1] 그것의 정확한 연도를 명기하는 것은 별 의미가 없다. 다만 공식적인 기록에 최초로 언급된 연도는 1652년이라고 한다.[2] 그렇지만 노역소라는 이름의 시설은 그보다 전인 1620년대에 이미 운영되고 있었던 것으로 알려진다. 이 초기의 노역소는 대부분 수용(거주) 시설이 아니라 글자 그대로 작업장이었다. 빈민들에게 일을 시키고 그 대가로 구호(임금)를 제공하던 그런 시설이었을 뿐이다. 규모도 작아서 독자적인 건물이 아니라 기존 건물 내에 공간 하나를 얻어 작업장으로 썼다. 이런 시설에서는 오직 아동과 건강한 남자만이 고용되어 일을 했다.[3] 이와 관련하여 한 가지 지적할 점은 이 시기에 다양한 이름의 시설들이 노

---

1. 여기서 다시 노역소라는 용어에 대해 부연하기로 한다. 대부분의 한국 문헌에는 workhouse를 구빈원으로 표기하고 있다. 그것이 구빈 행정의 일환으로 설치된 것이어서 이 용어가 틀렸다고 할 수는 없겠다. 그러나 우리가 생각해야 할 것은 당시 영국에서 구빈원을 가리키는 'almshouse'라는 말이 있는데도 왜 굳이 workhouse라는 별도의 명칭을 사용했을까 하는 점이다. Workhouse는 단순한 구빈을 목적으로 한 게 아니라 빈민에 대한 통제와 국가 복지 의존을 막겠다는 의도로 설치된 것이다. 그 명칭에 그런 의도가 들어 있다. 필자는 이런 의도를 고려해서 노역소라는 용어를 사용한다.

2. www.workhouse.org/intro/

3. Hitchcock, 1985; 9-10.

역소와 비슷한 기능을 수행하고 있었다는 사실이다. 대표적으로는 교정원(house of correction)과 작업장(workshop)을 들 수 있다. 전자는 오늘날의 교도소이고, 후자는 노역소의 초기 형태 중 하나로 빈민이 함께 모여 공동으로 일을 하는 곳이었다.

통합 노역소: 구빈민법 시대에 노역소가 확산되는 데 큰 영향을 끼친 사건은 이른바 '통합 노역소(incorporation workhouse)'의 설립이었다. 통합 노역소는 다수의 패리시가 연합해서 만든 것으로 17세기 말에 전개된 빈민 구호 개혁 운동의 일환으로 등장했다. 이 시기 정부와 의회는 빈민 구호의 개혁안을 다방면으로 제시하고 있었다. 이런 노력의 하나가 지역의 구빈 체계를 통합하는 것이었는데, 브리스톨(Bristol)을 필두로 여러 도시에서 빈민조합(corporation of the poor)을 설립해 이 조직에 구빈 행정의 전권을 맡겼다. 의회의 지방 입법(local acts)을 통해 법적 근거를 갖게 된 빈민조합은 각 패리시로부터 독립된 법인으로 구빈에 관한 제반 행정 권한을 부여 받았다.[4]

빈민조합의 결성과 통합 노역소 설립에서 개척자의 역할을 한 사람은 브리스톨의 직물업자이자 무역 상인인 존 케리(John Cary)였다. 케리의 노력으로 의회는 1696년 브리스톨의 18개 패리시가 연합해 빈민조합을 결성할 수 있도록 허용하는 법을

---

4. 빈민조합은 지역의 청원을 의회가 받아들여 제정한 지역 특수적인 법(local act)의 규정을 받기 때문에 전국적인 시행이 이루어진 것은 아니었다. 따라서 빈민조합의 결성은 브리스톨을 비롯해 몇몇 도시에 한정된 사건이었다.

제정했다. 이 법에 따라 빈민조합은 도시 전체에 걸쳐 공동 구
빈 체계를 형성하게 되었는데, 이것은 빈민법 제정 이후 최초로
패리시 중심의 구빈 행정을 초월하는 제도가 만들어졌다는 의
의를 갖고 있었다. 말하자면 브리스톨 빈민조합은 1834년 신빈
민법에서 도입될 지역 통합적인 구빈 행정을 맛보기로 보여 준
셈이었다. 브리스톨 빈민조합의 구상 중에는 노역소의 설치·
운영도 들어 있었다. 케리는 노역소의 목적이 돈을 버는 것이
아니라 교육과 훈육임을 강조했으나, 노역소에 수용된 빈민들
의 노동으로 어느 정도의 이익이 창출되어 노역소가 재정적으
로 자립을 할 수 있으리라는 기대를 품고 있었다.[5] 다른 도시에
설립된 빈민조합도 노역소 빈민의 노동을 통해 일정한 이윤을
내고 이것을 바탕으로 자립적인 노역소 운영이 가능하리라는
기대를 공유했다.

그러나 케리를 비롯한 빈민조합 지도자들의 구상은 이내 난
관에 부딪히게 되었다. 무엇보다도 도시 전체 연간 구빈 재정의
절반이 투입될 정도로 노역소 운영비가 많이 들어갔다.[6] 노역소
의 자립이 어렵다는 사실이 드러나자 지역의 구빈 행정 담당자
들로부터 비난과 불평이 쇄도했다. 노역소 운영의 문제점을 계
기로 각 지역에서는 자신들의 구빈 행정 권한을 되찾아오려는
운동을 펼치기 시작했다. 브리스톨의 패리시 당국자들은 통합
노역소가 설립된 지 불과 20년 만에 자신들이 행정상의 우위를

---

5. Bristol Record Society, 1932: 6.
6. Seabrook, 2013: 63-4.

차지해야 한다고 주장했다. 통합 노역소가 설치되었던 헐(Hull)을 비롯한 몇몇 도시에서는 노역소의 운영이 중단되었다.[7] 통합 노역소 중에서 신빈민법 제정 시기까지 존속한 것은 겨우 다섯 곳이었다.[8]

하지만 통합 노역소에 대한 비판은 단지 운영비 문제 때문만은 아니었다. 노역소에서 만들어 낸 제품이 일반 상품과 경쟁을 하게 되는 상황도 공장주 등의 중산층에게 노역소에 대한 거부감을 불러일으키는 요인이 되었다. 이들 중산층이야말로 노역소의 운영비를 부담하는 납세자들이었으므로, 이들의 거부감은 통합 노역소 프로젝트에 큰 난관이 아닐 수 없었다. 실제로 빈민조합과 통합 노역소를 전국으로 확대하려는 중앙정부의 노력은 지역에서 제기된 반대 논리와 동일한 반대에 부딪혀 흐지부지되고 말았다.[9] 그럼에도 통합 노역소는 완전히 해체되지 않고 살아남았다. 다만 케리 등이 희망했던 양질의 환경을 갖추고 재정적으로 자립할 수 있는 노역소는 끝내 실현되지 못했다.

패리시 노역소(parish workhouse): 브리스톨 등에서 설치·운영된 빈민조합 노역소와 달리 일반 패리시의 노역소는 의회의 입법 절차에 의해 만들어진 것이 아니라 지역 자체의 여건과 상황에 따라 생겨났다. 따라서 농촌 마을의 노역소는 소규

---

7. Slack, 1999: 127.

8. Webb and Webb, 1906: 109.

9. Hitchcock, 1985: 22-36.

모의 집 한 채 정도인 것도 있었고 큰 도시에서는 대규모의 건물을 임차하거나 새롭게 건축하기도 했다. 18세기 말 리버풀(Liverpool) 노역소는 이미 900-1,200명 정도의 빈민을 수용할 정도로 컸다.[10] 이 시기의 노역소 빈민의 수는 전국 평균이 한 곳에 약 20-25명인데, 런던은 노역소 하나에 평균 200명 정도였으니 런던 노역소는 개소 당 전국 평균의 10배나 되는 빈민을 수용하고 있었던 것이다.[11]

한편, 노역소의 필요성을 느끼긴 하지만 독자적인 노역소를 운영하는 데 부담을 느끼는 지역에서는 민간 업자에게 노역소 운영을 위탁하는 경우도 많았다. 실제로 18세기는 오늘날 못지 않은 '복지의 민영화' 시대였다.[12] 그럼에도 노역소의 상황은 후대에 비해 오히려 더 나았던 것으로 여겨진다. 아직 '열등 처우 원칙'과 같은 이데올로기적 공격이 나타나지 않았기 때문이다. 아무튼 구빈민법 시대의 패리시 노역소는 지역과 상황에 따라 상당한 차이를 보였다는 점만은 기억해 두자. 이것은 신빈민법 도입 이후의 노역소가 대체로 유사한 생활환경과 성격을 보여준 사실과 극명하게 대비된다.

패리시 노역소는 18세기 초반부터 늘어나는 추세를 보이긴 했으나, 그 증가 속도가 빨라진 것은 1723년의 노역소 테스트법의 제정 이후였다. 이 법은 패리시로 하여금 노역소 입소를

10. Hopkins, 1994: 163.
11. Boulton and Black, 2013: 79.
12. Seabrook, 2013: 67.

거부하는 빈민 구호 신청자에게 구호 제공을 거부할 수 있도록 하는 권한을 부여했다. 노역소 입소를 빈민 구호의 조건으로 제시하는 이 테스트법은 후에 신빈민법의 핵심 조항으로 부활할 것이었다. 이 법의 근저에는 노역소의 일차 임무가 빈민의 구호 신청을 억제하는 데 있다는 암묵적인 가정이 깔려 있었다. 이 법의 제정으로 노역소의 역할은 급변할 수밖에 없는 상황에 놓이게 되었다. 이제 브리스톨 이래의 자립적인 노역소에 대한 기대는 완전히 사라지고 노역소의 역할과 기능이 재정립되고 있었다. 또한 노역소 테스트법은 노역소의 위탁 운영을 법적으로 인정하는 조항도 있었는데, 이것은 이미 널리 퍼진 관행을 법적으로 뒷받침하기 위한 조치로 풀이된다. 노역소 테스트법의 영향으로 노역소 숫자는 급증해서 법 제정 후 반세기가 흐른 1770년대에는 약 2천 개의 노역소가 설치되었다.[13]

그렇지만 노역소 테스트법의 실제적인 영향력은 그리 오래가지 못했다. 1782년의 길버트 법은 그 내용을 대부분 무력화시켰다. 길버트 법은 여러 패리시가 연합하여 큰 규모의 노역소를 지을 수 있는 법적 토대를 만드는 한편, 이 노역소에 입소시킬 사람은 노동 능력이 없는 사람으로 제한했다.[14] 다시 말해서 노동 능력이 있는 건강한 사람의 노역소 입소를 금지한 것이다.

---

13. Boulton and Black, 2013: 79.
14. 앞에서 언급했던 통합 노역소가 이미 지역 통합적인 노역소로 첫 출발을 한 것이 사실이지만, 이것은 지역 특수적인 법에 의한 것이었으므로 전국적인 적용에는 이르지 못했다. 길버트 법은 지역 통합적인 노역소의 전국적 적용을 처음으로 규정했다.

앞서 만들어진 노역소 테스트법과는 정반대 조치였다.[15] 그러나 길버트 법은 누구나 따라야 하는 법이 아니라 지역에 선택의 자유를 허락했기 때문에 그 효과와 영향은 제한적이었다.

패리시 노역소의 행정: 각 패리시의 구빈위원들과 기타 행정 담당자들은 노역소의 운영 상태와 상황을 정기적으로 확인하고 검토할 의무를 지녔으나 이러한 과업을 제대로 수행하는 곳은 별로 없었다. 노역소의 운영자는 물론 외부의 납품업자까지 부패가 극심했어도 지역의 구빈 당국은 이것을 제대로 개혁하지 못했다. 노역소 행정은 지역의 구빈 당국과 주민 회의가 노역소를 설립하고 감시하는 활동과 노역소 내부의 일상적인 운영으로 나눌 수 있다. 그러나 이런 행정에 대한 전국적인 표준 자체가 존재하지 않았으므로 행정은 지역에 따라 제각각이었다. 딴은 패리시의 크기, 인구, 사회경제적 상황이 천차만별인 것을 고려하면 이해를 하지 못할 일도 아니었다.

아무튼 노역소를 만들 때 대부분의 패리시는 별도의 위원회를 구성해서 그것의 관리 운영을 맡기는 방식을 취했다.[16] 노역소 위원회는 원칙적으로 주민 회의에 활동 내용을 보고하고 조언과 자문을 받는 방식으로 책임을 지게 되어 있었다. 그러나 대다수의 결정은 위원회 내부에서 독단적으로 이루어지는 게 상례였다. 이러한 거버넌스의 문제점 때문에 노역소의 내부 상

---

15. 길버트 법의 제정 배경에 대해서는 이 책의 1부 2장을 참조할 것.
16. Hitchcock, 1985: 134.

황이 더욱 나빠질 가능성이 상존했다. 특히 인구가 많은 패리시의 경우 노역소 위원회가 전횡을 부릴 위험은 훨씬 컸다. 게다가 구빈위원들과 노역소 위원회의 상호 갈등이 심해 노역소 운영에 악영향을 끼치는 경우도 종종 있었다. 노역소 위원을 순환제로 맡는 것도 한 방법으로 널리 사용되었지만, 이것이 도리어 이해관계자의 범위를 넓히는 부작용을 초래하기도 했다. 가장 큰 문제점은 물론 노역소를 직접 운영하는 소장과 내부 직원, 그리고 납품업자에게 있었다. 이와 같은 노역소 운영의 난맥상과 고질적인 부패는 구빈 재정을 악화시키는 데 일조했고 빈민법 개혁 이후 패리시의 독자 운영이 폐지되는 데 중요한 빌미를 제공했다.

신빈민법과 노역소

신빈민법의 제정은 도덕경제가 시장경제로 대체되는 과정의 산물이었다. 이 과정에서 두드러지게 나타난 현상 중 하나는 빈민의 구호 수급권에 대한 반복적인 문제 제기였다. 게다가 사적인 정서의 지배를 받는 인간관계는 현금이 중심이 되는 새로운 관계(cash nexus)에 자리를 내주고 있었다. 구빈민법은 지역적이고 자의적인 구호를 사적으로 익숙한 같은 마을 사람들에게 제공하는 것이었으므로 도덕경제의 속성과 잘 맞았다. 그러나 새롭게 등장한 시장경제 체제는 빈민법의 변신을 요구했다. 변신의 방향은 지역적인 것에서 전국적인 것으로, 자의적인 것에서 표준화된 것으로, 사적이고 정시적인 관계에서 관료주의의 지배를 받는 관계로 설정되었다. 새 빈민법의 핵심은 노역소 테스트법이 제시했던 노역소 테스트였다. 그것을 한마디로 요약하면, "구호를 받기 원하는 자는 노역소에 들어가라"였다. 구호 신청에 대한 방어벽으로 노역소가 다시 등장한 것이었다.

새 빈민법은 노역소를 패리시 행정의 영역에서 떼어 놓으려는 의도를 명백하게 드러냈다. 그 결과는 빈민법조합(poor law union)이 중심이 된 노역소의 설치와 운영이었다. 우리가 보통 알고 있는 노역소는 바로 이 시기에 만들어진 노역소라고 할 수 있다. 이제 노역소는 빈민 구호의 필요성을 자동으로 감별하는 장치를 부활시켰다. 18세기 초에 만들어졌다 사라진 노역소 테스트였다. 과거의 빈민 구호 방식은 빈곤 상태가 얼마나 심각한지를 보여 주는 다양한 정보를 필요로 했다. 그러나 새 제도에서는 이러한 정보가 필요 없게 되었다. 노역소 입소 여부를 스스로 결정하도록 하는 것 자체가 빈곤의 심각성을 판별하는 자기 테스트의 기능을 하기 때문이었다. 노역소에 들어가겠다고 작정한 사람은 진정으로 가난한 사람이고 구호를 받을 자격이 있는 빈민으로 여겨졌다. 이 셀프 테스트가 제대로 효력을 발휘하기 위해 필요한 선결 조건은 "노역소의 생활 상태를 교도소와 비슷하게 만드는 것"이었다. 이렇게 표현한 사람은 빈민법 개혁을 주도했던 채드윅과 그의 동료들이었다. 이것을 다시 그럴듯한 용어로 표현한 것이 '열등 처우의 원칙'이다. 빈민 구호의 수준은 구호를 받지 않고 살아가는 노동자 중에서 가장 낮은 임금을 받는 노동자의 생활수준보다 낮아야 한다는 원칙이 바로 이것이다. 이런 수준의 생활은 아마도 빅토리아 시대에는 교도소에 근접한 것이 분명했을 터이다. 교도소를 방불케 하는 곳에라도 들어가 삶을 이어 가야 하는 사람은 별도의 판단이 필요치 않은 진정한 빈민이 아니고 무엇인가! 이러한 기준에 따라 노역소는 '우리가 아는' 노역소가 되었다. 여기에서 올리버 트위스트가 나오고 앤도버 스캔들이 벌어졌다(〈Box 3.2.1〉 참조). 이 노역소를 사람들은 '빈민법의 바스티유(Bastille)'라고 불렀다. 또한 그것은 무자비한 빅토리아 시대 자본주의의 상징이 되었다. 이 이미지는 현대인의 작품이 아니라 빅토리아 시대를 살았던 당대인들의 해석이었고 인식이었다. 그것은 만인이 혐오하는 대상이었다. 그것을 만든 장본인들도 싫어했다. 빈민 개혁안이 아무런 저항 없이 의회를 통과했고 절대다수의 사회 지배층이 그것에 찬성한 사실을 고려하면 실로 모순이 아닐 수 없었다.

신빈민법의 통과 후 노역소에 대한 반대는 예상을 뛰어넘는 것이었다. 빈민법 개혁을 주도했던 극소수를 제외한 거의 모든 세력이 노역소에 매서운 비판을 가했다. 여기에는 개혁 법안에 찬성하고 후에 수상이 되었던 디즈레일리도 포함되었다. 다수 지배층의 이탈은 노역소의 기능과 생활환경을 불가피하게 변화시켰다. 19세기 후반에 이르러 노역소는 징벌적 이미지를 털어 내기 시작했다. 그러나 노역소의 역할은 머지않아 끝날 것이었다. 빅토리아 시대의 노역소 논란은 빈민을 기계적으로 다루는 일의 위험성을 경고한 사건이었다.

〈Box 3.2.1〉 앤도버 노역소 스캔들

노역소의 참상을 논할 때 빠지지 않고 등장하는 사례가 앤도버 노역소 스캔들이다. 앤도버(Andover)는 영국 남부 지방의 소도시로 사건 당시 인구는 5천 명 미만이었다. 앤도버 노역소는 신빈민법 시행에 따라 1836년에 세워졌다. 앤도버 노역소의 소장 맥두걸(Mcdougal)은 워털루 전투에 참가했던 군인 출신이었다. 그는 노역소를 마치 유형지처럼 관리했다. 소장 부부의 폭력성은 악명 높은 것이었다. 노역소의 지출과 식량 배급은 최소화되었고 구빈감독관들도 이것을 승인했다. 노역소에 수용된 빈민들은 음식을 손으로 먹었으며 크리스마스와 같이 특별한 날에 외부에서 제공한 음식과 음료도 받지 못했다. 뿐만 아니라 식사 시간에 자기 아내와 말을 나누던 남자는 독방에 감금되기까지 했다.

노역소의 일은 원래 힘들기로 정평이 나 있었지만 앤도버에서는 그 정도가 도를 넘었다. 앤도버의 대표적 노역은 가축의 뼈를 부수어 비료로 만드는 작업이었다. 작업자들은 둘씩 짝을 지

노역소의 행정과 운영

신빈민법의 빈민 구호 체계는 중앙-빈민조합-노역소의 세 층위로 구성되어 있었다. 중앙에는 빈민법위원회(Poor Law

어 28파운드의 쇠 절구로 뼈를 거듭 내리쳐 잘게 부수어야 했다. 그 악취도 참기 어려웠지만 작업 자체가 등골이 휠 정도로 고되고 힘들었다. 노역소장 맥두걸은 이 작업에 어른은 물론 열 살도 안 된 아이들까지도 투입했다. 작업이 끝나고 나면 어른 아이 할 것 없이 뼛조각과 골수를 온몸에 뒤집어썼다. 문제는 이게 다가 아니었다. 굶주린 작업자들이 뼛조각에 붙어 있는 살점과 골수를 뜯어먹는다는 소문이 인근 동네에 퍼졌다. 실제로 사람들은 '양질의' 뼛조각을 놓고 종종 싸움을 벌였다.

소문을 듣게 된 감독관 한 명이 감독관 위원회에서 문제를 제기했지만, 나머지 위원들은 관심조차 기울이지 않았다. 그는 결국 지역의 하원의원과 접촉했고 이 의원은 의회를 통해 이 문제를 공론화시켰다. 사건의 파장은 컸고 여론이 들끓었다. 노역소장은 해임되었고 의회를 필두로 여러 기관의 조사가 뒤따랐다. 이 사건의 여파로 신빈민법을 총괄하는 기구인 '빈민법위원회 (Poor Law Commission)'가 해체되고 의회의 영향력이 강화된 새로운 기구(Poor Law Board)로 대체되었다.

Commission, 1834-47)가 조직되어 빈민 구호에 관한 모든 것을 총괄했다. 여기에는 3인의 위원과 17인(후에 19인)의 위원보가 있었다. 이 조직의 명칭은 Poor Law Board(1847-71), Local Government Board(1871-1919) 등으로 계속 바뀌었으나, 그 기능과 역할은 크게 달라지지 않았다. 빈민법조합(Poor

Law Union)은 패리시를 통합해서 만든 조직으로, 전국적으로 약 640개가 만들어졌다. 전국의 패리시 수가 약 15,000개였으니까 하나의 조합이 평균 20여 개의 패리시를 통합했다는 계산이 나온다. 노역소는 바로 이 빈민법조합의 관리 하에 운영되었다. 조합의 최고 운영 기구는 빈민감독관위원회(the Board of Guardians)였다. 빈민감독관은 선출직과 당연직 두 종류가 있었는데, 전자는 빈민세를 납부하는 사람으로만 구성되었고, 후자는 치안판사들이었다. 빈민감독관위원회는 보통 매주 또는 격주로 회의를 열었다. 바로 이곳에서 신규 구호 신청에 대한 심사가 이루어졌다. 조합에는 구호담당관(Relieving Officer)이 있어 구호 신청자에 대한 신상 조사와 면접 등을 담당했고 그 결과를 빈민감독관위원회에 보고했다. 마지막으로, 노역소는 구호 체계의 최종 단계이자 빈민 수용 시설로 소장(Master), 의무관(Medical Officer), 교장(Schoolmaster) 등이 운영을 맡았다.

소장

소장은 노역소의 행정 책임자로 노역소 전체를 총괄했고, 소장 부인(matron)은 수용된 여성 빈민을 관리하는 것이 주된 임무였으며 비상시 소장 대리의 역할도 수행했다.[17] 이들은 노역

---

17. 노역소의 matron이란 직책은 일반적으로 소장의 부인을 가리킨다. 물론 소장(master)과 matron이 반드시 부부여야 하는 것은 아니었지만, 운영의 편의상 두 직책을 부부로 뽑는 경우가 일반적인 관행이었다.

소의 최고 권력자였으므로 이들의 성품, 능력, 윤리 등에 따라 노역소는 지옥이 될 수도 있었고 지낼 만한 피난처가 되기도 했다. 특히 상부 기관으로부터의 감독이 부실하거나 소홀한 경우에 소장의 권한 남용과 인권 유린 행위가 종종 사회문제로 부각되곤 했다. 앤도버 노역소의 소장 맥두걸이 바로 그런 인물이었다. 상부 기관인 빈민조합의 감독관들이 정기 방문을 소홀히 하고 맥두걸에게 전권을 일임하자 그의 전횡을 막을 아무런 방법이 없었다. 전직 경찰관인 조지 캐치(George Catch)도 악명 높은 노역소 소장 중 하나였다.[18] 그는 1855년부터 여러 곳의 노역소 소장을 역임하며 거짓과 잔혹함으로 악명을 떨쳤다. 캐치는 스트랜드(Strand)와 뉴잉턴(Newington)에서도 학대 문제를 일으켜 사임한 뒤 램버스(Lambeth) 노역소에 부임했는데, 이곳에서도 마찬가지로 빈민에게 가혹 행위를 일삼고 부하 직원들과 갈등을 빚었다. 어느 날 그는 자신의 말을 잘 듣지 않는 어떤 소녀가 숨어 있다고 여겨지는 굴뚝에 염산을 뿌리라는 명령을 내렸다. 다행히 소녀는 거기에 없었으나 근처에서 환자를 간호하던 여성 십여 명이 염산 증기를 마시고 중독되어 졸도를 하는 사건이 벌어졌다. 캐치는 결국 이 사건으로 노역소에서 해임되고 향후의 공직 취업이 금지되는 처벌을 받았다. 그의 악명은 전국적으로 퍼져 나갔고, 그는 1877년 오십의 나이로 열차 정면에 몸을 던져 생을 마감했다.

---

18. House of Commons, 1867.

노역소 소장의 부패와 잔혹 행위에는 다 이유가 있었다. 노역소 소장에게는 비슷한 조건의 교도소장에 비해 1/7도 안 되는 급여가 지급되었기에 양질의 인력이 지원하지 않는 직책이었다. 게다가 노역소 소장의 사회적 지위도 낮게 평가되었다. 사정이 이렇다 보니 노역소 소장에 지원하는 사람들 중에는 전직 군인이나 경찰 등 폭력에 익숙한 사람들이 많았다.[19] 캐치도 이런 사람 중 하나였다. 그는 원래 전직 경찰로 노역소의 수위(porter)였다가 소장이 된 사람인데 자기 이름이나 겨우 쓸 정도의 문맹자였다.[20]

빈민법위원회가 기대하는 이상적인 소장 부부는 동반 자녀가 없는 부부였다. 부부가 소장과 부소장으로 부임하는 경우에도 급여는 한 사람 몫을 주는 경우가 종종 있었다. 별도의 급여를 주는 경우에도 여성에게는 훨씬 적게 주었다. 이와 같은 처우는 노역소 소장을 각종 스캔들과 조롱의 대상으로 만드는 일등공신이었다. 빅토리아 시대 중후반 대중문화에는 노역소 소장을 희화화하는 각종 노래, 시, 풍문이 넘쳐났다. 올리버 트위스트는 이런 풍자문학의 대표적 작품이었다.

다른 한편으로 보면, 노역소 소장 역시 노역소 빈민과 마찬가지로 신빈민법이 강요하는 빈민 구호 체제의 희생자이기도 했다. 노역소는 신빈민법 체제의 가장 말단에 놓인 구호 기관이자 수용 시설로 숱한 문제와 갈등을 원천적으로 배태하고 있었다.

---

19. Foster, 2014: 107-108.
20. Rogers, 1889: 7.

이것을 노역소 소장이 혼자의 힘으로 원만하게 해결한다는 것
은 기대하기 어려운 일이었다. 더구나 대부분의 노역소 소장들
은 다양한 욕구와 문제를 지닌 다수의 빈민을 상대할 만한 그
어떤 전문성이나 식견도 갖추지 못한 사람들이었다. 이런 상황
에서 규율과 질서를 강조하는 상부 기관의 태도는 폭력적인 운
영을 독촉하는 것과 크게 다를 바가 없었다.

의무관

의무관(Medical Officer)은 노역소 수용자의 건강과 질병 문
제를 담당하는 직원이었다. 그러나 그가 지닌 전문성에도 불구
하고 빈민감독관들과 노역소장의 권한 아래서 일을 해야 했다.
당시의 의사는 그 사회적 지위가 점차 높아지고 있는 추세이긴
했으나, 의사의 지위는 자신이 치료하는 환자의 지위와 비례하
는 것으로 여겨졌다. 그러므로 사회의 가장 밑바닥 계층인 노역
소 빈민을 환자로 삼고 있는 의무관의 지위 역시 낮게 취급될
수밖에 없었다. 그런데도 노역소 의무관 자리는 경쟁이 제법 셌
다. 의사 수가 많아지면서 젊고 경력이 짧은 의사들은 여러 가
지 이유로 의무관 자리를 마다하지 않았다. 사정이 이렇다 보니
빈민감독관들은 의무관들의 급여를 낮게 책정할 수 있었다.

낮은 급여와 열악한 환경에서 일하는 의무관들의 대중적 이
미지는 대체로 무정하고 무능하며 적당히 시간이나 보내는 인
물로 그려지곤 했다.[21] 그럼에도 일단의 의무관들은 낮은 급여

를 감수하며 직업적 소명을 지키려고 애를 썼다. 이들은 별도의 약제비가 노역소 예산에 편성되지 않기 때문에 자신의 급여를 털어 약을 사야 했다. 의무관은 일의 성격상 소장과 갈등을 빚을 가능성이 잠재된 직책이었다. 이들이 바로 노역소 소장의 전횡과 인권 유린 행위를 제지하고 사회에 문제 제기를 했던 장본인들이었다. 앞에서 언급한 악명 높은 노역소 소장 캐치를 고발한 것도 조셉 로저스(Joseph Rogers)라는 의무관이었다.

로저스는 모범적인 의무관의 전형으로 존경을 받았다. 그는 1856년에 스트랜드 노역소 의무관으로 부임해서 소장 캐치의 폭력적인 운영에 맞섰다. 뿐만 아니라 노역소의 다양한 현실에 대해 침묵하지 않고 빈민조합 감독관들에게 문제 제기를 했다. 가령 스트랜드 노역소에서는 수용자들을 카펫 청소하는 일에 동원해서 연간 400파운드의 수입을 올려 조합으로 보내고 있었다.[22] 그런데 이 작업은 카펫을 널어놓고 막대기로 두들겨 먼지를 털어내는 것으로 엄청난 소음과 공기 오염을 일으켰다. 로저스는 이 문제를 조합의 감독관들에게 여러 번 제기했으나 이들은 10년 동안이나 그 일을 중단시키지 않았다. 감독관들은 로저스의 이와 같은 문제 제기를 성가시게 생각할 뿐 상황을 개선하려는 노력을 하지 않았다. 로저스의 자서전에는 신빈민법과 빈민감독위원회에 대한 비판과 규탄으로 가득하다. 그는 이런 일로 감독관들의 미움을 사서 다른 의무관들이 누리는 정

---

21. Negrine, 2013: 193.
22. Rogers, 1889: 4-5.

기적인 급여 인상과 같은 혜택도 전혀 받지 못했다.[23]

노역소 학교장

신빈민법 규정에 따라 노역소에서는 매일 세 시간 이상 아동들에게 교육을 시켜야 했다. 이 일을 맡은 이가 노역소 학교장(Schoolmaster/mistress)이었다. 직책의 명칭이 학교장이지만 작은 노역소에는 혼자서 유일한 교사 노릇을 해야 했다. 당시에 교사는 사회적 지위가 낮았는데, 노역소 교사는 더욱 그러했다. 그나마 양질의 교사는 노역소에 오길 꺼렸다. 따라서 다른 노역소 직책과 마찬가지로 선택의 여지가 별로 없는 사람들이 노역소 교사로 오곤 했다. 이러한 교사들은 무력한 아이들을 상대로 폭력을 휘두르는 경우가 자주 있었다.[24] 게다가 교사들의 자질도 종종 시빗거리가 되었다. 어떤 노역소의 원목은 교사가 성서의 단순한 구절도 제대로 이해하지 못하고 있다고 빈민감독관들에게 불평을 하기도 했다. 아예 읽고 쓰는 것도 모르는 사람이 교사로 왔다고 개탄을 하는 경우도 있었다.[25]

또한 직책상 교사들 역시 노역소 소장이나 원목 등과 갈등을 빚을 소지를 많이 안고 있었다. 당시의 여러 보고서를 보면 이런 문제가 적지 않게 발생했던 것 같다. 특히 양질의 교사가 부

---

23. 앞의 책, 14-15.
24. 1841년의 빈민법위원회 보고서는 이런 문제를 곳곳에서 거론하고 있다.
25. Poor Law Commissioners, 1841: 348.

임한 경우에는 이런 갈등이 벌어질 가능성이 더 높았다. 현장
보고를 보면 이런 경우에는 십중팔구 노역소 소장과 교사 간에
갈등이 생긴다고 적고 있다. 빈민법위원회 관계자들은 궁극적
해법으로 여러 조합이 힘을 합쳐서 별도의 학교를 설립하고 노
역소 행정에서 독립된 학교장 제도를 만들자는 제안을 했다.[26]
이렇게 해서 만들어진 것이 이른바 '지구 학교(district school)'
이다. 지구 학교는 여러 개의 조합이 연합해서 세운 것으로 별
도의 건물과 기숙사를 갖추고 노역소 아동을 이곳으로 옮겼다.

아이들은 읽고 쓰기와 셈을 배우고 종교 교육을 받았다. 그러
나 빈민조합의 감독관들은 빈곤 아동들에 대한 교육에 대해 미
온적인 태도를 보이거나 심지어 반대하는 경우도 적지 않았다.
따라서 노역소 학교장에 대한 대우는 무척 열악했다. 조합에서
는 노역소 소장 부부와 마찬가지로 학교장도 부부가 부임하는
것을 선호했다.

원목, 수위 등

원목(Chaplain)은 노역소 내의 모든 종교 행위를 관장하는 직
책이고, 수위(Porter)는 노역소의 가장 낮은 직책으로 경비, 문
지기, 짐꾼 등 잡다한 역할을 맡아 수행했다. 원목은 때때로
소장이나 교사의 학대를 고발하는 역할을 맡았다. 이 밖에 급

---

26. Poor Law Commissioners, 1841: 372.

여를 받지 않는 임의 직책으로 간호 역할을 맡는 빈민 여성과
1860년대에 도시 지역에서 생긴 직책으로 외부 노동 감독관
(Superintendent of Outdoor Labour)이 있었다. 외부 노동 감독관
은 외부에 파견되어 노동을 하는 수용자들을 관리하는 직책이
었다.

노역소에서의 삶

입소와 퇴소

노역소 입소는 신빈민법 이전에도 고통스러운 것이었다. 하
물며 노역소의 생활환경이 극도로 열악했던 신빈민법 이후는
말로 표현하기 어려웠을 터이다. 오죽하면 노역소로 들어가는
길을 '눈물의 아치 길(Archway of Tears)'이라고 표현했을까.[27]
입소 절차는 구호담당관과의 면접으로부터 시작되었다. 구호
담당관은 빈민법조합에 근무하는 직원으로 모든 빈민 구호 신
청자를 노역소로 찾아가 면접했다. 비상 상황에서는 노역소 소
장이 인터뷰를 대신하는 경우도 있었다. 공식적인 입소 허가는
매주 열리는 빈민감독관위원회(Board of Guardians)의 정기 회

---

27. www.workhouses.org.uk/life/entry.shtml

의에서 결정되었다. 신청자는 때때로 이 회의에 소환되어 자신의 처지를 설명해야 하는 경우도 있었다. 가난하고 무력한 빈민에게 이것은 매우 두려운 경험이었을 것이다.[28] 입소가 결정된후에는 의무관이 건강 상태를 확인하고 병이 있는 경우에는 병동으로 보내졌다. 건강에 문제가 없는 사람은 목욕을 마친 뒤노역소 제복으로 갈아입었다. 자신이 입었던 옷은 소독 후 노역소에서 별도로 보관했다가 퇴소할 때 돌려주었다. 그리고 아이들은 물론 어른들도 종종 머리를 깎이고 들어갔다. 청결 유지가주된 이유였지만 일종의 '군기잡기'로서의 의례이기도 했다. 입소한 빈민은 노역소의 주민(resident)도 거주자(occupant)도 아닌, 교도소의 죄수와 같다는 의미로 수용자(inmate)라고 불렸다.

노역소 입소자 중에는 사전 준비 없이 갑자기 들어오게되는 사람들이 있었다. 이런 사람들은 대개 부랑인이었다. 이렇게 갑작스럽게 입소하는 빈민을 가리켜 흔히 'casual poor'라고 불렀다.[29] 이들은 아주 짧은 기간 동안 머무르려는 사람들이었다. 실제로 상당수의 부랑인들은 마땅히 오갈 곳이 없는 경우에 노역소 입소를 최후의 선택으로 생각하곤 했다. 즉 이들은

---

28. 트롤로프(Frances Trollope)의 소설 『제시 필립스(Jesse Phillips)』에는 여주인공이 빈민감독관위원회의 심사장에서 분위기에 압도되어 면접 중 졸도하는 장면이 나온다.
29. 조지 오웰(George Orwell)도 1933년에 나온 그의 회고록 Down and Out in Pairs and London에서 노역소 부랑인 구역(casual ward)에 묵었던 체험을 언급한 바 있다.

노역소를 무료 여인숙처럼 여기고 필요에 따라 그렇게 이용했다. 이들의 입소는 오후 늦은 시각으로 제한되어 있었다. 입소하려면 노역소 정문에 줄을 서서 때로는 몇 시간씩 기다려야 했다. 이런 빈민을 위한 공간은 일반 빈민의 거주 공간과 분리되었을 뿐만 아니라 극히 한정되어 있어서 늦게 들어오는 경우에는 자리를 얻지 못하고 돌아가야 했다.

자 그러면 나갈 때는 어떤 절차를 거치는가? 마음대로 나갈 수는 있을까? 노역소는 숱한 악명에도 불구하고 교도소와 결정적으로 다른 점이 하나 있는데, 그것은 나가고 싶을 때는 마음대로 나갈 수 있다는 사실이다. 물론 이것은 노역소에서 완전히 퇴소할 때의 이야기다. 노역소에 수용되어 있는 동안에 잠시 외출을 할 일이 생겼다면 반드시 허가를 받아야 나갈 수 있다. 외출이 허락되는 일은 대개 아이의 세례식, 병든 친척 방문, 장례식 참석 등이다. 건강한 사람으로 외부에 파견되어 일하는 경우에도 외출이 가능했다. 노역소에서 아예 나가고 싶은 사람은 세 시간 전에 미리 통지하면 언제든지 퇴소할 수 있었다. 가장이 나갈 때는 모든 가족이 한꺼번에 퇴소해야 했다. 빈민 중에는 입소 절차의 까다로움에도 불구하고 노역소를 값싼 숙박 시설처럼 생각하고 수시로 들락거리는 경우도 있었다. 아침에 퇴소했던 빈민이 당일 저녁에 입소 신청을 하는 경우도 없지 않았다. 1901년 자료에 따르면, 줄리아라는 이름의 81세 여성이 런던 시티 노역소에 무려 163회나 입소했던 기록을 가지고 있다고 한다.[30] 이런 문제를 막기 위해 1900년대 초에는 퇴소 전 통지 기간을 늘리는 변화가 있었다고 한다. 그러나 상당수의 빈민은 노역소의 장기 체류자가 되었다. 1861년의 의회 조사에 따르면, 수용자의 20% 이상이 5년 이상의 장기 체류자로 나타났다.

분류와 분리

빈민법위원회의 지침에 따라 입소한 빈민은 일곱 가지 집단으로 나뉘었다. 즉 심신이 허약한 남자, 심신이 허약한 여자, 15세 이상의 건강한 남자, 15세 이상의 건강한 여자, 7-15세 소년, 7-15세의 소녀, 7세 미만의 아동, 이렇게 일곱 집단이었다. 그러나 이것은 빈민법위원회의 일방적 기준이었을 뿐, 현장에서는 어느 정도의 유연성이 적용되어 실제로는 대략 네 개의 집단으로 나누는 게 일반적이었다. 노인과 심신이상자, 아동, 건강한 남자, 건강한 여자가 바로 그것이다. 빈민법위원회의 분류 지침이 제대로 시행되지 못한 가장 큰 이유는 이 지침에 따라 빈민을 수용하려면 상당한 규모의 노역소가 새롭게 지어져야 했기 때문이었다. 그런데 노역소 수용자 중에 건강한 성인의 수는 매우 적었다. 이렇게 적은 인원을 별도로 수용할 시설을 갖춘다는 것이 빈민조합의 처지에서는 일종의 예산 낭비로 보였을 것이다. 특히 농촌 지역의 빈민조합처럼 경제적으로 여유가

---

30. www.workhouses.org.uk/life/entry.shtml

없는 곳에서는 더욱 그러했다. 사정이 이렇다 보니 극소수의 대도시 노역소를 제외하곤 중앙의 분류 지침을 그대로 따르는 경우는 거의 없었다.

한편, 입소한 빈민의 가족은 이와 같은 분류 기준에 따라 별도의 구역에서 떨어져 지내야 했다. 이와 같은 가족 분리 지침은 신빈민법의 의도적 정책의 일환이었다. 남편과 아내를 분리시키는 것은 '번식(breeding)'을 막기 위한 조치였다.[31] 아이와 부모를 분리시키는 이유는 아이를 쓸모 있는 존재로 만들기 위한 조치로 여겨졌다. 빈곤한 부모에게 아이를 내버려두면 아이역시 부모와 똑같이 게으르고 방종한 빈민으로 성장할 가능성이 크다는 논리였다. 이렇듯 분리된 가족은 식사 시간이나 예배시간에 이따금 대면 기회가 주어지기도 했으나 서로 말을 주고받는 것은 엄격히 금지되었다. 가족의 분리 수용은 빈민법 개혁자들이 그토록 바라던 구호 신청에 대한 '억지력으로서의 노역소(workhouse as a deterrent)'라는 구상에 가장 효과적인 방법이었다.

가족의 강제 분리는 신빈민법 노역소의 악명을 떨치는 데 한몫을 했다. 구빈민법 시기에도 가족이 함께 지내지 못하는 경우가 적지 않았으나, 그것은 정책적 강제의 성격을 띠기보다는 노역소의 공간적 제약 때문인 경우가 대부분이었다. 또한 낮에는

---

31. 당시 중상층에서는 빈민의 자녀 출산을 '번식'이라는 용어로 표현하는 게 일반적이었다. 이렇게 동물에게 사용하는 용어를 인간에게 적용했던 배후에는 빈민에 대한 적대감과 혐오감이 깊게 자리를 잡고 있었다.

비교적 자유롭게 작업장이나 식당에서 어울리는 데 별 제약이 없었다. 그러나 신빈민법 노역소의 가족 분리는 전국적인 지침에 따른 강제적 정책이었다. 당사자들의 고통과 비참함은 숱한 증언을 통해 전해졌다. 특히 아이들에게는 평생의 트라우마로 각인될 비극적 사건이었다. 찰리 채플린(Charlie Chaplin)도 유년기에 노역소 생활을 한 적이 있었다. 그는 노역소에서 어머니와 떨어져 지내게 된 상황을 이렇게 회고한 바 있다.[32]

기가 막힐 일이 벌어졌다. 거기서 우린 헤어져야 했다. 어머니는 여자 구역으로 가고 우리는 아동 구역으로 가야 했다. 그 첫날의 통렬한 슬픔을 난 지금도 잘 기억하고 있다. 노역소 제복을 갈아입은 어머니의 모습이 얼마나 기가 막히고 당황스러웠던지! 한 주 만에 만난 어머니는 폭삭 늙어 버렸고 야위었다.

또한 어느 가난한 가장은 노역소 입소를 반대하는 이유를 의회 청문회에서 다음과 같이 설명했다.[33]

"당신이 노역소 입소를 반대하는 이유는 무엇입니까?"
"저와 제 아이들이 헤어져야 되기 때문입니다. 거기에 들어가면 저는 아이들에게 아무것도 아닌 존재가 되어 버리니까요. 제게는 두 살짜리 어린애가 있는데, 그 어린 것을 떼어 놓아야 한다니 생

---

32. Chaplin, Charles. 1964. My Autobiography. Kindle Edition.
33. House of Commons, 1840.

각만 해도 가슴이 미어집니다."

"두 살짜리 아이와 헤어져야 한다는 걸 어떻게 알고 있습니까?"

"위컴(Wickham) 노역소에서 한 살짜리 아이를 부모와 떼어 놓은 일이 있다고 들었습니다."

일과와 노동

노역소의 일과는 단조롭고 거칠었으나 한시도 마음대로 시간을 보내지 못하도록 엄격히 고안된 것이었다. 일과표조차 빈민법위원회의 표준 지침을 따라 만들어졌다. 지침에 따르면, 기상 시각은 아침 5시(가을과 겨울엔 6시), 아침 식사 6시, 7시부터 오후 6시까지 노동(점심시간 제외), 저녁 식사 오후 6시, 취침은 저녁 8시로 교도소와 다름없는 일과를 보내야 했다. 아침 식사 전과 저녁 식사 후에는 공동 기도 시간이 있었고 일요일에는 예배에 참석했다. 모든 일과의 시작과 끝은 종을 쳐서 알렸다. 저녁 식사 후 취침까지의 한 시간은 사적인 '여가' 시간으로 쓰였으나 노역소에는 특별히 할 것이 없었다. 이 시간을 유용하게 보낼 수 있도록 1860년대 이후에는 외부로부터 책이나 잡지가 기증되어 들어왔다. 또한 오늘날의 교도소 '위문' 공연과 같은 행사가 노역소에서도 벌어졌다.

노동 능력이 있다고 인정된 사람은 노역소에서 일을 해야 했다. 이런 일 중에는 노역소를 유지하기 위한 청소나 부엌일 등의 작업도 포함되었다. 또한 노역소가 보유한 밭에서 채소 따

위를 기르는 일도 당연히 수용자의 몫이었다. 그러나 '진짜' 일
은 노역소의 수입을 올려야 하는 노동이었다. 온갖 일이 주어
졌는데 그중에서도 남자들이 가장 흔하게 했던 노동은 주로 돌
부수기(stone breaking)와 선박용 밧줄을 뱃밥으로 재생하는 작
업(oakum-picking)을 했다. 돌 부수기는 바위를 잘게 부수어 도
로 공사용으로 판매하는 작업이었다. 이 노동은 대단한 완력을
요구하는 것으로 고되었을 뿐만 아니라 부상을 당할 가능성이
제법 큰 작업이었다. 뱃밥은 오래된 선박용 밧줄의 가닥을 기
계 못을 이용해 풀어서 섬유로 만든 다음, 배의 판자 틈새에 집
어넣어 누수를 방지하는 데 쓰였다. 뱃밥 작업은 밧줄에 발라
진 두꺼운 타르를 기계 못으로 제거하고 이것을 한 가닥씩 풀
어 섬유로 만드는 과정이었다. 이 일은 돌 부수기보다는 힘이
덜 들었지만 손가락에 많은 상처를 내는 작업이었다. 수용자들
은 하루에 3파운드의 뱃밥을 만들어야 했다. 뱃밥 재생 작업에
는 여성들이 투입되는 경우도 많았다. 물론 여성들이 주로 했던
일은 빨래와 부엌일이었다. 이 밖에 가축의 뼈를 부수어 비료
원료를 만드는 작업도 있었으나, 앤도버 스캔들 이후 이 작업은
노역소에서 금지되었다.

　빈민들이 노역소에서 수행한 노동에 대해서는 원칙적으로 어
떠한 보상도 주어지지 않도록 되어 있었다. 하지만 현장에서
는 이러한 원칙이 지켜지지 않았다. 사실 노역소 운영자들의 입
장에서는 이 원칙을 제대로 지키기가 힘들었다. 고된 노동, 그
것도 상업적 이익을 챙길 목적으로 시키는 노동에 대해 어떠

한 보상도 지급하지 않는다면 수용자를 다루는 데에도 적지 않은 어려움이 생길 터였다. 그래서 상당수의 노역소에서는 상업적 목적을 띤 노동(특히 돌 깨뜨리기와 뱃밥 재생 작업)에 대해서 어느 정도의 경제적 보상을 제공했다. 예를 들어, 1840년대 런던 노역소들은 돌 112파운드에 1-1.5펜스를 주었으므로 아주 부지런히 일한 노동자는 하루 최대 2실링 6펜스까지 벌 수 있었다.[34] 노역소 노동은 근로 능력이 있는 건강한 빈민의 감소로 19세기 후반에 이르러서는 대부분 사라지고 노동력 부족으로 말미암아 노역소 내부의 기본적인 일도 제대로 수행하기가 어려울 지경이 되었다.

규칙, 감시, 처벌

노역소에서 지켜야 할 규칙도 빈민법위원회가 마련한 것이었다.[35] 규칙에 반하는 수용자의 행위는 가벼운 위반 행위(disorderly)와 무거운 위반 행위(refractory)로 나누어 처벌했다. 먼저 전자에 속하는 행위로는 떠드는 것, 욕하기, 몸을 깨끗이 씻지 않는 것, 꾀병, 카드놀이, 타 구역에 들어가는 것 등이다. 이런 행위를 한 사람에게는 최대 48시간 동안 음식 배급량을 줄이는 동시에 버터, 치즈 등의 제공을 중지하는 처벌이 내려졌다. 무거운 위반 행위로 여겨지는 것에는 노역소의 소장이나 관

---

34. Green, 2006: 149.
35. House of Commons, 1842.

리에 대한 모욕과 욕설, 명령 거부, 타인에 대한 폭력 행사, 노역소 재물의 고의적 파손, 음주, 기도와 예배 중 소란 등이었다. 아울러 가벼운 위반 행위를 일주일 내에 반복한 경우는 무거운 위반 행위로 여겨졌다. 이런 행위에 대한 처벌로 위반자는 음식량 축소와 함께 최대 24시간 동안 독방에 감치되었다. 규칙 위반 행위는 신빈민법 시행 초기 노역소 수용 인원이 과밀한 상황에서 많이 발생했다. 특히 생활환경이 더 나빴던 대도시 노역소에서 문제가 심했다.

그러나 문제는 이러한 규칙과 규정은 해석을 거쳐야 적용이 될 수 있다는 데 있었다. 사실 노역소라는 최후의 생계 수단을 택한 빈민들에게 이 해석의 과정에서 협상의 여지가 있었을 것이라고는 생각되지 않는다. 게다가 신빈민법의 취지는 구빈민법이 허용했던 제도 시행 과정에서의 모든 모호함과 유연성을 최소화하겠다는 것이므로 빈민의 입지는 극히 좁을 수밖에 없었으리라. 따라서 빈민에게 주어진 선택은 현실을 인정하고 따를 것인가 아니면 입소를 포기할 것인가, 즉 먹느냐 굶느냐의 이분법적인 문제로 보이기가 쉽다. 그러나 빈민들은 만만치 않았다. 비록 궁핍하고 처참한 상황이 이들로 하여금 노역소에 들어올 수밖에 없는 선택을 하게 만들었지만, 이들이 주어진 현실을 마냥 수동적으로 받아들이는 것만은 아니었다.[36] 빈민들은 개인적으로 또는 집합적으로 다양한 방법과 수단을 동원해서

36. Green, 2006: 137.

노역소 관리들과 싸웠고 치안판사들에게 자신들의 불만을 제기했으며 빈민법위원회에 항의 편지를 써서 보냈다. 물론 노역소 밖에서 진행되었던 신빈민법 반대 운동에는 모두 신경을 곤두세우며 관심을 쏟았으나, 노역소 내부에서 일어나는 이런 저항에는 별다른 반응을 보이지 않았던 게 사실이다. 그렇다고 해서 이들의 저항이 무의미하게 끝난 것은 결코 아니다. 이들의 저항과 도전은 직접 또는 간접으로 노역소 운영 방식은 물론 운영 규칙과 빈민법 자체에까지 지속적인 영향을 미쳤다.

노역소에서의 규칙 집행과 그에 따른 처벌은 자연스럽게 감시의 일상화를 초래했다. 빈민법위원회가 마련한 지침에도 노역소 소장의 필수적인 스킬의 하나로 예리한 관찰과 감시 능력을 언급했다.[37] 지침은 소장 부부의 상시적인 감시와 관찰이 소내의 질서유지에 필수적인 요소임을 강조했다. 기상과 취침 시에는 군대처럼 점호를 실시해서 빈민의 수를 정확히 파악하는 것도 중요한 일과의 하나로 여겨졌다. 노역소의 건축 설계도 감시를 원활하게 하는 데 도움이 되는 방향으로 이루어졌다. 벤담이 제시한 파놉티콘은 실제로 지어지지 않았지만, 그에 비견되는 형태의 육각형 또는 Y자 형태의 건물이 등장한 것이다.[38] 벤

---

37. Lumley, 1869: vi.
38. 벤담의 파놉티콘 구상이 노역소 전체에 적용되지 않았던 가장 중요한 이유는 재정적인 여건상 새로운 건물을 짓기보다는 기존의 건물을 활용하는 쪽으로 빈민법위원회가 정책 방향을 바꾸었기 때문이다. 이러한 방향 선회는 가뜩이나 뒤숭숭한 지역의 구빈 담당자들을 노역소 신축 문제로 자극하면 신빈민법 시행에 차질을 빚을지 모른다는 우려에 따른 것이었다.

〈그림 3.2.1〉 아빙돈 노역소

담의 파놉티콘 원리는 여기에도 들어 있었다. 노역소 소장의 사무실이 중앙에 자리를 잡고 사방을 감시할 수 있도록 건물은 중앙에서 방사상으로 퍼지도록 지어졌다. 1835년에 문을 연 아빙돈(Abingdon) 노역소는 이 두 가지 요소를 결합해서 지은 최초의 신빈민법 노역소였다(〈그림 3.2.1〉 참조). 아빙돈 노역소는 빈민의 분류에 따른 수용 조건을 충족하는 한편, 감시와 관찰이 원활하게 이루어질 수 있도록 만들어졌다.

음식과 영양

1835년 빈민법위원회는 6개의 표준 식단을 제시하면서 각 조합이 자신들의 상황에 따라 알맞은 것을 선택하라고 지시했다.[39] 위원회는 표준 식단의 기준은 열등 처우의 원칙에 따라 최저 생활을 하는 노동자의 식단보다 좋은 것이 되지 않도록 주의를 기울였다고 밝혔다. 따라서 표준 식단에 대한 어떠한 변화 시도도 중앙의 허가를 받아야 했다. 여섯 개 모델 중 가장 단순한 식단은 3번 모델로 아침엔 빵과 묽은 오트밀, 점심과 저녁은 빵과 치즈로 이루어져 있고 일주일에 두 번 고기와 채소가 나오는 것이었다. 그러나 각 노역소는 지역적 특색을 나름대로 인정해서 북부 지역에서는 감자와 오트밀, 남부에서는 빵과 치즈가 주식으로 제공되었다. 양적인 면에서 보자면 노역소 식단이 제공하는 고형 음식의 양은 죄수보다 적었다. 또 빈민의 성별과 상태에 따라, 지급되는 양과 내용이 조금씩 달랐다. 남자에게는 여자보다 대략 25% 이상의 음식을 더 주었다. 아이들에게는 지역 노역소가 자체적으로 적당하다고 판단한 양을 주었다. 병자의 음식은 의무관이 결정했다. 노인은 정규 식단 외에 보통 버터, 설탕, 차 등을 별도로 받았다.

노역소 음식 중에서 가장 악명을 떨친 것은 묽은 죽(gruel)이었는데, 포리지(porridge)에 물을 많이 타서 만들었다.[40] 당시 노역소에서는 소금도 사치스런 것으로 여겨서 죽을 먹을 때에도 소금을 주지 않았다. 게다가 아침에 대량으로 만들어 놓으니 점심이나 저녁에는 다 식어 버려서 그 죽의 맛은 그야말로 '죽을 맛'이었다. 이것은 올리버 트위스트가 더 달라고 조르던 바로

---

39. Poor Law Commissioners, 1836: 63-6.
40. 포리지는 곡물(주로 귀리) 가루에 뜨거운 물이나 우유를 타서 만든 죽이다.

그 음식이기도 했다.

노역소의 음식에서 질적인 측면은 고려의 대상이 아니었다. 당시는 영양학적 기준도 정해지지 않은 때였다. 다만 최근의 영양 기준과 견주어 보면 노역소 음식의 칼로리가 25% 정도 적었을 것으로 추정되고 있다.[41] 게다가 지방, 채소, 과일 등의 섭취는 절대적으로 부족했다. 이것은 수용자들에게 미네랄과 비타민 결핍증을 유발했을 가능성이 높다. 제공된 음식의 질도 매우 낮았다. 우유는 물을 타서 농도가 낮았고 치즈는 탈지유로 만든 것이었다. 게다가 음식의 맛이 없었다는 것은 모든 사람의 공통된 증언이었다. 1842년에 노역소에 들어가 살았던 빅토리아 시대의 저술가이자 도예가인 찰스 쇼(Charles Shaw)는 후에 자서전에서 이렇게 말했다.[42]

"나도 과거에 열악한 음식을 먹어 본 경험이 있었지만, 이것(노역소 음식)처럼 형편없는 음식은 본 적이 없었다. 도대체 어떤 재료와 방법으로 만들기에 그토록 역겨운 것인지 알 길이 없었다. 정직하게 만든다면, 그냥 단순한 음식과 물만으로도 기본적인 맛은 나기 마련이다. 노역소 음식은 수십 년 동안 땀에 전 옷과 함께 끓인 건지 쾨쾨한 냄새가 났다. 거기 음식은 내가 먹어 본 것 중 최악의 것이었다."

....

41. Higginbotham, 2009: 57.
42. Charles Shaw는 1906에 발간된 'When I Was a Child'라는 책에서 유년 시절의 노역소 경험을 자세하게 밝힌 바 있다.

이와는 대조적으로 신빈민법 이전의 노역소는 비교적 괜찮은 음식을 제공했다. 가령 런던의 세인트 존(St. John) 지역 노역소의 1750년대 하루 식단은 7온스의 고기, 2온스의 버터, 4온스의 치즈, 1파운드의 빵, 맥주 석 잔으로 이루어졌다.[43] 양도 충분했고 질적으로도 신빈민법 노역소에 비해 좋았다. 당시 맥주는 상수도 시설이 열악한 상황에서 사실상 물을 대신하는 것이었다. 그러나 1834년 이전의 노역소는 지역과 상황에 따라 편차가 심했으므로 일반적인 평가를 내리기는 쉽지 않다. 다만 한 가지 분명한 것은 여건이 괜찮은 지역의 노역소의 식생활은 신빈민법 노역소보다 훨씬 좋았다는 사실이다. 신빈민법 노역소의 음식 상태도 최악의 시기라는 1840년을 지나면서 서서히 나아지기 시작했다. 특히 1866년 이후 양적, 질적 개선이 뚜렷하게 이루어졌다. 그 이유는 대략 세 가지로 요약할 수 있다.[44] 첫째, 미국산 밀의 수입으로 빵 값이 크게 떨어져 노역소의 공급량에도 여유가 생겼다. 둘째, 노역소 빈민에 대한 인식이 점차 바뀌고 있었다. 특히 열등 처우의 원칙에 대한 비판적 견해가 많아지고 노역소 생활에 대한 문제 제기가 잦아지면서 빈민에 대한 동정심이 일어났다. 셋째, 의학 단체 등의 영향으로 노역소 빈민에 대한 영양학적 관심이 높아졌다.

한편, 신빈민법 노역소의 식단을 긍정적으로 평가하는 현대 연구자들도 제법 있다. 당시의 식단은 현대의 영양학적 기준에

---

43. http://www.workhouses.org.uk/life/food.shtml
44. Johnston, 1985: 148-49.

비추어도 기본적인 욕구를 충족시키는 수준이며, 따라서 "죽 더 달라"고 애원하는 올리버 트위스트의 이미지는 신화라는 주장이다.[45] 이에 대한 반박도 만만치 않다. 우선 노역소 식단의 긍정적 평가는 대부분 빈민법위원회의 표준 식단을 기준으로 삼고 있는데, 현장에서 이 지침을 과연 충실하게 따랐는지에 대해서는 당시에도 상당한 문제 제기가 있었다는 점을 기억할 필요가 있다.[46] 실제로 앤도버 노역소처럼 노역소 관리의 부패도 드문 현상이 아니었으므로 노역소 식단이 충실히 이행되었다고 장담할 수 없다. 또한 지역에 따라 구빈 재정을 줄이겠다는 과욕을 내세워 중앙의 식단 지침을 따르지 않은 경우도 적지 않은 것으로 드러났다. 만일 노역소 음식에 아무런 문제가 없었다면 도대체 그 숱한 문제 제기는 왜 이루어졌으며, 올리버 트위스트 같은 '신화'는 어떻게 만들어질 수 있었을까?[47]

이와 같은 식단 논쟁과 관련하여 노역소 음식이나 식단의 평가를 양이나 영양적 측면을 넘어 어떤 음식의 제공이 금지되었는가에 초점을 맞추어 그것의 의미를 캐보려는 연구 작업도 최근 이루어졌다.[48] 노역소에서 금지된 음식은 '사치품'이나 '도락'으로 규정된 것인데, 과일, 술, 사탕, 로스트비프, 푸딩 등이 그런 것이었다. 아울러 빈민위원회는 크리스마스와 같은 특별

---

45. 예컨대 앤 딕비(Anne Digby, 1978)가 이런 주장을 하는 대표적 연구자이다.
46. 실제로 1837-38년의 의회 특별위원회 보고에는 이러한 비판이 넘쳐났다.
47. Mill, 2013: 2.
48. 특히 Nadja Durbach(2013)의 연구가 주목할 만하다.

한 날에 제공하던 특식도 주지 말도록 지침을 내렸다. 이런 음식은 대개 특별한 날이나 축제 분위기를 낼 때 먹는 것이므로 노역소에는 적합하지 않다는 논리였다. 그럼에도 지역에 따라서는 이러한 음식을 제공하는 경우도 꽤 있었던 것으로 알려진다. 크리스마스나 부활절 같은 즐거운 축일에 특별한 음식을 만들어 나누어 먹는 것은 오랜 풍습이었기에 중앙의 금지 지침에도 불구하고 이 지침을 '기꺼이' 어겼을 터이다. 특히 로스트 비프와 푸딩은 영국의 전통적인 크리스마스 음식으로 여겨졌으며, 부자, 지주, 귀족 등 사회 지배층도 이 시기에 이런 음식을 자신들의 주변에 있는 빈민들에게 나누어 주는 풍습이 있었다. 실제로 구빈민법 시기의 노역소에서는 이러한 특식 선물을 외부에서 받아 빈민들에게 제공하곤 했다. 이와 같은 선물은 심지어 교도소에까지 제공되기도 했다.

따라서 신빈민법 초기에는 이와 같은 특식의 제공 문제를 둘러싸고 혼선이 빚어졌다. 지역의 문의도 잇달았다. 결국 중앙의 결정은 정해진 식단에 따라야 한다는 것이었다. 외부의 특식 선물도 금지되었다. 이들이 전가의 보도처럼 내민 것은 열등 처우의 원칙이었다. 노역소 제도의 성공은 노역소의 열악한 생활환경에 달려 있는 만큼 순간의 자비심이 노역소 제도를 흔들 수 있다는 주장도 잊지 않았다. 오히려 크리스마스와 같은 특별한 날에 자신들의 불행한 처지를 뼈저리게 느끼도록 해야 노역소에 대한 의존을 막을 수 있다는 논리가 이어졌다. 빈민법 당국의 강퍅한 논리가 벽에 부딪히게 된 것은 앤도버 스캔들의 발발이었다. 이 사건을 계기로 노역소의 가혹한 생활 실태를 비판하는 목소리가 커졌다. 크리스마스를 비롯한 축일에 특식이 거부되었다는 사실이 밝혀지자 반빈민법 세력은 이 문제를 집중적으로 성토하면서 정치적인 쟁점으로 몰고 갔다. 결국 1847년에 가서 특식 금지는 공식적으로 폐지되었다.

노역소 생활의 기억

노역소를 거친 숱한 사람들이 각양각색의 기록을 남겼다. 이 사람들의 절대다수는 대개 어린 나이에 노역소에 들어가 살았던 기억을 회고록이나 자서전의 형태로 남겼다. 한 가지 아쉬운 점은 성인으로 노역소에서 살았던 빈민들의 이야기는 기록으로 남은 것이 사실상 없다는 것이다. 성인 빈민이란 당대의 빈민이란 말인데, 이들에게 관심을 기울이는 사람도 드물거니와 자신의 삶을 글로 표현할 수 있는 빈민은 거의 없었을 터이다. 또한 개중에는 빈민이 아니라 노역소 관원으로 지내면서 자신의 체험을 남긴 사람들도 있다. 노역소 체험은 워낙 가혹한데다 다른 어느 곳에서도 겪어 보기 어려운 독특한 것이었으므로 오늘날까지도 많은 사람들의 관심을 끌어 모은다. 이 기록들은 노역소에 관한 그 어떤 자료보다도 생생하게 노역소에서의 삶을 재현하고 증언한다. 이 책의 가장 마지막 부분을 이러한 기억의 재생에 할애하는 이유가 여기에 있다.

찰리 채플린

노역소 출신 중에서 가장 유명한 인사로는 아마도 20세기 최고의 희극배우로 불리는 찰리 채플린을 꼽아야 할 것이다. 채플린은 다섯 살 때 부모가 갈라서면서 어려운 유년 시절을 보냈다. 급기야 일곱 살이던 1896년에 채플린은 어머니, 형과 함께 런던 뉴잉턴(Newington) 노역소에 들어가게 되었다. 입소 규정에 따라 채플린은 머리를 짧게 깎고 노역소 제복으로 갈아입은 다음 어머니는 여성 구역으로 자신은 아동 구역으로 헤어지는 아픔을 겪었다. 노역소에서 3주를 보낸 뒤 그는 중앙 런던 지구 학교(Central London District School)로 보내졌다.[49] 두 달 뒤 채플린은 다시 노역소로 돌아가게 되었는데, 두 아들이 보고 싶은 마음에 어머니가 노역소 퇴소를 결정했기 때문이었다. 그러나 퇴소 후 하루를 공원과 커피숍에서 보낸 어머니는 다시 노역소로 돌아가야 했다. 말하자면 그의 어머니는 아이들을 보기 위해 퇴소 절차를 밟고 재입소하는 번거로움을 감수했던 것이다. 채플린은 1898년 1월까지 런던 지구 학교에 다녔는데, 이곳에서 백선(白癬)이라는 피부 전염병에 걸려 고생을 하기도 했다. 이후 채플린은 잠시 퇴소했다가 다시 어머니와 함께 램버스 노역소

49. 지구 학교는 런던 등의 대도시에서 여러 개의 빈민법조합이 연합해서 세운 학교로 노역소 아동을 교육시키기 위한 별도의 시설이었다.

에 들어갔다. 그는 이때의 아픈 경험을 자신의 진기에서 생생하게 보여 주었다.[50]

"입소 일주일 후에 다시 봤을 때 어머니는 늙고 야위어 보였다. 그러나 우리를 보자 어머니의 얼굴은 환해졌다. 형과 나는 울기 시작했고 우리가 울자 어머니도 따라 울었다. 커다란 눈물방울이 엄마의 볼을 타고 흘러내렸다. 마음이 안정된 뒤 어머니는 짧게 깎은 우리 머리를 보고 웃으셨다. 그러면서 곧 다시 함께 살 수 있게 될 것이라고 말씀하셨다."

"(런던 지구 학교로 전학한 뒤) 처음 며칠은 비참한 마음을 금할 수 없었다. 노역소에서는 그래도 엄마가 (함께 지내지는 못해도) 근처에 있다는 생각을 하면서 지냈는데, 학교는 노역소에서 아주 멀리 떨어진 곳이었다. 그나마 형은 큰 아이들 반으로 가고 나는 어린 애들 반으로 가면서 잠도 따로 떨어져 자야 했다. 우리는 서로 거의 보질 못했다. 그러나 기쁘고 놀랍게도 두 달이 지난 어느 날 어머니가 퇴소를 결정해서 우리는 다시 노역소로 돌아갔다. 어머니가 전에 입던 옷을 입고 노역소 정문에서 우리를 기다리고 있었다. 어머니는 그저 우리를 보기 위한 일념으로 퇴소를 결정하신 것이었다. 우리와 함께 하루를 밖에서 보낸 다음 노역소에 재입소 절차를 밟을 생각을 이미 하신 상태였다. 이렇게까지 하신 것은

---

50. Chaplin, Charles. 1964. My Autobiography. Kindle Edition.

이것이 노역소 수용자 신분으로 자식을 만날 수 있는 유일한 방법이었기 때문이었다."

윌 크룩스

윌 크룩스(Will Crooks)는 1852년에 런던 빈민가의 단칸방에서 태어나 자랐다. 성인이 된 뒤로는 노동운동가로 페이비언 협회(Fabian Society)에서 활동하면서 하원의원을 지냈다. 그는 평생 노동자들과 빈민들의 처지를 개선하고 이들의 목소리를 전하기 위해 노력했다. 크룩스의 아버지는 배에서 화부(火夫)로 일하다 다쳐 팔 한쪽을 잃어버렸다. 극심한 가난을 견디다 못한 크룩스 일가는 1861년 집 근처에 있는 포플라(Poplar) 노역소에 들어갔다. 윌이 여덟 살 때였다. 노역소에 들어가기 전 그들은 자신들이 사는 지역의 구빈 당국으로부터 재가구호를 받고 있었다.[51] 그런데 어느 날 갑자기 구호가 끊기더니 빈민감독관들이 어머니를 소환했다. 아이들도 함께 데리고 오라는 통보였다. 감독관들 앞에 소환된 어머니와 아이들은 두려움에 휩싸였다. 감독관위원회 위원장이 윌을 지목하며 어머니에게 물었다.

"이 아이도 이젠 일을 해서 생계를 보탤 때가 되지 않았소?"

"이미 일을 하고 있습니다, 위원장님. 아침마다 5시 15분 전

---

[51] George Haw는 1907년에 윌 크룩스의 전기(From Workhouse to Westminster)를 발간했다. 크룩스의 사례는 이 전기에 토대를 둔 것이다.

에 일어나 우유 배달부를 따라다니며 일을 합니다. 한 주에 6펜
스를 받지요."

"좀 더 벌지는 못합니까?"

"우유 배달부 얘기로는 애가 일도 열심히 하고 시간도 잘 지
키지만 너무 어려서 돈을 더 줄 수는 없다고 하는군요."

면접이 끝난 후 감독관들은 재가구호의 제공을 중지할 것이
니 구호를 계속 받고 싶으면 노역소에 들어가라는 결정을 내렸
다. 어머니는 이 결정을 단호히 거부하고 아이들과 집으로 돌아
왔지만, 집의 형편은 어머니의 자존심을 꺾어 버렸다. 어머니를
제외한 나머지 식구들은 노역소로 들어갈 수밖에 없었다. 어머
니는 가족들의 노역소 퇴소를 앞당기기 위해 밖에 남아 일을 했
다. 노역소에 들어간 월은 늘 배가 고팠다. 하도 배가 고파서 가
죽이라도 먹을 수 있을 것 같은 생각이 들었다. 그렇지만 매일
아침 묽은 죽을 받을 때마다 그는 손을 대기도 싫었다. 소금이
라도 조금 주었으면 하는 생각이 간절했다. 그의 아버지는 월이
묽은 죽을 싫어해서 식사를 제대로 하지 못한다는 이야기를 전
해 듣게 되었다. 어느 날 오후 아버지는 전날 받은 쇠기름 푸딩
(suet pudding)을 주머니에 몰래 넣고 아이들 구역으로 숨어들
었다.[52] 그것을 월에게 전해 줄 요량이었다. 그러나 월에게 푸딩
을 전해 주려는 순간 노역소 직원이 나타나 푸딩을 가로채 버렸
다. 아버지가 노역소 규칙을 위반했기 때문이었다. 아버지의 호

---

52. 쇠기름 푸딩은 쇠기름을 잘게 썰어 밀가루와 빵조각을 섞어 만든 푸딩이
다.

소도 소용이 없었다. 노역소는 규칙 위반을 엄하게 다스렸다.

비록 오랜 기간은 아니었지만 노역소의 비참한 생활은 윌 크룩스의 영혼에 깊게 새겨졌다. 뒷날 그는 자기 가족을 노역소에 보낸 바로 그 빈민감독관 자리에 앉게 되었다. 노동자 출신으로는 처음이었다. 노역소의 생활 실태에 관심을 가졌던 크룩스는 어느 날 한때 자신이 수용되었던 바로 그 노역소를 찾아갔다. 하지만 노역소 소장은 그의 방문을 허락하지 않았다. 당시규정으로는 빈민감독관의 방문도 사전에 정한 일정에 따른 것만 허용되고 있었다. 불시 방문은 소장이 허락하지 않는 한 불가능했다. 크룩스는 이 어처구니없는 규정을 바꾸려고 노력했고, 결국 감독관의 노역소 불시 방문은 가능하게 되었다. 그리고 이 작은 변화가 노역소의 생활환경을 개선하는 데 기여했다. 감독관이 되어 찾아간 노역소는 별로 달라진 것이 없었다. 크룩스는 빈민법위원회에 이렇게 증언했다.

"노역소 환경은 구역질이 날 정도였다. 더럽기가 짝이 없었다. 수용자들은 옷도 변변하게 입지 못했고 신발조차 없는 사람이 많았다. 음식이 너무 열악해서 사람들이 먹지 못해 버린 음식이 빨래통에 넘쳐났다. 노역소 곳곳에서 노인과 여자들이 눈물로 자신들의 처지를 호소하는 장면에 우리는 가슴이 아팠다. 이들은 이렇게 말하곤 했다. '가난이 무슨 범죄입니까? 왜 우리를 죄인 취급하는지 모르겠습니다.' 이들 중 상당수는 고의로 노역소 규칙에 도전해서 치안판사 앞에 불려갔다. 오로지 교도소가 노역소보다 차라리 낫다는 말을 하려는 목적으로!"

찰스 쇼

1832년생인 찰스 쇼(Charles Shaw)는 도예가이자 저술가로 일생을 보냈다. 1842년 그가 열 살일 때 노동자인 아버지가 파업에 참가한 뒤 스태퍼드셔(Staffordshire)의 어느 노역소에 들어가게 되었다. 그의 노역소 경험은 그가 쓴 책, 『나의 유년 시절(When I was a child)』에 상세히 기록되어 있다.[53] 그중에 노역소의 체벌 목격담은 노역소의 억압적 성격을 적나라하게 드러낸다.

"노역소에 성질이 사납고 굽힐 줄 모르는 소년이 하나 있었다. 노역소 관원들은 이 아이는 타일러 봐야 소용없는 애이므로 호되게 벌을 받아야 한다고 생각했다. 그래서 매사에 아이를 험하게 다루었다. 하지만 그 애는 더욱 반항적이 되었다. 어느 날 매우 심한 벌을 받고 나서 소년은 노역소 담을 넘어 도망을 가 버렸다. 노역소에서는 난리가 났고 직원들이 아이를 찾으려고 나갔다. 몇 시간 뒤 아이는 잡혀서 노역소로 끌려왔다. 우리 모두는 그 애를 불쌍하다고 생각했지 나쁘게 보는 아이들은 하나도 없었다. 이제 그 애는 온갖 벌을 받을 것이 틀림없었다. 노역소에서 가장 오래

---

53. Shaw, 1903.

산 어떤 아이 얘기로는 소금물에 절인 자작나무 회초리로 아이들이 보는 앞에서 매타작을 당할 거라는 것이었다. 그날 밤 늘 먹던 그 묽은 죽 저녁을 먹은 뒤 모두 방에 남으라는 명령이 떨어졌다. 아무도 그 어떤 이유로도 나가서는 안 되는 것이었다. 긴 테이블이 치워지더니 네모난 작은 테이블을 들여왔다. 상황 판단이 빠른 아이들은 이 테이블 위에서 매질을 할 것이라고 수군거려서 우리는 모두 호기심과 두려움이 뒤섞인 채로 기다렸다. 이윽고 우리가 보통 때 못 보던 사람 여럿이 들어오고 소장도 들어왔다. 소장은 우리 아이들에게 무시무시한 권력의 화신이었다. 또한 그는 가장 역겨운 형태로 체현된 바스티유였다.[54] 개인적으로 소장은 친절한 사람이었을지도 모른다. 물론 그는 한 번도 그런 모습을 보여 준 적이 없었다. 그는 오로지 신빈민법이 요구하는 바에 따라 자기 직책에 충실한 소장이었을 뿐이었다. 그가 아이들에게 동정심을 가졌을 수도 있으리라. 직책에 따라 냉혹한 일을 해야 하는 자신을 내적으로는 고통스럽게 생각했을 수도 있으리라. 아무튼 소장이 방에 들어오자 분위기가 얼어붙었다. 그는 우리에게 무슨 일이 일어날지 말했다. 일벌백계로 소년의 잘못된 행동을 벌해서 우리에게 교훈을 삼도록 하겠다는 말에 우리 모두는 떨고 또 떨었다. 소장의 장광설이 끝나자 소년이 도살자 앞의 양처럼 방으로 끌려왔다. 그는 사납게 번득이는 눈으로 사방을 둘러보았다.

---

54. 바스티유라는 표현은 신빈민법 시행 이후의 노역소를 비웃는 용어로 널리 쓰였다. 프랑스 혁명 때 무너진 바스티유가 마치 구체제의 악을 상징했던 것처럼 노역소도 신빈민법의 사악함을 상징하는 표현이 되었던 것이다.

허리까지 옷이 벗겨지자 노랗고 창백한 촛불에 그의 심장이 갈비뼈 사이에서 빠르게 뛰는 것이 보였다. 그런 아이를, 제대로 먹지도 못했고 두려움에 떨고 있는 그런 아이를 벌하는 것은 소름끼치도록 잔인한 짓이었다. 그렇지만 규율은 신성한 것이었고 60년 전 바스티유에서는 아무 문제도 아니었다. 소년은 테이블 위에 올려졌다. 그리고 튼튼한 아이 넷이 사지를 붙잡았다. 테이블 위에 엎드린 소년은 저항했고 비명을 질렀다. 노역소 학교장이 매질을 할 것이었다. 그는 아무런 감정도 드러내지 않는 냉혈한이었다. 회초리가 허공을 가르자 가늘고 붉은 줄이 소년의 등에 선연하게 나타났다. 횟수가 늘면서 붉은 줄은 더 굵어졌다. 그러고는 작은 핏방울이 붉은 줄에서 떨어지는 것이 보였다. 그의 등은 이내 붉은 피로 범벅이 되어 옆구리의 하얀 피부와 대조를 이루었다. 매질이 얼마나 계속되었는지 잘 기억이 나질 않는다. 그러나 비명은 점점 약해졌고 결국 소년은 밖으로 실려 나갔다. 이게 바로 60년 전의 바스티유였다. 그 불쌍한 아이가 그날 밤을 어떻게 보냈는지 난 전혀 모른다. 그 애는 자기 침대로 돌아오지 않았다."

이 밖에도 숱한 사람들이 노역소의 비참한 생활을 증언하고 기록으로 남겼다. 그럼에도 빈민법을 만들고 집행하고 감독하는 관원들의 생각은 체험자들의 증언과 너무도 동떨어져 있었다. 이들은 노역소에 갇혀 신음하는 아이들이 '행복하다'고 우겼고 심지어 부모들이 찾아와서 자기들에게 고맙다는 인사를 한다고 우쭐하는 모습을 보이기도 했다. 1836년 빈민법위원회 위원보(Assistant Poor Law Commissioner)였던 터프넬(Edward Tufnell)의 이야기를 들어보자.[55]

"고아나 버려진 아이들의 처지가 어떻게 달라졌는지는 빈민법조합 결성 이전과 비교해 보면 상상이 가지 않을 정도입니다. 전에는 옷도 변변치 않았고 교육도 받지 못했으며 미래 빈민의 보균자로 사회에서 최악의 구성원이 될 아이들이었지요. 하지만 변화가 워낙 철저하게 이루어져서 새 법(신빈민법)에 적대적이던 사람들도 이제는 납득을 하는 것 같습니다. 이스트리(Eastry) 조합의 위원장은 노역소 아이들이 건강할 뿐만 아니라 행복하다고 말하더군요. 아이들은 매일 6시간씩 학교생활을 하고 있는데, 이것은 앞날을 생각할 줄 모르는 부모들 밑에선 꿈도 꿀 수 없는 것입니다. 홀링번(Hollingbourne)의 구호 담당관은 자기 지역의 여성들이 아이를 노역소에 데리고 가주셔서 고맙다는 말을 했다고 전하더군요."

그야말로 천양지차가 아닐 수 없다. 물론 이들의 생각에도 일리가 없는 것은 아닐 것이다. 이해하려고 하면 이해할 수 있는 측면이 분명히 있긴 하다. 거지나 다름없이 길거리를 누비던 아이들을 데려다 (비록 허름한 제복일망정) 입히고 (또 아무리 열악한 음식이라도) 정기적으로 먹이고 공부까지 시키니 이렇게 생각하

---

55. Poor Law Commissioners, 1836: 208.

는 것도 무리는 아닐 듯하다. 문제는 정작 당사자들이 노역소
생활을 어떻게 받아들였느냐 하는 것이다. 노역소를 경험한 모
든 사람들은 이 문제에 대해 이미 분명한 답을 했다. 그곳은 교
도소와 같은 곳이라고. 여기서 우리가 유념해야 할 점은 빈민에
게 먹을 것과 입을 것을 주는 자체도 중요하지만, 그들을 인간
이라는 존엄한 존재로 대하는 것이 훨씬 중요하다는 사실이다.
말이 나왔으니 말이지만, 신빈민법은 빈민의 구호 신청을 억제
하는 목적으로 노역소를 지은 것이지 그들에게 인간다운 삶을
보장하려고 지은 것은 아니지 않은가. 앞에 기록한 빈민법 위원
보의 말은 기실 신빈민법이 지향하는 목적과 원리에도 맞지 않
는다. 즉 자가당착인 셈이다. 왜 그렇게 노역소가 숱한 논란과
비판의 대상이 되었는가 하는 것은 바로 노역소에 투영된 신빈
민법의 원리 자체와 떼어서 생각할 수 없다. 신빈민법의 물리적
화신이 바로 노역소였던 것이다.

노역소의 교훈

신빈민법 체제의 물리적 화신인 노역소는 19세기 영국인들의
일상 가운데 깊게 자리를 잡고 있었다. 그것은 신문과 잡지와
화랑과 소설에 단골 메뉴로 등장했다. 당연히 관심의 밀도는
느슨해지고 그 폭은 좁아졌지만, 오늘날에도 노역소는 그들의

삶에 심심치 않게 나타난다. 그만큼 노역소는 실로 강렬한 역사적 흔적인 것이다. 가난한 이들에게 빵을 주되 기어이 감옥과 같은 환경을 만들어 그 안에 들어오는 자에게만 주겠다는 발상은 아무리 19세기 초의 것이라고 해도 고약하고 악랄하다는 말 외에 더 적합한 용어를 찾기 어렵다. 조금 더 호된 평가를 하자면 노역소 테스트를 고안한 자들은 Schadenfreude, 즉 '남의 불행을 보고 기뻐하는 것'과 무엇이 다른가?

물론 노역소에 대한 역사적 평가는 노역소 자체만큼이나 다양하다는 것을 인정해야 하리라. 가령 노역소에 대한 부정적 인식은 신빈민법을 반대하는 사람들이 의도적으로 만들어 낸 허구의 산물이라고 믿는 사람들이 적지 않다. 이들이 툭하면 불러내어 비판하는 대상은 말할 것도 없이 찰스 디킨스의 올리버 트위스트이다. 최근에 일단의 의학자들과 역사학자들은 빈민법위원회가 제시했던 노역소 식단을 근거로 올리버의 "죽 좀 더 달라"고 애원하는 장면은 그야말로 허구이며 노역소와 신빈민법에 대한 악의적인 왜곡이라고 비판한 바 있다. 필자는 이들의 주장이 정확할 수도 있다는 것을 부정하지 않는다. 아니 더 엄밀히 말하자면, 그것의 사실적인 정확성 여부에 대해 관심이 없다. 그래, 그들의 말대로 노역소 식단이 괜찮았다고 치자. 그것이 거기에 수용된 빈민의 삶을 근본적으로 바꾸어 놓을 수 있었다는 말인가? 빈민들이 노역소에 진저리를 친 것은 그것의 구상과 존재 자체에 있는 것이지 음식이나 의복이나 어떤 특정한 부분 때문은 아니었다. 사실 음식 자체도 빈민들의 고통과

슬픔을 자아낸 요소 중 하나임은 그들의 숱한 이야기에서도 확인할 수 있다. 빈민법위원회의 식단대로 제공했다고 해서 아무런 문제가 없었는가 말이다. 그렇지 않았음은 빈민들의 무수한 증언이 말해 준다.

노역소를 긍정적으로 평가하는 사람들은 또 있을 것이다. 근 200년 전인 19세기 초반에 그렇게 체계적인 구빈 정책을 만들고 시행했다는 사실만은 인정하고 평가해 줄 필요가 있지 않느냐고 반문할 것이다. 그렇다. 이것도 인정할 수 있다. 지역민들이 세금을 거두어 구빈 재정을 충당하도록 한 사실 하나만으로도 영국 빈민법은 충분히 역사적이라는 평가를 받을 만하다. 그러나 단 하나, 노역소만 아니었더라면 하는 아쉬움은 어쩔 수 없다. 하긴 이런 평가는 어불성설이다. 왜냐하면 신빈민법의 요체는 노역소이므로 노역소가 빠진 신빈민법은 팥소 없는 찐빵이 되기 때문이다. 다시 말해서 노역소가 없었다면, 더 정확히 말해서 노역소 테스트가 없었다면, 우리는 신빈민법에 '신'자를 붙일 하등의 이유가 없는 것이다.

그래서 오히려 구빈민법에 대단하다는 평가를 선사하고 싶은 게 필자의 생각이다. 그 옛날에, 400년이 넘은 그 옛날에 노역소를 강제하지 않는 빈민 구호 체계를 갖추었다는 사실에 우리는 경탄한다. 이렇게 시대적으로 앞선 제도를 굳이 '개혁'하겠다고 나선 사람들은 자유방임주의와 공리주의의 신봉자들이었다. 새로운 이데올로기를 내세웠으니 개혁처럼 보이겠지만, 그것은 분명 역사의 후퇴였다. 계몽사상이 이미 휩쓸고 지나갔고

휴머니즘과 대중 민주주의의 싹이 트고 있던 빅토리아 시대에 빈민의 '게으름'을 탓하고 복지 의존을 박멸하겠다고 노역소를 들이댄 사람들은 시장 논리와 만인의 행복 증진을 내세웠으나, 그것은 이런 구호와 무관한 도덕적 우월감의 과시였을 뿐이었다. 노동 능력이 있는 사람을 노역소에 가둔다면 구직 활동이 원천적으로 차단되어 복지 의존이 영구화될 가능성이 높다는 것은 삼척동자라도 생각할 수 있는 현실이었다. 그럼에도 이들을 노역소에 가두는 법이 과연 시장 논리에나 제대로 충실한 것이었던가? 이런 점에서 오늘날 사회복지 수급자에게 가해지는 공격의 인식적 토대는 19세기 노역소를 만든 사람들의 그것과 결코 다르지 않다. 시장 논리를 앞세우지만 그 배후에는 도덕적, 윤리적 우월감과 과시욕이 도사리고 있는 것이다.

노역소는 그 이유가 어떻든 가난을 이유로 인간을 가둔 제도로 그것이 근대 문명의 정점에 등장했다는 사실 하나만으로도 수치로 기록되어야 한다. 더구나 거기에 수용된 사람의 대부분은 어린아이들과 노인들이었다. 빈민을 수백 명씩, 심지어 수천 명씩 한 곳에 수용하겠다는 발상 자체가 시대의 문명적 흐름에 반하는 것이었다. 역사는 되풀이된다는 속언에 우리는 긴장할 필요가 있다. 노역소와 같은 발상이 다시는 이 땅에 현실로 나타나지 않도록 경계해야 한다는 것이 노역소가 주는 교훈이다.

참고 문헌

Baugh, D. A. 1975. "The Cost of Poor Relief in South-East England, 1790-1834." *Economic History Review* 28(1): 50-68.

Beier, A. L. 1990. "Social Problems in Elizabethan London." In J. Barry. ed. *The Tudor and Stuart Town. A Reader in English Urban History 1530-1688*. London: Routledge.

———. 1983. *Problem of the Poor in Tudor and Early Stuart England*. London: Routledge.

Berg, Maxine. 1994. *The Age of Manufactures 1700-1820,* Second Edition. London: Routledge.

Besley, T., Coate, S. & T. Guinnane. 2004. "Understanding the Workhouse Test: Information and Poor Relief in 19th Century England." In Guinnane, T., Sundstrom, W., & W. Whatley. eds. *History Matters: Essays in Honour of Paul David*. Stanford: Stanford University Press.

Blaug, Mark. 1963. "The Myth of the Old Poor Law and the Making of the New." *The Journal of Economic History* 23 (2):151-184.

Boulton, Jeremy. 2014. "Indoors or Outdoor? Welfare Priorities and Pauper Choices in the Metropolis under the Old Poor Law,

1718-1824." In Briggs, C., Kitson, P. and S. Thompson. eds. *Population, Welfare and Economic Change in Britain 1290-1834*. Woodbridge: The Boydell Press.

―――. 2000. "It Is Extreme Necessity That Makes Me Do This: Some Survival Strategies of Pauper Households in London's West End During the Early 18th Century." *International Review of Social History* 45: 47-69.

Boulton, J. and J. Black. 2013. "Paupers and Their Experience of a London Workhouse: St. Martin-in-the-Fields, 1725-1824." In Hamlett, J., Hoskins, L. and R. Preston. eds. *Residential Institutions in Britain, 1725-1970: Inmates and Environments*. London: Routledge.

Bowley, Marian. 1937. *Nassau Senior and Classical Economics*. London: Allen & Unwin.

Boyer, George. 1990. *An Economic History of the English Poor Law*. New York: Cambridge University Press.

―――. 1986. "The Old Poor Law and the Agricultural Labor Market in Southern England: An Empirical Analysis." *Journal of Economic History* 46(1): 113-135.

Braddick, Michael. 2000. *State Formation in Early Modern England c.1550-1700*. Cambridge: Cambridge University Press.

Bristol Record Society. 1932. *Bristol Corporation of the Poor 1696-1834*. Bristol: J. W. Arrowsmith.

Broad, John. 2012. "The Parish and the Poor in England since 1600." In Broad, J. and A. Schuurman, eds. *Welfare and Poverty in European Rural Societies from the 16th to 19th Century*. Turnout, Belgium: Brepols N.V.

Brown, John. 1832. *A Memoir of Robert Blincoe*. Manchester: J. Doherty.

Burnett, John. 1989. *Plenty and Want. A Social History of Food in England from 1815 to the Present day*. Third Edition. Abingdon: Routledge.

Chandler, J. A. 2007. *Explaining Local Government: Local Government in Britain Since 1800*. Manchester: Manchester University Press.

Defoe, Daniel. 1704. *Giving Alms No Charity and Employing the Poor*. London.

Digby, Anne. 1978. *Pauper Palaces*. London: Routledge & Kegan Paul.

Durbach, Dadja. 2013. "Roast Beef, the New Poor Law, and the British Nation, 1834-63." *Journal of British Studies* 52: 963-989.

Dyer, Christopher. 2012. "Poverty and Its Relief in Late Medieval England." *Past and Present* 216: 41-78.

Edsall, Nicholas. 1971. *The Anti-Poor Law Movement, 1834-44*. Manchester: Manchester University Press.

Engels, Friedrich. 1987(1845). *The Condition of the Working Class in England*. London: Penguin Books.

Englander, David. 1998. *Poverty and Poor Law Reform in 19th Century Britain, 1834-1914: from Chadwick to Booth*. Abingdon: Routledge.

Foster, Laura. 2014. *The Representation of the Workhouse in 19th Century Culture*. Unpublished Doctoral Dissertation at Cardiff University.

Fumerton, Patricia. 2006. *Unsettled: The Culture of Mobility and the Working Poor in Early Modern England*. Chicago: University of Chicago Press.

Furniss, Edgar. 1920. *The Position of the Laborer in a System of Nationalism*. Boston: Houghton Mifflin Company.

Goose, Nagel. 1999. "Workhouse Population in the Mid-19th Century: The Case of Hertfordshire." *Local Population Studies* 62: 52-69.

Green, David. 2010. *Pauper Capital: London and The Poor Law, 1790–1870*. Burlington, VA: Ashgate.

———. 2006. "Pauper Protest: Power and Resistance in Early 19th Century London Workhouses." *Social History* 31(2): 137–59.

Greif, A. and M. Iyigun. 2013a. "Social Organizations, Violence, and Modern Growth." *American Economic Review* 103(3): 534–538.

———. 2013b. "What Did the Old Poor Law Really Accomplish? A Redux." *IZA Discussion Paper* No. 7378.

Gritt, A. and P. Park. 2011. "The Workhouse Population of Lancashire in 1881." *Local Population Studies* 86: 37–65.

Hammond, J. L. and B. Hammond. 1911. *The Town Labourer: 1760–1832*. London: Longmans, Green and Co.

Hasbach, W. 1908. *A History of the English Agricultural Labourer*. Translated by Ruth Kenyon. London: P. S. King & Son.

Haw, George. 1907. *From Workhouse to Westminster: The Story of Will Crooks, MP*. London: Cassell and Company, Ltd.

Heard. Nigel. 1992. *Tudor Economy and Society*. London: Hodder & Stoughton.

Higginbotham, Peter. 2008. *The Workhouse Cookbook*. Stroud: The History Press.

Himmelfarb, Gertrude. 1983. *The Idea of Poverty: England in the Early Industrial Age*. New York: Knopf.

Hinde, A. and F. Turnbull. 1998. "The Population of Two Hampshire Workhouses, 1851–1861." *Local Population Studies* 61: 38–51.

Hindle, Steve. 2004. *On the Parish? The Micro-Politics of Poor Relief in Rural England c.1550–1750*. Oxford: Oxford University Press.

Hitchcock, Timothy. 1985. *The English Workhouse: A Study in Institutional Poor Relief in Selected Counties, 1697–1750*. Unpublished Ph. D. Thesis at the University of Oxford.

Hobsbawm, E. J. 1968. *Industry and Empire*. Harmondsworth: Penguin Books.

Hobsbawm, E. J. and G. Rudé. 1973. *Captain Swing*. Harmondsworth: Penguin University Books.

Holderness, B. A. 1972. "Open and Close Parishes in England in the 18th and 19th Centuries." *Agricultural History Review* 20(2): 126-139.

Honeyman, Katrina. 2007a. *Child Workers in England, 1780-1820: Parish Apprentices and the Making of Early Industrial Labour Force*. Aldershot: Ashgate Publishing Ltd.

———. 2007b. "The Poor Law, the Parish Apprentice, and the Textile Industry in the North of England, 1780-1830." *Northern History* 44(2): 115-140.

Hopkins, Eric. 1994. *Childhood Transformed: Working Class Children in 19th Century England*. Manchester: Manchester University Press.

House of Commons. 1867. *Copies of Letters Addressed to the Poor Law Board by the Guardians of the Strand Union*, etc. London.

———. 1842. *Parliamentary Papers*, Vol. 19. London: H. M. Stationery Office.

———. 1840. *Parliamentary Papers: 1780-1849*, Vol. 19, Part 2. London: H. M. Stationery Office.

———. 1838. *First Report from the Select Committee on the Poor Law Amendment Act*. Vol. 28. London.

House of Lords. 1819. "Minutes of Evidence on the State and Conditions of the Children in Cotton Mills and Factories." *Sessional Papers*. Vol. 96. London.

Humphries, Jane. 1990. "Enclosures, Common Rights, and Women: The Proletarianization of Families in the Late 18th and Early 19th

Centuries." *Journal of Economic History* 50(1): 17-42,

Innes, Joanna. 2011. "The Local Acts of a National Parliament: Parliament's Role in Sanctioning Local Action in Eighteenth-Century Britain." *Parliamentary History* 17(1): 23-47.

Jackson, David. 2002. "Kent Workhouse Population in 1881." *Local Population Studies* 69: 51-66.

Jackson, Lee. 2014. *Dirty Old London: The Victorian Fight Against Filth*. New Haven: Yale University Press.

Johnston, Valerie. 1985. *Diet in Workhouses and Prisons, 1835-1895*. Hamden, CT: Garland Publishing Inc.

King, Steven. 2011. "Negotiating the Law of Poor Relief in England, 1800-1840." *History*. 96(324): 410-435.

―――. 2008. "Friendship, Kinship and Belonging in the Letters of Urban Paupers 1800-1840." *Historical Social Research* 33(3): 249-277.

―――. 2003. "Making the Most of Opportunity: the Economy of Makeshifts in the Early Modern North." In Tomkins, A. and S. King. eds. *The Poor in England 1700-1850*. Manchester: Manchester University Press.

―――. 2000. *Poverty and Welfare in England 1700-1850*. Manchester: Manchester University Press.

King, S. and A. Tomkins. eds. 2003. *The Poor in England 1700-1850: An Economy of Makeshifts*. Manchester: Manshester University Press.

Kinney, Arthur. 1990. *Rogues, Vagabonds, and Sturdy Beggars*. Amherst: University of Massachusetts Press.

Lees, Lynn H. 1998. The Solidarities of Strangers: *The English Poor Laws and the People, 1700-1948*. Cambridge: Cambridge University Press.

Lemmings, David. 2011. *Law and Government in England during the Long Eighteenth Century: from Consent to Command*. Basingstoke, UK: Palgrave-Macmillan.

Levene, Alysa. 2012. *The Childhood of the Poor. Welfare in 18th Century London*. London: Palgrave Macmillan.

―――. 2010. "Parish Apprenticeship and the Old Poor Law in London." *Economic History Review* 63(4): 915-941.

Levine, David. 2001. *At the Dawn of Modernity: Biology, Culture, and Material Life in Europe after the Year 1000*. Berkeley: University of California Press.

Lindert, Peter. 2004. *Growing Public. Social Spending and Economic Growth Since the 18th Century*. Vol. 1. New York: Cambridge University Press.

Lindert, P. and J. Williamson. 1983. "English Workers' Living Standards during the Industrial Revolution: A New Look." *The Economic History Review* 35(1): 1-25.

Locke, John. 1997(1697). "An Essay on the Poor Law." In Goldie, M. ed. *John Locke Political Essay*. Cambridge: Cambridge University Press.

Lumley, William. 1869. *Manuals of the Duties of Poor Law Officers: Master and Matron of the Workhouse*. 2nd Edition. London: Poor Law Board.

Mackay, Thomas. 1904. *A History of the English Poor Law*. Vol. 3. London: P. S. King & Son.

Marshall, Dorothy. 1937. "The Old Poor Law, 1662-1795." *Economic History Review* 8(1): 38-47.

Mill, Ian. 2013. "Feeding in the Workhouse: The Institutional and Ideological Function of Foods in Britain, 1834-70." *Journal of British Studies* 52: 1-23.

Mitch, David. 2004. "Agricultural Labour as a Career: Norfolk Farm Workers in the Late 19th and Early 20th Centuries." In Mitch, D., Brown, J. and M. van Leeuwen. eds. *Origins of the Modern Career*. Aldershot: Ashgate Publishing Ltd.

Murphy, Elaine. 2002. "The Metropolitan Pauper Farms 1722-1834." *London Journal* 27(1): 1-18.

Negrine, Angela. 2013. "Practitioners and Paupers: Medicine at the Leicester Union Workhouse, 1867-1905." In Reinarz, J. and L. Schwarz. eds. *Medicine and the Workhouse*. Rochester: University of Rochester Press.

Nicholls, George. 1898. *A History of the English Poor Law*. Vol. 1. London: P. S. King & Son.

Patriquin, Larry. 2007. *Agrarian capitalism and poor relief in England, 1500-1860*. New York: Palgrave Macmillan.

Pierce, Edward. 2003. *Reform!: The Fight for the 1832 Reform Act*. London: Jonathan Cape.

Pike, E. Royston. 1966. *Human Documents of the Industrial Revolution in Britain*. London: Routledge.

Polanyi, Karl. 1957. *The Great Transformation*. Boston: Beacon Press.

Pooley, C. and J. Turnbull. 1998. *Migration and Mobility in Britain Since the 18th Century*. London: UCL Press.

Poor Law Commissioners. 1841. *Report to the Secretary of State for the Home Department on the Training of Pauper Children*. London: Her Majesty's Stationery Office.

──────. 1839. *Fifth Annual Report*. London: Her Majesty's Stationery Office.

──────. 1836. *Second Annual Report*. London: His Majesty's Stationery Office.

Pound, John. 1986. *Poverty and Vagrancy in Tudor England*. 2nd

Edition. London: Routledge.

Price, Richard. 1999. *British Society 1680-1880. Dynamism, Containment and Change*. Cambridge: Cambridge University Press.

Purdy, Frederick. 1860. "The Statistics of the English Poor Rate Before and Since the Passing of the Poor Law Amendment Act." *Journal of the Statistical Society of London* 23(3): 286-329.

Ridley, Jasper. 2002. *A Brief History of the Tudor Age*. London: Robinson Publishing.

Rogers, Joseph. 1889. *Reminiscences of Workhouse Medical Officer*. London: T. F. Unwin.

Rushton, Neil. 2001. "Monastic Charitable Provision in Tudor England: Quantifying and Qualifying Poor Relief in the Early 16th Century." *Continuity and Change* 16(1): 9-44.

Salmon, Philip. 2002. *Electoral Reform at Work: Local Politics and National Parties 1832-1841*. Woodbridge, UK: The Boydell Press.

Seabrook, Jeremy. 2013. *Pauperland: Poverty and the Poor in Britain*. London: C. Hurst & Co.

Seymour, Charles. 1915. *Electoral Reform in England and Wales: the Development and Operation of the Parliamentary Franchise, 1832-1885*. New Haven: Yale University Press.

Shave, Samantha. 2008. "The Welfare of the Vulnerable in the Late 18th Century and Early 19th Century: Gilbert's Act of 1782." *History in Focus* 14.

Shaw, Charles. 1903. *When I was a Child*. London: Methuen.

Slack, Paul. 1999. *From Reformation to Improvement: Public Welfare in Early Modern England*. Oxford: Clarendon Press.

———. 1990. *The English Poor law, 1531-1782*. Cambridge: Cambridge University Press.

Smith, Adam. 1976a(1776). *An Inquiry into the Nature and Causes of* the *Wealth of Nations*. Chicago: University of Chicago Press.

———. 1976b(1759). *The Theory of Moral Sentiments*. Oxford: Oxford University Press.

Smith, Edward. 1866. "Report on the Metropolitan Workhouse Infirmaries and Sick Wards." *British Parliamentary Papers* 26.

Senior, Nassau. 1830. *Three Lectures on the Rate of Wages*. London: John Murray.

Snell, K. D. M. 1985. *Annals of the Labouring Poor. Social Change and Agrarian England 1660-1900*. Cambridge: Cambridge University Press.

Sokoll, Thomas. 2000. "Negotiating a Living: Essex Pauper Letters from London, 1800-1834." *International Review of Social History* 45: 19-46.

Solar, Peter. 1995. "Poor Relief and English Economic Development before the Industrial Revolution." *Economic History Review* 48(1): 1-22.

Thompson, E. P. 1971. "The Moral Economy of the English Crowd in the 18th Century." *Past and Present* 50(1): 76-136.

———. 1966. *The Making of the English Working Class*. The First Vintage Edition. New York: Vintage Books.

Turner, Michael. 1986. "Parliamentary Enclosures: Gains and Costs." *ReFresh* 3 (Autumn).

Verdon, Nicola. 2001. "The Employment of Women and Children in Agriculture: A Reassessment of Agricultural Gangs in 19th Century Norfolk." *Agricultural History Review* 49(1): 41-55.

Webb, S. and B. Webb. 1906. *English Local Government, from the Revolution to the Municipal Corporations Act*. Vol. 7. London: Longmans, Green.

Wild, Trevor. 2004. *Village England: A Social History of the Country-*

side. London: I. B. Tauris.

Williams, Samantha. 2011. *Poverty, Gender and Life-Cycle under the English Poor Law, 1760-1834*. London: The Royal Historical Soceity.

———. 2005. "Poor Relief, Labourers' Households and Living Standards in Rural England c.1770-1834: A Bedfordshire Case Study." *Economic History Review* 58(3): 484-519.

Woodbridge, Linda. 2001. *Vagrancy, Homelessness, and English Renaissance Literature*. Urbana: University of Illinois Press.

찾아보기